MUTTER
ODER
GÖTTIN

Frühzeitliche Kultur im Osten Europas

Eine Forschungsarbeit
von

Jacqueline Mischer

mit finanzieller Förderung der

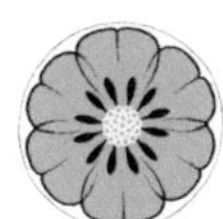

DR.-ING.-HANS-JOACHIM-LENZ-STIFTUNG
STIFTUNG ZUR ERNEUERUNG GEISTIGER WERTE

ISBN 978-3-938088-37-1
1. Auflage März 2014

Bibliografische Information der Deutschen Nationalbibliothek:
Die Deutsche Nationalbibliothek verzeichnet die Publikation in der Deutschen Nationalbibliographie; detaillierte bibliographische Daten sind im Internet über http.//portal.d-nb.de abrufbar.

Grafische Gestaltung
Buchblock: Hans Jürgen Wiehr
Umschlag: Hans-Joachim Lenz

Printed in Germany
Druck und Vertrieb:
Books on Demand GmbH, Norderstedt

Inhaltsverzeichnis

Vorwort der Stiftung

Das Wissen um die Geschichte von Völkern und Ländern ist essentielles Bildungsgut einer menschlichen Gesellschaft. Während politische und kulturelle Entwicklungen im Zentralen Europa besondere Aufmerksamkeit erfuhren, bleibt ein weites Gebiet zwischen Ural, Ostssee, Schwarzem und Kaspischen Meer in Dunkel gehüllt und eigenen Entwicklungen unterworfen. Dieser östliche Bereich Europas ist erst sehr spät zu einer politischen Geltung aufgestiegen, seiner geographischen Lage wegen jedoch immer ein unbekannter, bedrohlicher Faktor geblieben.

So erscheint auch der russische Mensch, für den Europäer in geheimnisvollen Seelengründen wurzelnd und seiner besonders ausgeprägten Emotionalität wegen, schwer zu verstehen. Aus diesen Urgründen heraus sind auch die ungewöhnlichen Leistungen russischer Kultur auf den Gebieten der Musik, Philosophie und Dichtkunst zu verstehen, die aus diesen emotionalen Tiefen gewachsen sind. Wo im übrigen Europa Kriege toben und Staatengebilde entstehen, lassen sich keine Spuren kriegerischen Macht- und Landgewinns finden, sondern abseits des Weltgeschehens konnte ein Jahrtausende langer Prozess der Mutterverehrung seine Wurzeln in den Weiten Russlands schlagen.

Die Autorin Jacqueline Mischer versucht diesem Prozess bis in die Frühgeschichte des russischen Kulturraumes nachzugehen, jener Zeitspanne bis zur Christianisierung, die in der Geschichtsschreibung eher vernachlässigt und kaum dokumentiert ist. Lassen sich für die ausgeprägte Marien- und Mutterverehrung in der orthodoxen Kirche Wurzeln finden in dem geringen Material, das der Forschung bislang zur Verfügung stand?

Um Kulturen als Erscheinungen des Lebens schlechthin verstehen zu können, bedarf es der Gesamtschau aller Phänomene und der wechselnden Akzente, die eine Kultur in ihrer Besonderheit kennzeichnen. Ziel der Stiftung ist, ein Bewusstsein für soziale und kulturelle Werte zu wecken. Sie sieht ihre Aufgabe darin, Volksbildung zu fördern und weniger die Bildung elitärer Schichten. Die Breite des Wissens schafft übergreifende Bindung im Gegensatz zur Vertiefung, die Vereinzelung und Spezialistentum fördert. So kann die Einbindung von Mutterkulturen in die Menschheitsgeschichte neue Weltsichten begründen als Gegengewicht zu kriegerischen und expansiven Systemen einer Männergesellschaft.

Die Absicht der Stiftung, eine Gesamtschau der vielfältigen Aspekte einer kulturellen Entwicklung Russlands vor der Christianisierung durch ein Studium zu fördern, ist gescheitert am System eines besonderen Wissenschaftsverständnisses, das der Vertiefung einzelner Aspekte zuliebe die Gesamtschau vernachlässigt.

Die Stiftung jedoch betrachtet es als besonderen Verdienst der Studentin und Autorin, Jacqueline Mischer, unbeirrt, trotz geringer Chancen, einen Titel zu erwerben, ihr Ziel verfolgt zu haben. Sie war bemüht, die punktuellen Forschungsergebnisse und die gesamte verfügbare Literatur zum Thema „Muttergöttin in Russland" auszuwerten und in einem Werk zusammenzubinden. Es mag Anreiz und Basis sein für vertiefende Forschung. Die Stiftung bewertet die Arbeit, auch im Sinne einer Volksbildung, sehr hoch und publiziert das Werk mit dieser Ausgabe, wem auch immer die Arbeit zunutze sein mag.

Hans-Joachim Lenz
Mainz, im Januar 2014

Dr.-Ing.-Hans-Joachim-Lenz-Stiftung
Stiftung zur Erneuerung geistiger Werte

Geleitwort

Jacqueline Mischer, die russische Sprache und Kultur studiert hat, legte mit dieser Arbeit einen wichtigen Meilenstein, um die frühen Epochen im slawischen Raum besser zu verstehen. Dabei konzentriert sie sich auf die Mutterverehrung in Russland, die noch im christlichen Gewand eine große Intensität besitzt. Sie zeigt die Wurzeln dieses Phänomens auf, die von der Altsteinzeit bis an den Rand der aufgezeichneten Geschichte reichen. Damit füllt Frau Mischer eine Lücke in der Erforschung der Muttergöttin, die für die slawischen Länder, insbesondere Russland, klaffte, da in der westlichen Zivilisation von Europa bis Nordamerika diese Sprachen selten beherrscht werden. Sie stützt sich, neben vielen anderen Autor/innen auch auf ihre große Vorgängerin Marija Gimbutas. Eine sorgfältig recherchierte Arbeit, die mit großer Gründlichkeit durchgeführt wurde. Sie gibt als großer Überblick den Boden für die notwendigen, weiteren frauen- und mutterzentrierten Forschungen im slawischen Raum.

Dr. Heide Göttner-Abendroth
Internationale Akademie HAGIA e. V.
Winzer, im März 2014

Vorwort der Autorin

Das Anliegen dieses Projekt ist es, anhand der russischen Vor- und Frühgeschichte an die uralte Tradition der Mütterverehrung in Russland zu erinnern und dem eher männlich orientierten Deutschland „Mütterchen Russland" näher zu bringen. Die verschüttete Zeit der „Mutterkulturen" ist kaum Forschungsgegenstand an deutschen Universitäten. Die wenigen Veröffentlichungen zum Thema zeigen, dass Forscher die Religion in der Vorgeschichte hierzulande eher vernachlässigen. Dennoch keimt etwas im Bewusstsein der Menschen, glaubt man dem Artikel „GottMutter" aus *Die Zeit* vom 19.03.2008. Die Ausstellung „Gott weiblich" „. . . räumt auf mit der Mär vom [alleinigen] männlichen Gottesprinzip." und in der *Bibel in gerechter Sprache* (2006) wurde das Wort „Herr" u.a. mit „der/die Ewige" ersetzt.

Warum habe ich dieses Thema gewählt? Zunächst fühle ich mich mit Russland sehr verbunden, ich habe ein Faible für seine Kultur, seine Geschichte, für die russische Seele, . . . Dies könnte an meiner Abstammung, meinen eigenen Wurzeln liegen. Möglicherweise habe ich russisches Blut in den Adern. Während meiner russischen Landes- und Kulturstudien ist mir die Verehrung der Muttergöttin aufgefallen, was innerhalb des Christentums ein außergewöhnliches Phänomen darstellt. Das Thema liegt mir in besonderer Weise am Herzen, weshalb ich mich entschlossen habe, mich intensiver damit zu befassen.

Mein Diplom-Studium der Betriebswirtschaftslehre an der Friedrich-Schiller-Universität in Jena hatte ich bereits im Jahre 1998 abgeschlossen. Die TU Dresden erteilte mir im Jahre 2005 die Erlaubnis, ein Zusatzstudium aufzunehmen, von der Lenz-Stiftung in Mainz durch ein Stipendium ermöglicht. Zum Thema der Forschungsarbeit besuchte ich einschlägige Vorlesungen, um als Dissertation den Doktorgrad zu erwerben. Jedoch stieß ich in Bezug auf die Betreuung durch einen Doktorvater oder einer Doktormutter auf Widerstände. Einerseits war den Professoren die Thematik zu weit gespannt, andererseits fühlten sie sich nur für ein Teilgebiet zuständig oder/und forderten von mir ein komplettes Studium ihres Faches. Letztendlich habe ich niemand gefunden, der das Werk promovieren wollte. Trotzdem wechselte ich nicht das Thema, untersuchte weiterhin den Stand der Forschung in ganzer Breite und versuchte ein Bild zu schaffen, der in den Weiten Russlands entstehenden Verehrung einer Muttergöttin vor der Zeit der Christianisierung. Im Jahre 2009 konnte ich die Forschungsarbeit beenden. Da in Dresden keine Beachtung der Arbeit gefunden wurde, nahm die Lenz-Stiftung Kontakt mit der Staatlichen Universität in St. Petersburg auf und machte das Werk bekannt. Ich bekam Gelegenheit, mit der Präsidentin der Universität, Frau Prof. Dr. Ljudmila A. Werbizkaja, zu sprechen, in der Hoffnung, Interesse zu finden. Sie wollte sich der Arbeit annehmen und prüfen, ob dem Werk in irgendeiner Weise eine Anerkennung durch die Universität Petersburg zuteil werden kann. Dabei ist es leider geblieben. Trotz dieser vergeblichen Bemühungen hat sich die Lenz-Stiftung nunmehr bereit erklärt, die Forschungsarbeit zumindest zu publizieren, damit die Ergebnisse nicht verloren sind.

Der Dr.-Ing.-Hans-Joachim-Lenz-Stiftung gilt mein Dank im besonderen Maße, dass sie diese Forschungsarbeit ermöglichte und unterstützte. Ebenso danke ich allen von ganzem Herzen, die auf unterschiedlichste Art und Weise zum Entstehen des Werkes beitrugen.

Mainz, im Januar 2014
Jacqueline Mischer

1 Einführung

„Antiquam exquirite matrem!"
Der alten Mutter forschet nach!

Vergil

1.1 Beweggründe

Diese Arbeit versucht anhand der russischen Vor- und Frühgeschichte Spuren aufzuzeigen, die von der Verehrung einer Muttergöttin zeugen. Den Anfang allen Lebens als weibliche Schöpfungskraft zu sehen, ist für viele Menschen heute eher fremd. Unsere westliche Kultur ist geprägt von dem Bild „Gott ist Vater". Eine weibliche Seite des Schöpfers wird nicht beachtet. Aber ist es nicht das Mutterhafte, das schöpft? Mütter gebären. Mütter schenken das Leben. Mütter bringen „zur Welt". In unserer „Hochkultur" werden Mütter jedoch nur gering geachtet. Frauen fühlen sich in ihrer Rolle als Mutter oft minderwertig und unterliegen falschen Sichtweisen, wie z.B. „Mütter sind weniger Wert als Väter" oder „Frauen sind Männern unterlegen". Bei der Beratungstätigkeit zu Lebensproblemen konnte auch beobachtet werden, dass sowohl Frauen als auch Männer sehr oft einen geringen Selbstwert aus ihrer Mutter beziehen. Väter dagegen sind hoch angesehen, werden geachtet und „in den Himmel gehoben". Möglicherweise besteht ein Zusammenhang zwischen dem Bild „Gott ist Vater" und dem geringen ethischen Wert „Mutter" in unserer Gesellschaft.

In Russland dagegen ist eine höhere Wertschätzung des Mütterlichen zu beobachten. Nicht ohne Grund wird das Land „Mütterchen Russland" (Matuška-Rus') genannt. Berühmt sind die „Matrëškas", die hölzernen „Mutter"-Figuren mit ineinander gesetzten kleineren „Kinder"-Figuren. Flüsse und Städte werden liebevoll „Mutter" bezeichnet, wie z.B. „Mutter Wolga" oder „Mutter Kiev".[1] Auf eine uralte Prägung des russischen Menschen und der russischen Kultur lässt auch der typisch russische „Gefühls"-Mensch im Gegensatz zum westlichen „Verstandes"-Mensch schließen. Die Besonderheit der „Russischen Seele" lässt sich nicht durch kurzfristige Einflüsse erklären und weist auf eine lange Tradition hin. Schriftsteller, Philosophen, Reisende, Russen und Nicht-Russen beschäftigen sich mit dem Geheimnis der „Russischen Seele". Der Begriff existiert spätestens seit dem Ende des 18. Jh., allerdings ist die Geschichte des Wortes noch nicht vollständig erkundet. Die „Russische Seele" wird rationalskeptisch, ganzheitlich, gefühlsorientiert, empfindsam und ursprünglich charakterisiert. Zu ihr gehören auch Tiefe, Weite und nach dem Schriftsteller Fëdor Dostoevskij die Fähigkeit zum Allmenschentum.[2] Der russische Philosoph Nikolaj Berdjaev (1874–1948) beschreibt die „Russische Seele" archaisch, weiblich, passiv, in staatlichen Dingen unterwürfig, kollektivistisch und rätselhaft. „ . . . die Russen lebten gerne in irgendeiner Gelöstheit in den Erdelementen, im Mutterschoß".[3] Dem verstandesgeprägten Westeuropäer erscheint Russland seither mystisch, rätselhaft und manchmal ganz und gar fremd. Fëdor Ivanovič Tjutčev, ein russischer Diplomat und Schriftsteller, schreibt 1866 in einem Gedicht, dass Russland mit dem Verstand nicht zu begreifen ist. Nicht der Verstand, sondern das Herz hat in Russland eine besondere Bedeutung.[4] Für das Volk scheint der Zustand „im Herzen zu sein" nichts Außergewöhnliches. Russische Mönche und Mystiker achten auf die Reinheit ihres Herzens, der Verbindungsstelle zwischen der irdischen und der geistigen Welt. Ein Herz ist „rein" ohne krankmachende Emotionen, wie z.B. Angst, Sorgen, Hass, Neid, Eifersucht, Zweifel, Schuldgefühlen, Ärger usw. Im Neuen Testament (Mt. 5, 8) steht dazu: „Selig sind, die reinen Herzens sind; denn sie werden Gott schauen."

Hervorzuheben ist, dass „Sophia" (gr. σοφία: Weisheit) in Russland besonders verehrt wurde. Zahlreiche Sophienkirchen, wie z.B. in Kiev, Novgorod, Polock, Vologda u.a. sowie Sophienikonen und Fresken zeugen davon. Sophia wird in Russland auch „premudrost': Allweisheit" bezeichnet. Grundsätzlich stellt die Weisheit einen Aspekt des Heiligen Geistes dar, der in jedem Menschen vorhanden ist und entfaltet werden kann. In der Literatur sind verschiedene Interpretationen zur göttlichen Weisheit zu finden. Im Osten wurde Sophia stärker personifiziert in Form einer weiblichen Gestalt.[5] Nach Benz (1988) fand im Osten keine Übertragung von Sophia auf Maria statt. Nur teilweise sah man Sophia als einen kosmischen Aspekt von Maria an. In der römisch-katholischen Mariologie wird Maria mit Sophia gleichgesetzt.[6] Bremer (2002) dagegen stellt im *Lexikon der russischen Kultur* dar, dass Sophia in Russland entweder mit dem Sohn identifiziert oder auf Maria übertragen wird. Auffallend ist, dass die Feste der Sophienikonen in der Regel an Marienfesten gefeiert werden. Das Fest der heiligen Sophia und ihrer Töchter Glaube, Hoffnung und Liebe wird am 17. September begangen, dem Todestag von Hildegard von Bingen. Die russische Religionsphilosophie des 19. Jahrhunderts begründete sogar eine Sophiologie. Ihre Vertreter, wie z.B. Vladimir S. Solov'ëv, Pavel A. Florenskij, Sergej N. Bulgakov, setzen sich mit Sophia intensiv auseinander und entwickelten eigene Theorien. An dieser Stelle sei nur erwähnt, dass Solov'ëv in seinen späteren Werken Sophia als ein weibliches Prinzip Gottes sah.[7]

Auch die hervorragende Bedeutung von „Maria" im orthodoxen Christentum lässt auf eine längere Tradition der Mutterverehrung schließen. Maria wird als „Gottesmutter", „Mutter Gottes" bzw. „Gottesgebärerin" gehuldigt. Die Schriftstellerin Elizaveta Kuz'mina-Karaeva (1891–1945) äußert dazu: „Für die Welt ist Russland mehr als Erde, es ist heilige Erde, ist Mutter (Erde), es ist das Schicksal der Gottesmutter."[8] Auch Nikolaj Berdjaev betont:

„Die russische Religiosität . . . ist nicht so sehr eine Religion Christi, als eine Religion der Gottesgebärerin . . . Russland verwandelt sich in die Gottesgebärerin, . . ."[9]

Viele Kirchen und Klöster wurden zu Ehren Marias gestiftet, auf zahlreichen Ikonen ist sie als Mutter mit ihrem Sohn „Jesus" abgebildet und es gibt ungewöhnlich viele Feiertage zu Ehren der „Gottesgebärerin" und ihrer Ikonen, von denen einige in Tab. 1 aufgeführt sind. Die Anzahl der Marienfeste übersteigt derer zu Ehren Christi.

Datum	Fest zu Ehren Marias
25. März	Verkündigung der allerheiligsten Gottesgebärerin
02. Juli	Niederlegung der Kleider der Mutter Gottes zu Blachernae
15. Aug.	Heimgang der allerheiligsten Gottesgebärerin
31. Aug.	Niederlegung des Gürtels der Mutter Gottes
08. Sep.	Geburt der allerheiligsten Gottesgebärerin
01. Okt.	Obhut der allerheiligsten Gottesgebärerin
21. Nov.	Einführung der allerheiligsten Jungfrau Maria in den Tempel
09. Dez.	Maria Empfängnis durch Anna
26. Dez.	Synaxis der Gottesgebärerin

Tab. 1: Feste zu Ehren Marias Quelle: Vgl. Ivanov (1994), S. 53-55; vgl. ähnlich Smolitsch (1940), S. 198.

In Gebeten wenden sich die Menschen an die „Mutter" Maria und lobpreisen sie. So betont der russische Wirtschaftswissenschaftler, Theologe und Philosoph Sergij N. Bulgakov (1932/1996): „Die Verehrung der Gottesmutter im Gebet nimmt im orthodoxen Gottesdienst einen so bedeutenden Platz ein, daß er gar nicht bestimmt werden kann."[10] Maria und Jesus sind in der Liturgie der Russisch-Orthodoxen Kirche – im Gegensatz zur Westkirche – gleichgestellt.[11] In anderen christlichen Ländern Europas steht Maria hinter Jesus zurück. Eine so starke Marienverehrung wie in Russland ist dort nicht vorzufinden. Im Christentum selbst gibt es dafür keine Bestätigung. So liegen in den Evangelien kaum Hinweise zu Maria vor. Jesus selbst distanziert sich sogar von ihr mit Worten wie:

„. . . Meine Mutter und meine Brüder sind diese, die Gottes Wort hören und tun." Lc. 8, 21; Mc. 3, 35; Mt. 12, 50

„. . . Was geht's dich an, Frau, was ich tue?"
Joh. 2, 4

Dies mag überraschen, aber Jesus sah seinen Ursprung im Anfang. Das Login 101 im Thomasevangelium verdeutlicht das:

„Jesus sprach: Wer seinen Vater und seine Mutter nicht haßt wie ich, wird mir nicht Jünger sein können. Und wer seinen Vater und seine Mutter nicht liebt wie ich, wird mir nicht Jünger sein können. Denn meine Mutter [ist von der vergänglichen Welt]. Meine wahre Mutter aber hat mir das Leben gegeben."
EvThom. Log. 101

Woher kommt das, dass das Mütterliche im orthodoxen Christentum eine so große Rolle spielt? Einige Forscher sehen den Ursprung der Marienverehrung nicht nur im Christentum. Für Meyer (1924) ist „ ... Maria ‚die große Hauptgottheit'... , in der die alte Göttermutter Kleinasiens wieder zu vollem Leben erwacht ist."[12] Die Parallelen zwischen der ägyptischen Muttergöttin Isis mit ihrem Sohn Horus einerseits sowie Maria und Jesus andererseits, in Kunstwerken, Legenden und Ritualen oft dargestellt, werden nach Norden (1924) von Religionswissenschaftlern und Archäologen zwar häufig bemerkt, aber sie wagen kaum Verbindungslinien zu ziehen. Norden selbst äußert dazu:

„Es handelt sich gar nicht um Parallelen, sondern um eine einzige Linie; an ihr liegen . . . die Stationen, die eine und dieselbe religiöse Idee, je nach dem Volkstum ihrer Vertreter verschiedenartig sich entfaltend, im langen Laufe der Zeiten durchwandert hat."[13]

Der Religions- und Kulturhistoriker Carl Schneider stellt ganz klar heraus: „Überhaupt ist die Göttin Maria in der Hauptsache eine christlich umbenannte Isis. Wie ‚Gottesmutter', so stammt auch ‚Himmelskönigin' unmittelbar aus der Isisliturgie. Die Verbindung der Isis, der eleusinischen Demeter, der ephesinischen Artemis, der Aphrodite von Paphos und anderen Göttinnen hat die Kirche stillschweigend mit übernommen."[14] Dies ist aber kaum bekannt. Auch Böttcher (1964) weist in *Gott hat viele Namen* an mehren Stellen auf die Übertragung des Mutterkults auf Maria hin, wie z.B. „Die jungfräuliche Heilandsmutter Maria war an die Stelle der dreifaltigen Göttin . . . getreten."[15] oder „Dann – vor fast zweitausend Jahren – geht ihr Erbe auf die Mutter Jesus Christi über."[16]Außerdem bemerkt er, dass die christliche Kirche das uralte Bild der Muttergöttin mit ihrem Sohn als Vorlage für eigene Kunstwerke „im nunmehr christlichen Gotteshaus und in der christlichen Wohnung"[17] verwendete.

Da über eine lange Zeit eine „Große Mutter" als der Ursprung allen Lebens angebetet wurde, vermochte sich das gemeine Volk kaum an das Gottesbild „Gott ist Vater" gewöhnen. Benz (1988) erläutert in *Geist und Leben der Ostkirche:* „Die jahrtausendalte Prägung der Frömmigkeit durch die kultische Verehrung der großen Jungfrau und Mutter suchte sich auch innerhalb der christlichen Kirche trotz der ungünstigen Voraussetzungen eine neue Ausdrucksmöglichkeit und fand sie in der Verehrung der jungfräulichen Gottes-Mutter..., Der spontane Impuls der Volksfrömmigkeit, der in diese Richtung drängte, eilte der Praxis und der Lehre der Kirche weit voraus."[18]
So wurden heidnische Feste, deren Tradition auf einen sehr langen Zeitraum zurückgeht, von der Kirche für eigene Feierlichkeiten, wie z.B. Weihnachten, Ostern oder Marienfeste, angepasst.[19] Holzbauer (2004) vertritt sogar die Auffassung, dass ein Großteil der heutigen kirchlichen Bräuche und Rituale, wie z.B. Taufe, Heiligenverehrung, Weihrauch, Messgewänder, Tempel mit Prunk und Pomp sowie spezielle Feiertage, von den heidnischen Mysterienkulten der Antike übernommen wurden und somit nicht auf das Urchristentum zurückgehen.[20] Auch Böttcher äußert: „Die so beliebten Feste der Muttergöttinnen, die bisher die Namen der Artemis, der Isis, der Kybele trugen, werden nunmehr zu Marienfeiern."[21] Erst im 6. Jahrhundert hat Kaiser Maurikos die Marienfeste (2. Februar, 25. März, 15. August, 8. September) angeordnet.[22] Sie wurden in Russland im auffallenden

Maße eingeführt und gehen u.a. auf folgende Festtage von Göttinnen zurück (vgl. auch Tab. 1):

25. März	Mati Syra Semlja
15. August	Diana
01. Oktober	Fides[23]

„Jesus" und „Gottvater" konnten die Verehrung einer Göttin nicht verdrängen. Traditionen einer Götterverehrung halten sich lange in der Geschichte der Völker, wie z.B. der Taoismus, Hinduismus, Mazdaismus, und werden durch Ethnien und Herrschaftsverhältnisse nur schwer verdrängt. Sie neigen eher dazu, sich dem tradierten Volksglauben anzupassen (siehe auch Christianisierung germanischer Volksstämme). Cumont, ein Kenner der antiken Religion, stellt dazu fest: „Die Frömmigkeit der Massen ist unveränderlich wie das Wasser in den Tiefen des Meeres; sie wird von den Oberströmungen weder mitgerissen, noch erwärmt."[24] Auch Dieterich (1905/1967) resümiert in *Mutter Erde. Ein Versuch über Volksreligion*:

„Es wäre seltsam, wenn der tiefe Glaube an eine göttliche Mutter . . ., der die antike Menschheit immer und immer wieder im Innersten bewegt hatte, endgültig zerstört gewesen wäre, als die siegende Religion betete ‚Unser Vater'. Nein: das innerste religiöse Bedürfnis, das nach der Mutter . . ., der Demeter, der Isis gerufen, war nicht tot. Es lebt und waltet und webt in der Tiefe, es ringt, wieder Leben und Gestalt zu gewinnen. Nichts kann die Unzerstörbarkeit der Religion, die in den Herzen der Menschen lebendig ist, besser beweisen als die Versuche innerhalb des Christentums trotz allem eine mütterliche Gottheit zu schaffen."[25]

So sei die Hypothese erlaubt, dass die Vergöttlichung des Mütterlichen eine Tradition haben muss, die weit in die Vorgeschichte Russlands zurückführt. Es soll untersucht werden, ob es Wurzeln für diese außergewöhnliche Verehrung einer weiblichen Gottheit in den frühen, vorchristlichen Epochen Russlands gibt. Vielleicht kann mit dieser Arbeit auch ein Beitrag geleistet werden, den ethischen Wert „Mutter" zu stützen und einem westlichen „Vater"-Aspekt zumindest gleichzusetzen. Russland habe ich ausgewählt, um dem westlichen Wertesystem ein Land mit einer höheren Wertschätzung des Mütterlichen näher zu bringen. Zahlreiche Ansatzpunkte aus der Geschichte und Kultur Russlands sprechen für eine Achtung der Mutter in der Gesellschaft. Anhand einer Spurensuche nach den Wurzeln dieses Phänomens, das möglicherweise mit einer seit Urzeiten übernommenen Verehrung einer Muttergöttin in Verbindung steht, beleuchtet diese Arbeit besonders die Vor- und Frühgeschichte Russlands, d.h. die Zeit, aus der keine bzw. wenige schriftliche Aufzeichnungen bekannt sind.

1.2 Begrenzung der Untersuchung

Zeit

Die Spurensuche beginnt um ca. 27.000 v.d.Zt. Bisher gibt es Funde von weiblichen Statuetten aus Russland, die ungefähr auf dieses Alter datiert und mit der Verehrung einer Gottheit in Verbindung gebracht werden können. Es wird vermutet, dass schon vorher Kunst hergestellt wurde, allerdings scheinen Überreste verschollen.[26] Die Erforschung der Vor- und Frühgeschichte Russlands endet in dieser Arbeit mit der Zeitenwende. Zwar erhob erst 988 n.d.Zt. der Großfürst der Kiever Rus' Vladimir das orthodoxe Christentum zur Staatsreligion, aber im allgemeinen Sprachgebrauch wird der Abschnitt von den Anfängen der Menschheit auf der Erde bis zur Geburt Christi als vorchristlich bezeichnet. Deshalb bleibt der Abschnitt von der Zeitenwende bis 988 n.d.Zt. unberücksichtigt.

Ort

Der geografische Raum der Untersuchung ist auf den europäischen Teil Russlands begrenzt und schließt die heutige Ukraine, Weißrussland, Litauen, Lettland und Estland ein. Die Grenze zu Asien bildet das Uralgebirge, der Fluss Ural, das Kaspische Meer und das Schwarze Meer. Da Russland ein sehr großes Land ist und für Europa vor allem die Vorgeschichte des europäischen Teils wichtig erscheint, beschränkt sich die Untersuchung auf das angegebene Gebiet. Die vielen verschiedenen Ethnien, ihre Wanderungen und der große Zeitraum sprechen für eine Abgrenzung.

Fachbereiche

Meier und Zschweigert (1997) weisen in Bezug auf die Vorgeschichte darauf hin, dass eine ganzheitliche Betrachtungsweise von verschiedenen Fachbereichen wichtig ist. Es wird generell die fehlende Zusammenarbeit und Kommunikation zwischen Experten untereinander und auch bei „Laienforschern" beklagt.[27] Aus diesem Grund werden in der vorliegenden Arbeit verschiedene Fachbereiche, wie z.B. Archäologie, Geschichte, Religionswissenschaft, Sprachwissenschaft, Symbolkunde, Ethnologie, Folkloristik, Mythologie, Psychologie und Feminismus, herangezogen. Das Ziel ist eine fächerübergreifende und zusammenfassende Darstellung zu der Frage, ob und wie eine Muttergöttin im vorchristlichen Russland verehrt wurde. Auf eine tiefe Analyse speziellen Fachwissens einer einzelnen Forschungsrichtung wird zu Gunsten eines breiten Überblicks verzichtet.

1.3 Veröffentlichte Forschungsergebnisse

Gab es eine „Mutterreligion" in der Vorgeschichte? Wann, wo und wie wurde die „Große Mutter" verehrt? Über diese Fragen wird unter „Experten" und „Laien" heftig gestritten. Einerseits können zahlreiche archäologische Funde als Belege für die Verehrung von Muttergöttinnen über einen langen Zeitraum von mindestens 20.000 Jahren gelten. Andererseits üben Wissenschaftler mit eigenen patriarchalen bzw. atheistischen Vorstellungen subjektiven Einfluss auf ihre Arbeit aus.[28] So untersucht die Archäologin Brigitte Röder (2004) rund 400 Lebensbilder zur Vorgeschichte[29], wertet sie hinsichtlich der Darstellung von Geschlechterverhältnissen sowie Kindern und Jugendlichen aus und kommt zu dem Schluss: „Die Analyse zeigt, dass die meisten Lebensbilder keine recherchierten Forschungsergebnisse abbilden, sondern nahezu ausnahmslos das traditionelle patriarchale Geschlechtermodell und das Kindheitskonzept unserer Gesellschaft präsentieren. Damit trägt die prähistorische Archäologie dazu bei, soziale Konstruktionen unserer Gesellschaft als vermeintlich ‚ursprünglich' zu naturalisieren, zu legitimieren und im Alltagswissen zu verankern."[30] Die deutsche Matriarchatsforscherin Heide Göttner-Abendroth (1995) kritisiert auch ideologische und sachliche Vorurteile von Autoren und führt konkrete Beispiele aus einem Schulbuch, einem Standardwerk und einem Beitrag der wissenschaftlichen Forschung zur Vorgeschichte an.[31] Aber nach Böttcher (1964) gibt es keine Religion, in der die Muttergöttin fehlt. „Dort, wo man sie nicht mehr bei ihrem echten Namen zu nennen wagt wie bei den Israeliten, versteckt sie sich in fremden Gewändern."[32] Die Verehrung von Muttergöttinnen – wie auch immer sie genannt werden – ist demnach ein weltweites Phänomen. Es betrifft nicht nur Europa, sondern auch Amerika, Afrika, Asien und Australien.

Muttergöttin ist die „allgemeine Bezeichnung für weibliche Hochgottheiten, die eine herausragende Stellung in einer Götterfamilie einnehmen . . ."[33] Sie können aus sich heraus – ohne Zeugungspartner – oder in Verbindung mit männlichen Geliebten Götter und Menschen gebären. Muttergöttinnen werden deshalb auch „Mutter der Götter" oder „Göttermutter" genannt.[34] Wissenschaftler und „Hobbyforscher", Befürworter und Gegner beschäftigen sich mit der Verehrung von weiblichen Gottheiten. Anwander (1962) spricht von Legionen schwergerüsteter Gelehrten, leichtgeschürzter Romanciers, rühriger Geschichtskonstrukteuren und empörter Apologeten, die auszogen, um die „ . . göttliche Mutter in ihrem Sinngehalt, in ihrer Sinnüberfülle zu erfassen . . ."[35]

Zu den wichtigsten Fachbereichen, die zur Erforschung der Verehrung weiblicher Gottheiten herangezogen werden können, zählen:

- Archäologie (Altertumskunde)
- Geschichte (Historiographie)
- Religionswissenschaft
- Sprachwissenschaft (Linguistik)
- Symbolkunde
- Ethnologie (Völkerkunde) und Anthropologie
- Folkloristik
- Mythologie
- Psychologie
- Feminismus

Für den europäischen Raum, vor allem Westeuropa und das Gebiet um das Mittelmeer, sind Forschungsergebnisse zu Muttergöttinnen veröffentlicht worden, auf die im Folgenden näher eingegangen wird. Aber im Vergleich zu der zahlreichen Literatur über „Vatergötter" ist der Anteil eher gering einzuschätzen und Russland wird sehr selten erwähnt. Im deutschsprachigen Raum gibt es über Russland zur Thematik kein „Standardwerk". Hinweise auf eine Muttergöttin sind karg und spärlich. Russischsprachige Literatur ist für die meisten Europäer aufgrund von mangelnden Sprachkenntnissen schwer zu erschließen. Außerdem wurden in der Sowjetunion von 1917 bis zur

Perestrojka alle Religionen verfolgt. So betrug z.B. die Anzahl der Kirchengemeinden der Russischen Kirche 1917 ca. 55.000. Dagegen waren es 1987 nur noch ca. 6800.[36] Geistliche wurden verjagt, erschossen oder in Lager geschickt.[37] Deshalb ist anzunehmen, dass aus dieser Zeit kaum Forschungen zur Muttergöttin vorliegen. Im Folgenden wird versucht, je Fachgebiet eine kurze Übersicht zu den Forschungen zum Thema „Muttergöttinnen" (Europa und Russland) aufzuzeigen. Ein Anspruch auf Vollständigkeit besteht nicht, da es sich um einen sehr langen Zeitraum handelt und verschiedene Wissenschaftsgebiete herangezogen wurden. Im Literaturverzeichnis sind weitere Werke aufgeführt, die größtenteils in deutscher Sprache vorliegen.

Archäologie

Für die Zeit ohne bzw. mit wenigen schriftlichen Aufzeichnungen kann die Archäologie als Wissenschaft von den sichtbaren Überresten alter Kulturen herangezogen werden. Umfassende archäologische Untersuchungen zur „Großen Göttin" in Europa sind das Werk von Marija Gimbutas (1921-1994). Sie studierte an den Universitäten in Vilnius (Litauen), Tübingen, Heidelberg, München und Harvard. Als Professorin für Europäische Archäologie lehrte sie von 1963-1990 an der Universität Los Angeles in den USA.[38] Ihre Werke, wie z.B. *Die Balten. Geschichte eines Volkes im Ostseeraum* (1963/1983), *The Goddesses an Gods of Old Europe* (1982), *Die Sprache der Göttin* (1996a) und *Die Zivilisation der Göttin* (1996b), wurden in verschiedenen Sprachen veröffentlicht. Sie bezieht mehrere Fachgebiete (Archäologie, Sprachwissenschaft, Geschichtsschreibung, Folklore u.a.) in ihre Forschungen ein. Zu früheren Veröffentlichungen über die Jungsteinzeit in Europa kritisiert sie, dass oftmals von den Archäologen der Kultus als „irrelevant" übergangen wurde.[39] Ihre Publikationen bezeugen eine umfangreiche Kenntnis und Interpretation der Forschungsergebnisse mit Chronologien und Kartenmaterial für ganz Europa einschließlich Russland.

Zur Archäologie Russlands liegen Veröffentlichungen in deutscher Sprache zu verschiedenen Epochen vor. Dazu gehören die Werke von Bryussov (1957) zur Jungsteinzeit, Klaus-Peter Wechler (2001) zur Jungsteinzeit der osteuropäischen Steppe, Vladimir G. Zbenovič (1996) zur frühen Tripol'e-Kultur, Dergačev (1991) zu den Bestattungskomplexen der späten Tripol'e-Kultur, Ivančik und Asko'ld (2001) zu den Kimmeriern und Skythen. Es stehen der Lebensraum, Gerätschaften, Waffen, Töpferei, Handel und die materiellen Überreste aus Bestattungen im Vordergrund. Zu den Höhlenmalereien im Ural, die teilweise als Darstellungen von Mythen zur Entstehung allen Lebens gedeutet werden, liegen deutsche Veröffentlichungen von Petrin und Sirokov (1991) sowie Ščelinskij und Širokov (1999) vor. In einem Katalog zu der Ausstellung *Frauenidole der Eiszeit und Nacheiszeit. Realität und Abstraktion von Muttergottheiten aus dreißig Jahrtausenden* interpretiert Kšica (1989) weibliche Figuren aus ganz Europa (auch Russland) und Asien als Muttergottheiten. Sie wurden in 30 Jahren Forschungsarbeit in fast 50 Museen und verschiedenen

Instituten in Ländern Europas und Asiens aufgespürt. Die aufgeführten Plastiken stellen nur einen kleinen Teil von tausenden Exemplaren dar.[40] Ebenfalls in einem Begleitheft zu einer Ausstellung *Urmütter der Steinzeit. Bilder weiblicher Schöpfungskraft* stellt die Archäologin Ruth Hecker (2001) verschiedene Repliken weiblicher Statuetten aus ganz Europa (einschließlich Russland) vor, die der Altsteinzeit und Jungsteinzeit zugerechnet werden und zeigt Zusammenhänge zur Verehrung von Muttergottheiten auf.

Geschichte

Schriftliche Quellen, wie z.B. Chroniken, Inschriften, Legenden, Urkunden, Briefe, Predigten oder Traktate, werden von Wissenschaftlern zur Rekonstruktion der Geschichte herangezogen. Ab ca. 800 v.d.Zt. gibt es von griechischen, assyrischen und später von römischen Gelehrten Aufzeichnungen über die Völker, die sich im Gebiet nördlich des Schwarzen Meeres aufhielten. Für die Zeit davor fehlen bisher „klassische" schriftliche Quellen. Es liegen auch arabische Reiseberichte, wie z.B. von Ibn Fadlan (921/922 n.d.Zt.) über die Russen, von Massury (943 u. 956 n.d.Zt.) und Ibrahim ibn Jakub (965 n.d.Zt.) über die Slaven vor.[41] Die „einheimische" Geschichtsschreibung für dieses Gebiet begann recht spät. Das kyrillische Alphabet wurde nach dem griechischen Mönch Kyrillos (um 827-869 n.d.Zt.), ursprünglich Konstantin, genannt, der mit seinem Bruder Methodios (um 815-885 n.d.Zt.) die Bibel und die Liturgie im 9. Jahrhundert in das Altkirchenslavische (Altbulgarische) übersetzte. Erhalten gebliebene frühe slavische Manuskripte sind in kyrillisch geschrieben oder in einer Schrift, die „Glagoliza" benannt, aber später in Russland nicht mehr benutzt wurde. Die russische Urchronik, die *Erzählung von den vergangenen Jahren*, wurde vermutlich zwischen 1111 und 1113 n.d.Zt. von dem Mönch Nestor aus verschiedenen Aufzeichnungen redigiert und trägt daher auch den Namen „Nestorchronik". Sie soll vermutlich u.a. auf eine mährische Quelle zurückgehen und schildert auch Ereignisse, die sich vor dem 12. Jh. n.d.Zt. im Untersuchungsgebiet ereigneten.[42] In der Stadt Novgorod wurden um 1950 fest zusammengerollte Birkenrindenstreifchen mit eingekratzten Beschriftungen gefunden. Es handelt sich um kurze persönliche Briefe und Notizen in kyrillischen Buchstaben, aber auch in lateinischer, griechischer und Runenschrift (skandinavischen Ursprungs). Die meisten scheinen aus dem späten Mittelalter zu stammen, aber manche auch aus den Frühphasen der Kiever Rus'. Bisher wurden einige Hundert veröffentlicht, aber Schätzungen gehen von über 20.000 solcher Dokumente aus.[43] Die meisten deutschsprachigen Geschichtsbücher über Russland beginnen erst mit dem 9. Jh. n.d.Zt. und der Entstehung der Kiever Rus' sowie der offiziellen Annahme des Christentums im 10. Jh. n.d.Zt. Daher gibt es nicht sehr viele Textquellen, die Informationen zum Untersuchungsgegenstand dieser Arbeit bis zur Zeitenwende liefern.

Religionswissenschaft

Der Theologe Edwin O. James, der sich auch intensiv mit der Archäologie beschäftigt, untersucht die Religionen in der Vorzeit in Europa, im Nahen und Mittleren Osten und hebt die Bedeutung der Muttergöttin hervor. In *Cult of the Mother Goddess* (1959), das erst 2003 unter dem Titel *Der Kult der Großen Göttin* in deutscher Sprache veröffentlicht wurde, schreibt James über die Verehrung der Göttin zu verschiedenen Zeiten in Europa, im Mittelmeergebiet, im Orient sowie in Indien. Russland wird in Bezug auf Funde aus der Altsteinzeit erwähnt. Ein Kapitel widmet er der Marienverehrung. Im Vorwort des Buches hebt Kurt Derungs hervor, dass dem anerkannten Wissenschaftler mit mehreren Titeln und fundierter Sachkenntnis das Thema „Göttinkultur" nicht zu schade war. „. . . denn er spürte, dass hier ein grosses Erbe der menschlichen Zivilisation liegt. Und so wurde 'Der Kult der Grossen Göttin' zu Recht ein Klassiker im englischsprachigen Raum."[44] Den religiösen Symbolgehalt der „Mutter" erläutert der Theologe Kurt Leese (1934) und zieht Verbindungen zwischen antiker Erdmutterreligion, Literatur, christlichen Ideenkreis und Philosophie. Helmuth M. Böttcher vertritt in seinem Buch *Gott hat viele Namen. Kulturgeschichte des Gottesbildes* die Auffassung, dass die weibliche Seite des Schöpfers an vielen Orten verehrt wurde. So stellt er fest: „Es gibt keine Religion, in der die Muttergöttin fehlte."[45] Auch Friedrich Weinreb (1990), der sich neben seiner Lehrtätigkeit an verschiedenen Universitäten (Nationalökonomie und Statistik) intensiv mit den Quellen alten jüdischen Wissens beschäftigt, weist in *GottMutter. Die weibliche Seite Gottes* nach, dass das Wort „Herr" in der Bibel nur als Ersatz für „das Herrschen des Seins" steht, da es eine jüdische Tradition ist, den Namen des Seins nicht auszusprechen. „Dieses Wort ‚der Herr', an das wir uns gewöhnt haben, steht dort in der Bibel gar nicht."[46] Weinreb vertritt die Auffassung, dass „Gott . . uns zuallererst einmal Vater und Mutter in einem (ist)."[47] Franz Baumer schreibt in seinem Werk *Der Kult der Großen Mutter* (1993) über die religions- und kulturgeschichtliche Entwicklung der Verehrung der Muttergottheit.

Über die vorchristliche Religion der Slaven gibt es die Veröffentlichung von Moszyński (1991), der die Thematik von der sprachwissenschaftlichen Seite aufbereitet. Allerdings behauptet er, dass weibliche Gottheiten bei den Slaven keine Rolle spielten.[48] Váňa (1992) schreibt über die *Mythologie und Götterwelt der slavischen Völker* und berücksichtigt auch archäologische, historische und sprachwissenschaftliche Forschungsergebnisse. Unter den slavischen Hochgottheiten erwähnt er nur eine Göttin „Mokoš", die auch in der Nestorchronik aufgeführt wird. Ein Großteil seiner Betrachtungen handeln jedoch über Geister, Dämonen, Baum-, Pflanzen- und Tierkulte, Riten und Magie, die niederen geistigen Ebenen zugeordnet werden. Magische Praktiken sowie niedere Energien von Dämonen und ähnlichen Wesen können auf Menschen schädlich wirken. Mit der Religion der Balten beschäftigt sich Biezais. 1955 wurde das Buch *Die Hauptgöttinnen der Letten* veröffentlicht. Spätere Publikationen, z.B. über *Die Baltische Religion* (1975), beinhalten auch Hinweise zu der Verehrung von Muttergottheiten.

Sprachwissenschaft

In dem Lexikon *Götter der Welt* von Elisabeth Malchow (2003) sind ca. 4.000 Götternamen aus allen Erdteilen in alphabetischer Reihenfolge nach Namen, Herkunftsländer und Funktionen der Götter aufgeführt. Zum Beispiel gibt es für Götter mit der Funktion „Mutter" mindestens 75 verschiedene Namen auf der Erde. Die Autorin geht davon aus, dass es weltweit über 100.000 Namen für Götter gibt.[49] Erwähnt werden z.B. auch männliche und weibliche Götter der Balten, Letten, Litauer, Russen, Skythen und Slaven. Bei Monaghan in dem *Lexikon der Göttinnen* (1997) wird ausführlich auf Namen, Funktionen und die Geschichte eingegangen. Es sind auch verschiedene Namen zu den mütterlichen Funktionen von Göttinnen aufgeführt (siehe Tab. 2).

Tab. 2: Anzahl der Namen der Göttinnen nach ihren mütterlichen Funktionen
Quelle: Vgl. Monghan (1997), S. 301.

Funktion der Göttin	Anzahl der Namen (ca. weltweit)
Mutter	39
Ur-Mutter	73
Schöpfungsmutter (Große Göttin)	89
Parthenogenetische Mutter	34
Beschützermutter	43

Zu den Festtagen der Göttinnen werden 35 Termine angegeben, wie z.B. der 1. Februar, 25. März, 15. August oder 25. Dezember bis 6. Januar. Göttinnen der Balten, Finno-Ugrier, Slaven, Skythen u.a. sind in Übersichten nach der kulturellen Zuordnung zusammenfassend aufgelistet. Die beiden Lexika können auch zur religionswissenschaftlichen Literatur gezählt werden.

Symbolkunde

Symbole sind Sinnbilder, Zeichen, Urzeichen. In komprimierter Form bergen sie Aussagen in sich, die nur „geschaut" werden können. Nach Bachofen schlägt das Symbol „ . . . alle Seiten des menschlichen Geistes zugleich an."[50] Symbole ermöglichen die Kommunikation mit einer anderen Wirklichkeit. Sie zu vernachlässigen, würde heißen, Wissen zu ignorieren und Brücken zum Verständnis der Vorgeschichte nicht zu benutzen. Hermann Wirth (1974) greift in dem Buch *Allmutter* die „altitalischen" Inschriften in der Pfalz auf und versucht sie zu interpretieren. Im Vorwort des Buches wird von einer „Herz-Haupt"-Stätte der Ur- und Allmutter in Deutschland gesprochen und für die Wiedererstehung und Wiedervereinigung des Abendlandes als Mutterland plädiert. Wirth's Werke stehen allerdings in heftiger Kritik, einerseits aufgrund seiner politischen Vergangenheit und andererseits wegen einer unrichtigen Quelle. Marija Gimbutas untersucht, klassifiziert und beschreibt ca. 2000 symbolische Artefakte, die größtenteils aus jungsteinzeitlichen Siedlungen von ca. 7000-3500 v.d.Zt. aus ganz Europa stammen. Sie kommt mit Hilfe der Archäologie, Mythologie, frühgeschichtlicher Quellen, Linguistik, volkskundlichen Überlieferungen und der historischen Ethnografie zu dem Schluss, dass bestimmte Symbole mit der Religion einer „Großen Göttin" in Zusammenhang gebracht werden können und fasst sie in dem Buch *Die Sprache der Großen Göttin* (1996a) zusammen.[51]

Ethnologie

Diese Wissenschaft, die auch Völkerkunde genannt wird, erforscht die Entstehung und Entwicklung aller ethnischen Gemeinschaften sowie deren Kulturen. Auf ca. 60 Seiten listet der britische Ethnologe Robert Briffault in seinem Werk *The Mothers* (1927/1969) Völker und Völkerstämme von allen Erdteilen auf, die matriliniear, d.h in der Erbfolge der mütterlichen Linie folgend bzw. mutterrechtlich, und matrilokal (Übersiedlung des Mannes zur Familie der Frau) organisiert waren.[52] Es wird an dieser Stelle darauf hingewiesen, dass der Begriff „Volk" nicht präzise ist. Mit ihm wird „ . . . eine Einheit zwischen den Angehörigen einer Ethnie (Gruppe von Menschen, die durch eine gemeinsame Sprache verbunden sind) und einer bestimmten politischen Führung unterstellt."[53] Aber wegen der Flüssigkeit des Stils wird der Begriff „Volk" weiterhin von Autoren verwendet.

Folkloristik

Die ursprünglich nicht an schriftliche Aufzeichnungen gebundenen Volksüberlieferungen sind Gegenstand der Folkloristik (Volkskunde). Dazu gehören Sagen, Sprüche, Lieder, Volksmusik und -tänze, Kunst, Trachten, Bräuche sowie Volkswissen. Gorodzov (1926) stellt Verbindungen zwischen dem Kult der Großen Göttin und der russischen Volkskunst fest. Rybakov (1957) verfolgt diesen Ansatz und zeigt Spuren in der Volkskunst der Slaven anhand von archäologischem Material auf.[54]

Mythologie

Dieses Fachgebiet erforscht Mythen nach ihrer Entstehung, ihrem Inhalt und ihrer Verbreitung. Anhand einer Mythenanalyse und der Heranziehung historischer Quellen weist Johann J. Bachofen, ein Rechtsanwalt und Professor für Römisches Recht, 1861 in seinem Werk *Das Mutterrecht* Matriarchate als ein weltweites Phänomen nach. Er gilt als Pionier der Matriarchatsforschung, auch wenn er nicht direkt das Wort „Matriarchat" benutzte, sondern „Gynaikokratie (Gynäkokratie)".[55] In seinem Werk *Die Weiße Göttin* analysiert der Schriftsteller Robert von Ranke-Graves (1948/2002) Mythen vom Mittelmeerraum bis nach Nordwesteuropa über einen Zeitraum von ca. 4000 Jahren und zeigt Spuren, Umwandlungen und Verfälschungen der poetischen Sprache der Göttin auf. Er beendet das Buch mit einer einfachen Liebeserklärung: „ ‚Nichts größeres in der Welt als die Dreifältige Göttin' – das sagten stillschweigend oder laut alle wahren Musendichter seit Anbeginn der Dichtung."[56] Mythen von Slaven, finno-ugrischen Völkern, Kelten, Germanen u.a. wurden von Pierre Grimal unter dem Titel *Mythen der Völker III* (1977) herausgegeben. Joanna Hubbs (1988) schreibt in dem Buch *Mother Russia* über den weiblichen Mythos in der russischen Kultur und bezieht neben der Mythologie auch die Archäologie, Ethnografie und Anthropologie in ihre Untersuchungen ein. Den zweiten Teil des Buches widmet sie den „Söhnen".[57]

Psychologie
Der Psychologe Erich Neumann greift die Archetypen C.G. Jungs auf und forscht weiter, indem er neben der Psychologie auch die Religionsgeschichte, Archäologie, Vorgeschichte und Ethnologie heranzieht. In seinem Werk *Die Große Mutter* (1956/2003) geht er davon aus, dass es einen Archetyp des „Großen Weiblichen" bzw. der „Großen Mutter" gibt. Diese Urbilder seien in jedem Menschen angelegt und wirken zu allen Zeiten und bei allen Völkern. Hervorzuheben ist das umfangreiche Bildmaterial, das aus einem langen Zeitraum – von der Steinzeit bis zu Bildern von Kindern und Patienten unserer Zeit – zusammengestellt wurde und Spuren der „Großen Mutter" auf der ganzen Erde aufzeigt. Neumanns Theorien werden gelobt und angegriffen, befürwortet und kritisiert.[58]

Feminismus
Auch Veröffentlichungen feministischer Literatur geben Aufschluss über weibliche Gottheiten und deren Huldigung. Allerdings wird den Forscherinnen oftmals Mangel an Wissenschaftlichkeit vorgeworfen. Heide Göttner-Abendroth liefert in ihrem Buch *Das Matriarchat I* (1995) eine umfassende Darstellung und Interpretation der weltweiten Matriarchatsforschung. Im Anhang Tab. A ist eine Übersicht zu den verschiedenen Fachbereichen, Forschern und ihren Werken dargestellt. Für den slavischen Raum liegt z.B. von Gasparini *Il matriarchato Slavo* (1973) eine Veröffentlichung vor. Heide Göttner-Abendroth kritisiert, dass der Begriff „Matriarchat" in der

Bereich	Kennzeichen
Ökonömische Merkmale	**Ausgleichsgesellschaften** • Garten- oder Ackerbaugesellschaften • Land und Haus als Sippenbesitz (kein Privateigentum) • Verfügungsmacht der Frauen über die entscheidende Nahrungsgrundlage • ständiger ausgleichender Austausch der lebensnotwendigen Güter
Soziale Merkmale	**Verwandschaftsgesellschaften** • matriarchale Sippen, die durch Matrilinearität und Matrilokalität zusammengehalten werden • Wechselheirat zwischen je zwei Sippen (mit Ergänzungen) • Besuchsehe auf Seiten der Männer • soziale statt biologische "Vaterschaft" • nicht hierarchische, horizontale Verwandschaftsgesellschaften
Politische Merkmale	**Konsensgesellschaften** • Konsensbildung im Sippenhaus • Konsensbildung auf Dorf- und Stammesebene über Delegiertenwesen • Abwesenheit von Klassen und Herrschaftsstrukturen
Weltanschauliche Merkmale	**Sakrale Gesellschaften** • konkreter, auf die Sippe bezogener Wiedergeburtsglaube • Kult der Ahninnen und Ahnen • Verehrung der mütterlichen Erde und eines weiblich verstandenen Kosmos • immanente Heiligkeit der Welt • Abwesenheit dualistischer Moral • vollständige Symbolisierung des Lebens und Handelns

Tab. 3: Merkmale matriarchaler Gesellschaften
Quelle: Göttner-Abendroth (1997), S. 19.

Wissenschaft kaum gebraucht oder auch falsch definiert wird. Matriarchate („matri" = Mütter und „arché" (grch.) = Anfang, Herrschaft) werden von der Autorin klar im ökonomischen, sozialen, politischen und symbolisch-weltanschaulichen Bereich definiert (siehe Tab. 3). In Matriarchaten werden weibliche Gottheiten verehrt. Dies äußert sich z.B. in einem Glaube an die „Mutter Erde".[59] Jedoch ist die Erde selbst nicht die Mutter der Menschen.

Aus den bisherigen Darstellungen geht hervor, dass Forschungsergebnisse aus unterschiedlichen Fachbereichen zur Verehrung weiblicher Gottheiten vorliegen, aber bisher nur wenige zu Russland. Archäologische Veröffentlichungen zur Vorgeschichte Russlands, außer die von Marija Gimbutas, listen im Allgemeinen verschiedene Funde, wie z.B. Steinartefakte und Keramik auf, aber mögliche Interpretationen, z.B. von Symbolen auf Keramikteilen, fehlen oftmals bzw. wird die Verehrung von Göttinnen in der wissenschaftlichen Literatur häufig auf einen Fruchtbarkeitskult reduziert. Da in der Sowjetunion alle Religionen verfolgt wurden, ist davon auszugehen, dass aus dieser Zeit kaum Forschungen zu Muttergottheiten vorliegen. In der deutschsprachigen Literatur gibt es nur vereinzelt Hinweise auf weibliche Gottheiten im vorchristlichen Russland. Deshalb wird in dieser Arbeit versucht, vorhandene Forschungsergebnisse auszuwerten, zusammenfassend darzustellen und so einige Lücken zu schließen.

1.4 Vorgehensweise

Nachdem im Kapitel 1 „Einführung" die Beweggründe, die Begrenzung der Untersuchung und die gefundenen veröffentlichten Forschungsergebnisse dargestellt wurden, erfolgt eine Art Zeitreise durch die Vor- und Frühgeschichte des europäischen Teils Russlands bis zur Zeitenwende. Die einzelnen Kapitel werden nach dem archäologischen Chronologiesystem gegliedert, das in Tab. 4 dargestellt ist. Allerdings sind Zeitansätze oft strittig und deshalb mit einer gewissen Vorsicht zu betrachten. Der Däne Christian Thomson (1788-1865) teilte erstmals den Zeitraum der Vor- und Frühgeschich-

Kapitel	Epoche	Periode	Zeitraum
	Altsteinzeit (Paläolithikum)	Ältere Altsteinzeit (Altpaläolithikum)	ca. 2.000.000 - ca. 200.000 v.d.Zt.
		Mittlere Altsteinzeit (Mittelpaläolithikum)	ca. 200.000 - ca. 40.000 v.d.Zt.
2.		Jüngere Altsteinzeit (Jungpaläolithikum)	ca. 40.000 - ca. 9500 v.d.Zt.
3.	Mittelsteinzeit (Mesolithikum)		ca. 9500 - ca. 6500 v.d.Zt.
4.	Jungsteinzeit (Neolithikum)		ca. 6500 - ca. 5000 v.d.Zt.
5.	Kupfersteinzeit (Calcolithikum bzw. Äneolithikum)		ca. 5000 - ca. 3500 v.d.Zt.
6.	Bronzezeit		ca. 3500 - ca. 800 v.d.Zt.
7.	Eisenzeit		ca. 800 - 0 v.d.Zt.

Tab. 4: Übersicht zur Gliederung der Epochen für den europäischen Teil Russlands (Süden)
Quelle: Vgl. Museum für Vor- und Frühgeschichte, Berlin; vgl. auch Gimbutas (1996a), S. 334.

te in drei aufeinander folgende Epochen (Stein-, Bronze- und Eisenzeit) ein. Später wurde dieses „Dreiperiodensystem" verfeinert und um die Kupfer(stein)zeit erweitert. Das Unterscheidungskriterium ist der jeweilige Werkstoff, der am häufigsten in der Epoche verwendet wurde.[60]

Im Allgemeinen klassifizieren Archäologen die Epochen nach spezifischen Kulturmerkmalen, wie z.B. Wirtschaftsformen oder Artefakten, wobei sich die Zeitangaben von Autor zu Autor unterscheiden. Müller-Karpe (1989) nennt diese Betrachtungsweise „isophänomenologisch". Im Gegensatz dazu wird bei der „isochronologischen" Betrachtungsweise „ . . . primär nicht von bestimmten Kulturerscheinungen, sondern von bestimmten, fest begrenzten Zeitabschnitten ausgegangen und versucht, die aus ihnen stammenden Kulturäußerungen in ihrer regionalen Verschiedenartigkeit als komplexe Verkörperung eines geschichtlich zusammengehörigen Zeitalters zu begreifen."[61] In der wissenschaftlichen Literatur verwenden die Autoren für die Epochen hauptsächlich die in den Klammern stehenden Fachbegriffe. In dieser Arbeit wird den deutschen Begriffen aus Gründen der Verständlichkeit der Vorrang eingeräumt. Zeitangaben vor der Zeitenwende werden im Allgemeinen mit dem Zusatz „v. Chr. – vor der Geburt Christi" versehen. Da aber in keiner bisher bekannten Textquelle das Geburtsdatum von Jesus angegeben ist, bevorzuge ich als Zusatz „v.d.Zt. – vor der Zeitenwende" bzw. „n.d.Zt. – nach der Zeitenwende".[62]

Zu jeder Epoche steht anfangs eine kurze Einführung. Danach erfolgt die Untersuchung jeweils nach Forschungsgebieten, so wie sie unter Kap. 1.3 dargestellt sind. Im Kapitel 2 „Altsteinzeit" wird aufgezeigt, dass in der figuralen Kunst dieser Zeit das Mutterhafte im Focus stand. Aus der „Mittelsteinzeit" (Kapitel 3) gibt es bisher kaum Hinweise zum Untersuchungsgegenstand. Während der „Jungsteinzeit" (Kapitel 4) und auch Kupfersteinzeit (Kapitel 5) wurden sehr viele weibliche Plastiken, die als Belege für den Kult einer „Großen Göttin" gelten, in Europa hergestellt. Mit dem Aufkommen der Kupferverarbeitung begann im Süden des europäischen Teils Russlands ein Wandel in der Götterverehrung, der in der „Bronzezeit" (Kapitel 6) ganz Europa erfasste. Es erschienen männliche Gottheiten. Durch Wanderungen fand eine Vermischung von verschiedenen Kulturen statt. Trotz der gesellschaftlichen Umstrukturierung zum Patriarchat blieb, wie im Kapitel 7 „Eisenzeit" gezeigt wird, die Verehrung einer „Großen Göttin" erhalten. Es werden verschiedene Ethnien, die während dieser Zeit bis zur Zeitenwende auf dem europäischen Teil Russlands siedelten, im Hinblick auf ihre Götterverehrung untersucht. Auch in dieser Epoche spielen Wanderungen eine bedeutende Rolle. Im Kapitel 8 erfolgt abschließend eine Zusammenfassung.

Im Mittelpunkt der Betrachtung steht allerdings immer die Frage, ob es Spuren zu den Wurzeln der Muttergöttin und Hinweise zu dem ethischen Wert der Mutter im vorchristlichen Russland gibt. Zur Untersuchung wurde hauptsächlich deutschsprachige Literatur zu den unter Kap. 1.3 erwähnten Fachbereichen berücksichtigt und ausgewertet, um einen Überblick zu den bereits veröffentlichten Werken zu geben, Ergebnisse zusammenzufassen und ggf. bei Lücken zu weiteren Forschungen, z.B. speziell in einzelnen Fachgebieten, anzuregen. Männliche Personenbezeichnungen, wie z.B. Jäger und Sammler, gelten vereinfachend gleichermaßen für Personen weiblichen und männlichen Geschlechts. Russische Namen und andere russische Wörter wurden aus der kyrillischen in die lateinische Schrift nach den Regeln der wissenschaftlichen Transliteration übertragen. Eine Übersichtstabelle zur Transliteration und Transkription für die russische Sprache ist z.B. im *Duden. Die deutsche Rechtschreibung* dargestellt.[63]

---

1 Vgl Goldt (2002), S. 313 f.
2 Vgl. Franz (2002), S. 400 f.
3 Berdjaev, o.J., o. S.; zit. in: Franz (2002), S. 400.
4 Vgl. Tjutčev (2003), S. 234 f. und 315.
5 Vgl. Bremer (2002), S. 419.
6 Vgl. Benz (1988), S. 56.
7 Vgl. Bremer (2002), S. 419.
8 Kuz'mina-Karaeva (1927), o.S.; zit. in: Isupov (2002), S. 387.
9 Berdjaev o.J., o.S.; zit. in: Smolitsch (1940), S. 211.
10 Bulgakov (1932/1996), S. 182.
11 Vgl. Bulgakov (1932/1996), S. 179 ff.; vgl. ähnlich Benz (1988), S. 54 ff.
12 Meyer (1924), S. 77, zit. in: Klauser (1983), Sp. 1095.
13 Norden (1924), S. 113.
14 Schneider (1978), S. 150.
15 Böttcher (1964), S. 355.
16 Böttcher (1964), S. 360.
17 Böttcher (1964), S. 362.
18 Benz (1988), S. 55f.
19 Vgl. Ivanov (1995), S. 54 f.
20 Vgl. Holzbauer (2004), S. 17; vgl. zu Russland Ivanov (1995), S. 54.
21 Böttcher (1964), S. 362.
22 Vgl. Klauser (1983), Sp. 1089.
23 Vgl. Monaghan (1997), S. 294.
24 Lindenberg (2004), S. 208.
25 Dieterich (1904/1967), S. 116.
26 Vgl. Hecker (2001), S. 11 ff.
27 Vgl. Meier/Zschweigert (1997), S. 27 f.; Am Ende des Buches werden in einer Übersicht Privatgelehrte gewürdigt, die auf verschiedenen Fachgebieten zur der Vorgeschichte Alteuropas forschten.
28 Vgl. Hecker (2001), S. 6.
29 Es handelt sich hauptsächlich um Lebensbilder aus der Schweiz, die aber laut Autorin übertragbar sind.
30 Röder (2004), S. 507.
31 Vgl. Göttner-Abendroth (1995), S. 14 ff.
32 Böttcher (1964), S. 352.
33 Bellinger (1999b), S. 340 f.
34 Vgl. Bellinger (1999b), S. 340 f.
35 Anwander (1962), S. 274.
36 Vgl. Stricker (1993), S. 77.
37 Vgl. Lindenberg (2004), S. 249.
38 Vgl. Gimbutas (1996b), o.S.
39 Vgl. Gimbutas (1996b), S. XI.
40 Vgl. Kšica/Kšicová/Kšicová (1989), S. 2.

41 Vgl. Giterman (1944/1987), S. 317 ff.
42 Vgl. Milner-Gulland/Dejevsky (1998), S. 25-28.
43 Vgl. Milner-Gulland/Dejevsky (1998), S. 39.
44 James (1959/2003), S. 10.
45 Böttcher (1964), S. 352.
46 Weinreb (1990), S. 22 f.
47 Weinreb (1990), S. 12; Umstellung J.M.
48 Vgl. Moszyński (1991), S. 93.
49 Vgl. Malchow (2003), S. 163-164.
50 Bachofen, o.J., o.S., zit. in: Galahad (1932), S. 31.
51 Vgl. Gimbutas (1996b), S. XIII-XVI.
52 Vgl. Göttner-Abendroth (1995), S. 83.
53 Nolte/Eschment/Vogt (1994), S. 11.
54 Vgl. Rybakov (1957), S. 23 ff.
55 Vgl. Göttner-Abendroth (1995), S. 33.
56 Ranke-Graves (1948/2002), S. 592.
57 Vgl. Hubbs (1988), S. XVI.
58 Vgl. Neumann (2003), S. 26 f.
59 Vgl. Göttner-Abendroth (1997), S. 13-25.
60 Vgl. Lexikon der Archäologie (1970), S. 89.
61 Müller-Karpe (1989), S. V.
62 Vgl. Böttcher (1964), S. 27.
63 Vgl. Duden (2004), S. 114.

2 Altsteinzeit

„Wie willst du denn einmal sterben,
Wenn du doch keine Mutter hast?
Ohne Mutter kann man nicht lieben.
Ohne Mutter kann man nicht sterben."

Hermann Hesse,
Narziss und Goldmund[1]

2.1 Spezifische Merkmale

Name

Die Altsteinzeit ist der älteste Abschnitt der Steinzeit, die nach dem wichtigsten Werkstoff, dem spalt- und formbaren Stein, benannt wurde. Aus Steinen wurden Waffen für die Jagd und Werkzeuge, die zur Bearbeitung von Holz und Knochen dienten, hergestellt.

Zeit und Ort

Die Archäologen untergliedern die Altsteinzeit in weitere Abschnitte (meist drei, aber auch vier), die für Europa in Tab. 5 dargestellt sind: Mit dem Ende der Eiszeit um ca. 9.500 v.d.Zt. ging die Altsteinzeit in

Zeitraum (v.d.Zt.)	Altsteinzeit	Merkmale
ca. 2.400.000-200.000	Ältere Altsteinzeit (Altpaläolithikum)	Geröll- und Kernwerkzeuge
ca. 200.000 - 40.000	Mittlere Altsteinzeit (Mittelpaläolithikum)	neue Technologien, Entwicklung von ästhetischen und religiösen Vorstellungen
ca. 40.000 - 12.500	Jüngere Altsteinzeit (Jungpaläolithikum)	Stein- und Knochenwerkzeuge, eigenständige Kunst (weibliche Statuetten), Homo sapiens sapiens (Cro-Magnon-Mensch)
ca. 12.500 - 9.500	End- bzw. Spätpaläolithikum	Klimawandel

Tab. 5: Chronologie der Altsteinzeit in Europa
Quelle: Vgl. Bahn (2003), S. 198; vgl. auch Baales (2002), S. 121.

die Mittelsteinzeit über. Archäologische Spuren zum Untersuchungsgegenstand dieser Arbeit führen uns bis in die Jüngere Altsteinzeit zurück. Diese wird in Anlehnung an Tab. 5 weitere Abschnitte untergliedert, die für West- und Mitteleuropa in Tab. 6 dargestellt sind.

Zeitraum (v.d.Zt.)	Jüngere Altsteinzeit	Werkzeuge	Fundorte
ca. 40.000-28.000	Aurignacien	breite Knochenspitzen, Klingen, Schaber, Meißel	Vogelherdhöhle (D)
ca. 28.000-21.000	Gravettien	kleine Knochenspitzen, Schaber, Knochenwerkzeuge, Speerschleuder	Gravette (F), Willendorf (Aus), Kostenki (UKR)
ca. 21.000-18.000	Solutréen	zweiseitige, blattförmige Knochenspitzen	Solutré (F)
ca. 18.000-12.500	Magdalénien	Knochenharpunen, Speerschleuder, Meißel, Mikrolithe	La Madeleine (F), Neuwied-Gönnersdorf (D)

Tab. 6: Chronologie der Jüngeren Altsteinzeit in West- und Mitteleuropa
Quelle: Vgl. Bahn (2003), S. 25.

Die Untersuchung beginnt um 28.000 v.d.Zt. Für Osteuropa liegen zum Teil andere Bezeichnungen der jeweiligen Abschnitte vor (vgl. Tab. 7). Mit dem „Chronologieproblem" in der Jüngeren Altsteinzeit im europäischen Teil der ehemaligen UdSSR setzt sich Lucius (1970) intensiv auseinander.

Zeitraum (v.d.Zt.)	Jüngere Altsteinzeit		Fundorte
	- nach Foucalt -	- nach Bosinski -[2]	in Russland
ca. 40.000-28.000	Aurignacien	Frühes Jungpaläolithikum (Frühere Jüngere Altsteinzeit)	
ca. 28.000-18.000	Gravettien	Mittleres Jungpaläolithikum (Mittlere Jüngere Altsteinzeit)	Avdeevo, Eliseeviči, Gagarino, Kostenki I
ca. 18.000-12.500	Epigravettien	Spätes Jungpaläolithikum (Spätere Jüngere Altsteinzeit)	Mezin, Mežirič

Tab. 7: Chronologie der Jüngeren Altsteinzeit in Osteuropa Quelle: Vgl. Foucault (2006), S. 9; vgl. auch Bosinski (2006a), S. 98-113.

Im Späten Jungpaläolithikum unterscheiden sich die Formen der Stein- und Knochengeräte aus Osteuropa von denen aus Mittel- bzw. Westeuropa. Nach Bosinski sind z.B. keine Harpunen vorhanden. Es fehlen auch andere Formen der aus dem Magdalénien bekannten Geschossspitzen und aus Rengeweih geschnitzten Widerhakenenden von Speerschleudern.[2]

Wirtschaftsform

Bei den altsteinzeitlichen Jägern und Sammlern, die auch „Wildbeuter" bezeichnet werden, oblag den Männern hauptsächlich die Jagd auf Wildtiere. Die Frauen sammelten überwiegend Pflanzen und Kleintiere, bereiteten die Nahrung zu und erzogen die Kinder.[3]

Werkzeuge

Aus Feuerstein wurden lange, schmale Klingen für Speerspitzen, Messer oder andere Werkzeuge hergestellt; Harpunen, Angelhaken, Pfeifen und einfache Flöten dagegen aus Knochen oder Horn.[4]

Wohnform

Die halbsesshaften Jäger und Sammler lebten zumeist in Zelten, Erdhütten, unter Felsdächern oder zeitweise in Höhlen. Eine besondere Form von Hütten stellen die Behausungen aus Mammutknochen dar, die an verschiedenen Orten in Russland geborgen wurden, wie z.B. in Mežirič (auch: Meschiritsch, Meshiritsch, Mezhirich oder Mezhyrich geschrieben), Dobraničevka, Gintsi, Mezin, Suponevo und Judinovo.[5]

2.2 Archäologie

Bestattungen

Bestattungen gehören zu den Quellengattungen, die zahlreiche Spuren aus der Vergangenheit früherer Kulturen bergen. Archäologen haben jedoch solche „Fundgruben" im Vergleich zu anderen Quellen relativ wenig erforscht.[6] Mögliche Ansatzpunkte, um Funde aus Bestattungen zu klassifizieren und zu analysieren, sind in Tab. 8 dargestellt.

Grundsätzlich sollten die veröffentlichten Forschungsergebnisse zu den Bestattungen aus der Vorgeschichte mit einer gewissen Vorsicht betrachtet werden, da aufgrund des langen Zeitraums, ungenauer Datierungsmethoden, Verlusten durch Raub oder Ausgrabungen, der relativ geringen Anzahl der gefundenen Gräber und Vorurteilen bei den Archäologen selbst, Fehlinterpretationen und Ungenauigkeiten möglich sind. Mit neuen Methoden, wie z.B. der DNA-Analyse, können nunmehr präzisere Aussagen gewonnen werden.

Merkmale	Klassifizierung		
Ort des Grabes	innerhalb von Siedlungen	(auf Herdstellen, unterhalb vom Fußboden, . . .)	
	außerhalb von Siedlungen		
Grabform	äußere Grabform	Flachgrab	
		Hügelgrab	
		Fels-, Schacht-, Höhlengrab	
	innere Grabform	Grubengrab	
		Nischengrab	
		Holzkiste	
		Katakombengrab	
		Steinkiste	
		Steinkammer	
		Urnengräber	
Bestattungsformen	Erdbestattungen	Anzahl der Skelette	Einzel-, Doppel-, Kollektivbestattungen
		Bestattungsphasen	ein-, zweiphasig
		Lage des Skeletts	gestreckte Rückenlage, Hocker
		Orientierung	Bein-, Blickrichtung
		Geschlecht des Bestatteten	weiblich, männlich, nicht bestimmbar
		Art des Grabbehälters	Baumsarg, . . .
	Feuerbestattungen	mit Urne, ohne Urne	
	Scheingrab		
Beigaben	Waffen		
	Werkzeuge		
	Tongefäße bzw. Keramik		
	Schmuck		
	Kunstobjekte		
	Ockerstreuung		
	Tiere		

Tab. 8: Klassifizierung von Funden aus Bestattungen
Quelle: Vgl. Eggert (2000), S. 57-73.

Bestattungen sind bereits aus der Mittleren Altsteinzeit bekannt. So wurden z.B. Skelettreste von 7 Neandertalern (ca. 60.000 Jahre alt) im Irak entdeckt, die auf Blumen gebettet waren. Es wird davon ausgegangen, dass man auf diese Art und Weise ihren Verstorbenen Ehre erwiesen hat. Aus der gleichen Zeit stammen Gräber von Neandertalern aus Frankreich, die mit angezogenen Beinen, in einer Art Embryonalhaltung und mit Feuersteinwerkzeugen bestattet wurden. Die Kindergräber waren mit kleinen Erdhügeln versehen.[7] Diese Grabform kommt später in anderen Zeitabschnitten wieder vor, in denen die Höhe des Hügels durchaus von der Stellung des Toten abhing. Man geht davon aus, dass je größer der Hügel, desto angesehener der Tote war. Somit könnten die Hügel der Kindergräber als besondere Wertschätzung interpretiert werden.

Aus der Jüngeren Altsteinzeit gibt es mehr erforschte Gräber als aus der Zeit davor, aber es sind relativ wenige im Vergleich zu der Anzahl der Wohn- und Rastplätze.
Spezifische Merkmale sind:

- Die Orte der Gräber befinden sich oft innerhalb von Siedlungen, insbesondere auf Herdstellen.
- Einzelbestattungen, aber auch Doppel- und Mehrfachbestattungen
- liegende Hocker (Embryonalstellung), auch sitzende Skelette oder gestreckte Rückenlage
- keine, wenige oder relativ „reiche" Beigaben, wie z.B. Waffen, Werkzeuge, Schmuck, Kunstobjekte, wobei die Beigaben eher Symbolgehalt besitzen als dass sie den materiellen Reichtum des Toten anzeigen
- Ockerstreuung[8]

Yvette Taborin belegt in einer Studie, dass bereits in dieser Epoche Schmuckketten bewusst als Beigaben in Gräber gegeben wurden. Man verwendete dazu durchbohrte Muscheln, perforierte Tierzähne, Fischbein, Perlen, Anhänger aus Knochen und Elfenbein sowie Kieselsteine.[9] In dem Grab eines ca. 60-jährigen Mannes aus Sungir' (in der Nähe von Vladimir ca. 190 km östlich von Moskau) lagen zahlreiche aus Mammutstoßzähnen gefertigte Schmuckperlen geordnet in Reihen über dem Körper, der in gestreckter Rückenlage begraben wurde.[10] In einem weiteren Grab in Sungir' waren zwei Jungen (ca. 8-9 Jahre bzw. 12-13 Jahre) Kopf an Kopf gebettet. Es wurden viele Schmuckgegenstände, eine Waffenkollektion aus 16 Gegenständen, Werkzeuge und ein Figürchen aus Elfenbein darin gefunden. Dieses Grab zählt zu den besonders reich ausgestatteten Kindergräbern aus der Altsteinzeit.[11] Auch in einem Grab eines 4-jährigen Kindes in Malta (Sibirien) wurde außergewöhnlich viel Schmuck gefunden. Dazu gehören u.a. ein Stirnreif aus Mammutelfenbein, ein Halsschmuck mit vogelähnlichen, punktornamentierten Anhängsel, eine große runde Knochenplatte mit eingeritzten Wellenlinien und einem Loch in der Mitte, ein Anhängsel in Form eines fliegenden Vogels und ein Armreif aus Mammutstoßplatte.[12] In Kostenki wurde ein ca. 6-jähriger Junge sitzend mit außergewöhnlich vielen Beigaben (100 bearbeitete Silicies, ein Glätter, eine Knochennadel, ein Knochendolch, zahlreiche durchbohrte Eisfuchszähne) begraben.[13] Häusler (1995) zeigt an weiteren Einzelbeispielen, dass dieses Phänomen der „reichen" Kindergräber während der Altsteinzeit auch an anderen Orten in Europa vorkam.[14] Vermutlich wurden die Kinder damals besonders geliebt.

Bei den o.g. Beispielen und weiteren Grabfunden aus der Jüngeren Altsteinzeit waren die Toten und/oder der Boden der Gräber mit rotem Ocker bestreut. Es handelt sich dabei um gelbliches Eisenoxid, das, wenn es erhitzt wird, rot wird. Der symbolische Gehalt liegt in der Ähnlichkeit mit dem Blut. Die Menschen damals sahen das Leben nicht mit dem physischen Tod als beendet, sondern glaubten an ein Weiterleben im „Jenseits" bzw. an eine Wiedergeburt. Der Unterschied zur heutigen Zeit ist bedeutend und zeigt ein gewisses religiöses Bewusstsein.[15]

Kleinkunst

Zum Mensch-Sein gehört die Kunst als Ausdruck von schöpferisch Tätigsein. Über Kunstwerke werden Gedanken und Vorstellungen ausgedrückt und in Erscheinung gebracht. Für die Ältere und Mittlere Altsteinzeit wurden bisher sehr wenige Kunstgegenstände gefunden. Das gehäufte und scheinbar „plötzliche" Auftreten von Kunstwerken, wie z.B. Plastiken, Malereien sowie Gravuren auf Gegenständen, Steinplatten und Felswänden in Höhlen, begann nach bisherigen archäologischen Forschungsergebnissen in der Jüngeren Altsteinzeit um ca. 30.000 v.d.Zt.[16] Jedoch gelten Datierungen zu Funden aus der Altsteinzeit nicht als gesichert und sind daher mit einer gewissen Vorsicht zu betrachten.[17] Die Wissenschaftler gehen davon aus, dass die meisten Kunstwerke aus diesen Epochen nicht erhalten geblieben sind, da sie aus weniger beständigen Material, wie z.B. Holz, hergestellt und/oder durch äußere Einflüsse zerstört wurden. Ebenso sind Gesänge, Tänze, bestimmte Rituale und Mythen aus dieser Zeit verschollen.[18] In Russland wurden bisher sehr alte kleine Plastiken mit weiblichen Merkmalen gefunden, die auf ein Alter von ca. 30.000 bis 20.000 v.d.Zt. datiert werden. Da Kunst und Religiosität in einem engen Zusammenhang stehen, werden diese Kunstwerke von einem Teil der Wissenschaftler in Verbindung mit einer höheren Macht gebracht. Mirimanov schreibt dazu: „In der prähistorischen Gesellschaft ist die künstlerische Tätigkeit eng verflochten mit allen bestehenden Kulturformen: mit Mythologie, Religion und mit der Produktion selbst. Sie bilden eine unlösbare Einheit, das, was wir als urgeschichtlichen synkretischen Kulturkomplex bezeichnen."[19] Die enge Verbindung von Kunst und Religion spiegelt sich z.B. auch in der russischen Malerei wider, in der bis zum 17. Jh. fast nur religiöse Themen dargestellt wurden. In den folgenden Abschnitten stehen weibliche Statuetten aus der Jüngeren Altsteinzeit ab ca. 28.000 v.d.Zt. im Mittelpunkt, da bisher frühere Spuren kaum vorliegen bzw. nicht als gesichert gelten.

In der archäologischen Fachliteratur werden eine Vielfalt an Begriffen für die kleinen, oft weiblichen Statuetten aus der Steinzeit benutzt, wie z.B. Figuren, Figürchen, Figurinen, Statuetten, Frauenidole, Fruchtbarkeitsidole, Frauenplastiken, Venus-Figuren, Venus-Statuetten, Ahnenmütter, Göttinnen, Urmütter, Muttergöttinnen oder Muttergottheiten. Zahlreiche Statuetten aus ganz Europa, wie z.B. Frankreich, Italien, Österreich, Tschechien, Russland und sogar aus Sibirien (vgl. Abb. 1), können der Jüngeren Altsteinzeit zugerechnet werden. Statistiken über die Anzahl sind kaum angeführt und wenn, dann variieren sie stark. So erwähnt z.B. Drößler (1980): „Am zahlreichsten hat man sie in der UdSSR gefunden: Etwa 130 solcher Plastiken (zusammen mit Fragmenten) zählt die sowjetische Archäologin Z. A. Abramova in einer 1962 erschienenen Arbeit auf."[20] Gimbutas erwähnt etwa 3000 europäische und sibirische Skulpturen, die aus ihrer Sicht verschiedene „Gottheiten" darstellen.[21] Zu den Fundstätten auf dem europäischen Teil Russlands zählen z.B. Kostenki (über 50 Statuetten, z.T. Fragmente), Avdeevo, Eliseevići (auch Eliseewitschi oder Jelisejevici geschrieben) und Gagarino.[22]

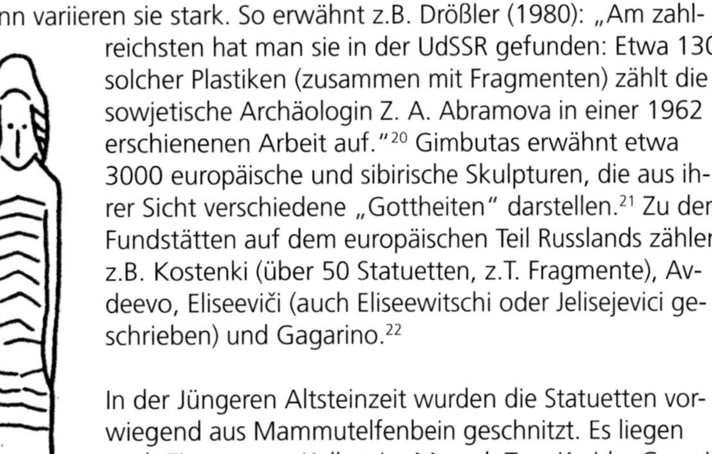

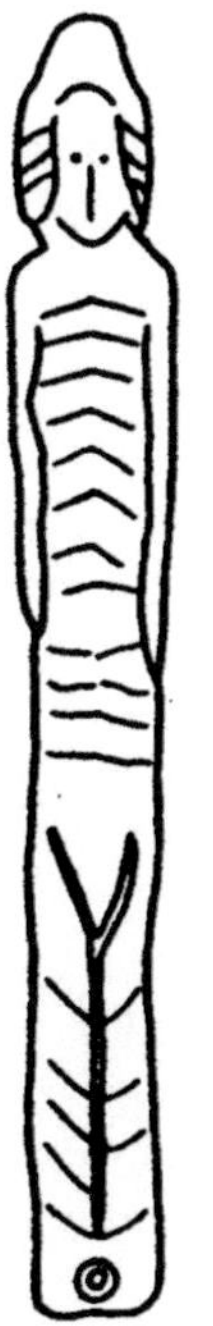

Abb. 1: Statuette aus Malt'a (Sibirien), Jüngere Altsteinzeit
Quelle: Kšica/Kšicová/Kšicová (1989), S. 4, Abb. 28.

In der Jüngeren Altsteinzeit wurden die Statuetten vorwiegend aus Mammutelfenbein geschnitzt. Es liegen auch Figuren aus Kalkstein, Mergel, Ton, Kreide, Geweih oder Knochen vor.[23] Das Alter der Plastiken kann anhand des Stils, des Erscheinungsbildes und der Übertragung auf andere Objekte nur grob eingeschätzt werden. Die Archäologen schließen auch aus Werkzeugen, die bei den Funden lagen, auf die Zeit oder es werden biologische Reste, wie z.B. Holz oder Knochen, anhand der Karbonanalyse (Radioisotope C 14) zeitlich bestimmt und eingeordnet. Die Karbonanalyse ist „... eine Datierungsmethode, die auf der Messung von Spuren von Radioaktivität in organischen Materialien der Vergangenheit beruht."[24] Die Prüfung der Datierung erfolgt mit Hilfe der Dendrochronologie (Baumrindmethode), bei der das Holz von Fundstätten durch den Vergleich der Jahresringe von Bäumen datiert wird, da unkalibrierte Radiokarbondaten im Vergleich zu Sonnenjahren zu niedrig sind. Vollständige Baumrindkalender liegen von ca. 6000-7000 v.d.Zt. bis heute vor.[25]

Bei den Statuetten werden folgende Formen unterschieden:

- menschenähnliche (anthropomorphe)
- tierähnliche (zoomorphe)
- Mischformen

Größtenteils sind die anthropomorphen Plastiken, die eine Größe von 4 bis 22 cm besitzen, eindeutig mit weiblichen Merkmalen ausgestattet. Lorblanchet (2000) bemerkt dazu: „Die Frauendarstellungen überwiegen im östlichen Bereich der paläolithischen Welt, oft in Form von Statuetten, während die Darstellungen ohne geschlechtsspezifische Merkmale im Westen häufiger vorkommen. Die überall sehr seltenen Wiedergaben von Männern machen insgesamt nicht mehr als 5-10 % aller Abbildungen aus."[26] Die Statuetten wurden auf Lagerplätzen gefunden, zum Teil in kleinen Vertiefungen nahe von Herdstellen (Kostenki I) oder am Rande der Hüttengruben (Gagarino).[27] So lehnte z.B. am Fundort Kostenki I in einer kleinen Grube eine weibliche Statuette mit dem Rücken an der Wand und blickte zur Wohnfläche. Die Grube war mit einem großen Mammutschulterblatt abgedeckt, beinhaltete drei große Stücke Knochenkohle, die gewöhnlich zum Beheizen verwendet wurde, und der Boden war mit rotem Ocker vermischtem Lehm angefüllt. Praslov (1986) spricht von einer „Behausung für die Statuette", die wohl auf eine besondere Bedeutung hinweist.[28] Vom äußeren Erscheinungsbild gibt es bei den anthropomorphen Plastiken aus der Jüngeren Altsteinzeit stilistische Unterschiede. Anhand einer zeitlichen Differenzierung lassen sich zwei große Gruppen einteilen, die im Folgenden näher betrachtet werden.

Beispiele von weiblichen Statuetten aus Zeit von ca. 28.000 bis 18.000 v.d.Zt. sind u.a. bei Haensch (1982), Boriskovskij (1984) und Hecker (2001) dargestellt. Grundsätzlich zeugen die Plastiken von einer hohen handwerklichen und künstlerischen Qualität. Kennzeichnend sind meist große, füllige Brüste. Der Bauch ähnelt oftmals dem einer schwangeren Frau. Das Becken ist immer sehr betont und dementsprechend breit dargestellt. Manche Figuren lassen eine Andeutung der Vagina erkennen. Bei den meisten Statuetten ist der Kopf geneigt und das Antlitz gesichtslos. Weniger Bedeutung wird den Armen eingeräumt. Häufig nur angedeutet, stützen sie die Brüste, liegen auf dem Bauch oder weisen zum betonten Schoßdreieck. Die Beine sind zusammen und ohne Füße. Scheinbar wurden die Statuetten in den Boden gesteckt. Manche dienten wohl auch als Anhänger. Allen Figuren ist gemein, dass sie transportabel, unbekleidet und meist üppige Körperformen aufweisen. Diese spezifischen Merkmale treffen nicht nur für Plastiken aus Russland zu, sondern auch für Statuetten aus Mittel- und Westeuropa, die dem Gravettien zugeordnet werden. In einer anthropologischen Untersuchung von menschenähnlichen Statuetten aus dem Zeitraum von 27.000 bis 18.000 v.d.Zt. weist Haensch (1982) für West-, Mittel- und Osteuropa einheitliche somatisch-anthropologische Merkmale nach, wie z.B.

- weibliches Geschlecht — bei 73 % der untersuchten Plastiken aus Europa
- große Brüste — bei 78 %
- breites Becken — bei 52 %
- dicker Bauch — bei 71 %
- vermutete Schwangerschaft — bei 70 %

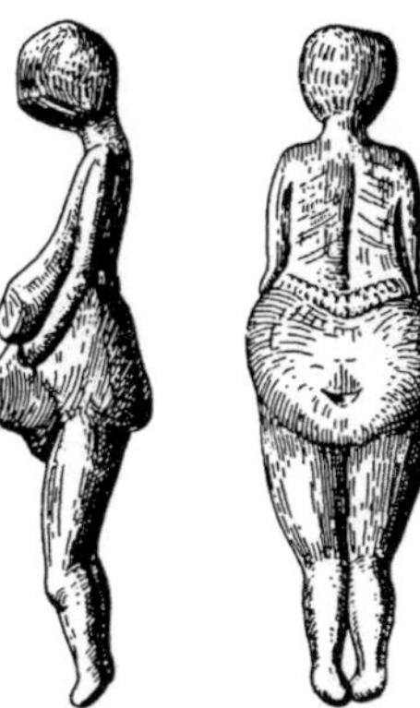
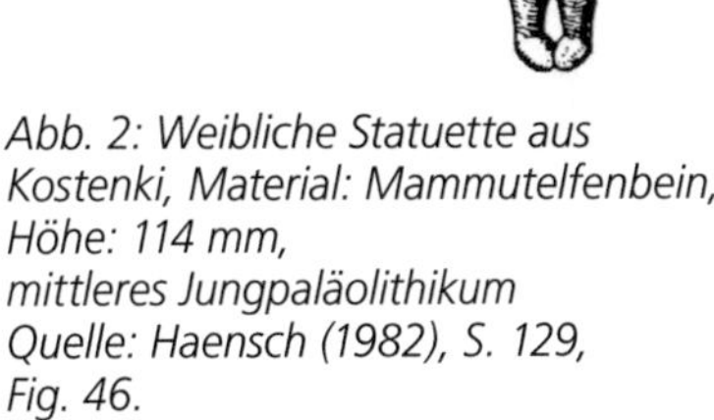

Abb. 2: Weibliche Statuette aus Kostenki, Material: Mammutelfenbein, Höhe: 114 mm, mittleres Jungpaläolithikum Quelle: Haensch (1982), S. 129, Fig. 46.

Im Anhang in Tab. B ist eine statistische Übersicht dazu dargestellt. Die Abb. 2 zeigt eine Statuette aus Kostenki mit den typischen Merkmalen.

Eine überraschende Ähnlichkeit weisen auch die berühmte „Venus von Willendorf" aus Österreich[29] und eine Figur aus Kostenki I[30] auf, obwohl möglicherweise ca. 4000 Jahre und mehrere tausend Kilometer zwischen beiden Figuren liegen. Ein Großteil der Plastiken verkörpert einen reiferen, meist schwangeren Typ. Eine Ausnahme stellt ein Fund aus Eliseeviči (ca. 20.500 Jahre, Elfenbein, Höhe 15,2 cm) dar, der eine jüngere weibliche Gestalt zeigt. Das Becken ist hier – wie auch bei den anderen Figuren – stark betont.[31] Müller-Karpe (1977) weist darauf hin, dass die Figur „. . . mit den zerschlagenen Stoßzähnen eines jungen Mammuts, weiteren Elfenbeinstücken mit verschiedenartigen, als symbolisch angesprochenen Zeichen und geometrischen Figuren inmitten einer kreisförmigen Anhäufung von Mammutschädeln (lag). Der Ausgräber K. M. Plokarpovič – und die Forschung ist ihm gefolgt – zweifelte nicht an einem kultischen Charakter der Anlage."[32]

In Kostenki fanden die Archäologen neben weiblichen Statuetten auch 8 Darstellungen, die nur das weibliche Geschlechtsteil abbilden. In Abb. 3 ist ein Exemplar dargestellt. Mit der Vulva wird Geburt, Lebenserneuerung und Wandlung in Verbindung gebracht.[33]

Abb. 3: Rundplastisches Symbol mons veneris aus Kostenki, Material: Elfenbein Quelle: Kšica/Kšicová/Kšicová (1989), S. 9, Abb. 38.4.

Um 18.000 v.d.Zt. waren aufgrund eines Kältemaximums vermutlich Mitteleuropa und ein Großteil Osteuropas kaum besiedelt. Es wurden nur vereinzelt weibliche Darstellungen geborgen. Einige Autoren sprechen auch von einer Fundlücke von bis zu 4000 Jahren, für die es noch keine plausible Erklärung gibt.[34]

Der Zeit von ca. 18.000 bis 12.500 v.d.Zt. werden zahlreiche weibliche Statuetten und Gravuren aus vielen Teilen Europas, wie z.B. Frankreich, Deutschland, Schweiz, Mähren und Ukraine (Mezin, Mežirič) zugeordnet. Sie zeugen von einem weit verbreiteten Kunststil, der das Weibliche hervorhebt. Vom Aussehen sind sich die Plastiken sehr ähnlich. Größtenteils weisen sie nicht mehr so üppige Körperformen wie im Zeitabschnitt davor auf. Die spezifischen weiblichen Merkmale wurden eher abstrahiert dargestellt und manchmal nur bis auf diese reduziert.[35] Phallusähnliche Statuetten fanden die Archäologen z.B. in Mezin (Ukraine), die früher als „Vögel" und heute als äußerst stilisierte Frauendarstellungen eingestuft werden.[36] Die reichhaltige Symbolik dieser Kunstwerke wird von den Archäologen größtenteils als schwer oder nicht deutbar interpretiert. Die rund 20 ornamentbedeckten Figuren tragen männliche und weibliche Merkmale (vgl. Abb. 4).[37]

Abb. 4: Stilisierte phallusähnliche Figur aus Mezin (Ukraine)
Quelle: Drößler (1980) S. 49, Abb. 15.*

Im Profil ähneln sie weiblichen Plastiken ungefähr gleichen Alters, die z.B. auch in Deutschland, Frankreich und Südosteuropa gefunden wurden (vgl. Abb. 5).[38]

Abb. 5: Stilisierte phallus- und vogelähnliche Figur aus Mezin (Ukraine), Material: Elfenbein, Höhe: 90 mm
Quelle: Drößler (1980), S. 49, Abb. 15.*

Zu den Fundumständen bemerken Péan, Kornijez und Nuzhnyi (2006): „Auffälligerweise finden sich symbolische Artefakte fast nur an diesen Orten mit Knochenhütten. Womöglich dienten nicht einmal alle Gebäude gleichermaßen zum Wohnen, sondern waren zum Teil für kultische Zwecke vorgesehen. Das könnte erklären, wieso sich Frauenstatuetten und bemalte Mammutknochen etwa in Mežirič (auch: Meschiritsch) in einer der Hütten häuften."[39]

Durch die häufig geringe Beachtung der Statuetten in der Literatur, wie z.B. Beschränkung auf nur ein Bild– meist „Venus von Willendorf" – oder nur ein kleiner Verweis in Form von wenigen Sätzen – zum Teil in Fußnoten –, wird der Eindruck vermittelt, dass die weiblichen Plastiken keine große Bedeutung haben. Oftmals gibt es Hinweise nur auf wenige Fundorte. Aber tatsächlich handelt es sich um ein weltweites Phänomen über viele tausend Jahre mit einer Fülle von Kunstwerken, die weibliche bzw. mütterliche Merkmale hervorheben.

In der Fachliteratur liegen sehr unterschiedliche Auffassungen zu den weiblichen Darstellungen vor. Grundsätzlich gibt es zwei Hauptkategorien der Interpretation figuraler Kunst. Auf der einen Seite bezweifeln Forscher, dass bereits in der Jüngeren Altsteinzeit religiöse Vorstellungen vorhanden waren. Den damaligen Menschen wird noch

kein Bewusstsein für Religion zugetraut. Es hätte sich allmählich entwickelt und läge erst wirklich in der Jungsteinzeit vor. Die weiblichen Figuren werden demnach nicht als Abbilder von einer „Gottheit" gesehen. Andererseits vertreten Archäologen die Auffassung, dass die Statuetten sehr wohl als Beleg für religiöse Vorstellungen, wie z.B. den Glauben an eine Muttergottheit, gesehen werden können. Dies galt bis in die 60iger Jahre als anerkannt. Auch der Experte für die Jüngere Altsteinzeit Bohuslav Klíma (1987) betont:
„Es gibt keine Zweifel daran, daß die älteste Kunst nicht nur „Kunst als Kunst" war, sondern daß sie ihre Funktion im Dienste frühreligiöser Vorstellungen und der zu ihnen gehörigen Riten besaß, an denen Frauen und Männer, Alte und Junge teilnahmen."[40] Möglicherweise besteht ein Zusammenhang zwischen dem „Bild vom Menschen" bzw. dem „Bild von Gott", das den jeweiligen Forscher am stärksten beeinflusst, und seiner Interpretation der Kunstwerke. Untersuchungen dazu liegen noch nicht vor.

Die weiblichen Figuren werden u.a. interpretiert als:

- bedeutungsloses Spielzeug
- erotische Darstellungen
- Schönheitsideale
- Selbstporträts bzw. Darstellungen der damaligen Frauen und Ahnenmütter
- Fruchtbarkeitsidole
- Muttergöttinnen

Am Anfang sahen die Archäologen in den kleinen Statuetten Spielzeug in Form von „Puppen" mit geringer Bedeutung. Diese Interpretation erscheint nicht plausibel. Denn aus verschiedenen Kulturen ist bekannt, dass bestimmte Figuren zur Verehrung von „Gottheiten" oder „Heiligen" dienen und an besonderen Orten stehen, wie z.B. Statuen von indischen, ägyptischen oder griechischen Göttinnen, Schwarze Madonnen oder Buddha-Figuren. Einige Autoren unterstellen den Künstlern rein sexuelle Motive und sehen in ihnen die ersten „Pin-up-Girls" für die Männer, die sich längere Zeit auf Jagd außer „Haus" befanden. Diese Interpretationen gelten heute jedoch als überholt.[41] Helmut Uhlig (1991) äußert dazu: „Schlimmer kann man die Lebenswirklichkeit jener frühen Zeit kaum mißverstehen. Hier hat der verkrampfte spätchristliche Moralbegriff bei der Suche nach Erklärungen Pate gestanden. Das Geschlechtliche war in der Steinzeit das Lebendige, das Verbindende, das im wahrsten Sinne des Wortes Fortwirkende . . ."[42]

Die Verkörperung eines Schönheitsideals „Fette Frau" sehen in den Figuren z.B. Schuchardt und Schreiber.[43] Auch die britische Archäologin Margaret Ehrenberg (1992), die als eine der wenigen über die Frau in der Vorgeschichte schreibt, wertet u.a. die Figuren ähnlich.[44] Mögen es die einen als „Fettleibigkeit" bezeichnen, können die anderen es auch als „Fülle" interpretieren, die eine „Urmutter" verkörpert und ausströmt, da sie die Quelle allen Lebens ist. Zu Bedenken ist, dass in der Altsteinzeit „Fastfood", übertriebener Süßigkeitskonsum und eine „Freizeit-Kultur", in der sich die Menschen von der „schweren" Arbeit erholen müssen – meist vor dem Fernseher – fehlten. Stattdessen überwiegte pflanzliche Nahrung und eine halbnomadische Lebensweise.

Weit verbreitet ist die Auffassung, es handelt sich bei den Darstellungen lediglich um „Frauen" aus der Altsteinzeit. Jedoch ist bei vielen Figuren der Kopf geneigt und gesichtslos. Er scheint somit eine geringere Bedeutung als Brüste und Becken zu besitzen. Gesichtslose Plastiken stellen keine Porträts dar. Dies lässt vermuten, dass es sich bei solchen Figuren nicht um bestimmte Frauen bzw. „Ahnenmütter" aus der Steinzeit handelt, sondern um die Verkörperung einer Idee, des „mütterlichen Prinzips" oder möglicherweise einer weiblichen Gottheit. Darauf verweisen mehrere Forscher und lehnen deshalb die Interpretation als „Selbstporträts" verständlicherweise ab. Wenn ein Künstler eine bestimmte Frau abgebildet hätte, wäre das Gesicht wohl ein Körperteil, dem aufgrund der Schönheit und Ausstrahlung besondere Aufmerksamkeit zugedacht worden wäre.

Die besondere Hervorhebung weiblicher Merkmale, wie z.B. füllige Brüste und breites Becken, führt zu der Annahme, die Figuren wären Fruchtbarkeitsidole und würden für bestimmte Rituale bzw. magische Handlungen zur Erreichung von Fruchtbarkeit verwendet. Grundsätzlich wird den Frauen Fruchtbarkeit gegeben. Wenn eine Frau ein Kind zur Welt bringt, dann ist das ein Schöpfungsereignis. James (1960) spricht auch vom „Mysterium der Geburt". Es ist anzunehmen, dass die Künstler mit den weiblichen Plastiken der Fähigkeit huldigten, Kinder zu gebären. Magische Handlungen dagegen versuchen lediglich, für eigene Zwecke geistige Kräfte zu beeinflussen. Für Gimbutas (1996b) haben die Figuren eindeutig wichtigere Funktionen, die in Verbindung mit Geben und Schutz des Lebens, Tod und Wiedergeburt stehen.[45]

Einige Forscher gehen davon aus, dass eine Muttergöttin in der Jüngeren Altsteinzeit noch nicht verehrt wurde, sondern erst später.[46] Aber andere sehen in den Figuren den Beweis, dass bereits zu dieser Zeit dem mütterlichen Prinzip besonders gehuldigt wurde. So vertritt Absolon (1949) die Auffassung, dass alle Funde von weiblichen Figuren „Muttergöttinnen" verkörpern.[47] Kšica und Kšicová (1989) betonen auch, dass die Plastiken als „Muttergottheiten" bezeichnet werden können.[48] Gimbutas stellt dar, dass „Muttergöttin" ein zu eng gefasster Begriff sei, um alle Funktionen der weiblichen Gottheit zu integrieren. Sie bevorzugt deshalb die Bezeichnung „Große Göttin".[49] Taylor und Aston (2004) erläutern im *Atlas der Archäologie* den für die weiblichen Statuetten oft gebrauchten Begriff „Venusfigur" mit einer „ . . Form von Skulpturen, die man in der gesamten prähistorischen Welt gefunden hat. Sie zeigt eine Muttergottheit und steht wahrscheinlich in Zusammenhang mit Fruchtbarkeitsritualen."[50] Sie gehen – aufgrund der Plastiken und ihrer weiten Verbreitung – davon aus, dass „ . . . die Jäger und Sammler über einen komplexen Glauben verfügten."[51] Müller-Karpe spricht in Bezug auf die Statuetten „ . . . den Wunsch nach der gedanklichen Kommunikation mit einer Gottheit" an.[52] Diese kann Gebete, Lobpreisungen oder Dankesworte beinhalten. Eine Gottheit in Form einer Plastik zu verehren und so eine Verbindung zu ihr herzustellen, ist eine alte Tradition. Kunst und Religion stehen in einem wechselseitigen Verhältnis. In den Anfängen der Menschheitsgeschichte wurden Kunstwerke gefertigt, um etwas Höherem zu huldigen, möglicherweise einer „Großen Mutter".

Höhlenkunst

Höhlen sind besondere Orte. Die Dunkelheit, die Feuchtigkeit und die Temperaturen sind für den Aufenthalt von Menschen eher ungeeignet. Dennoch wurden an Felswänden, die zum Teil schwer zugänglich sind, Kunstwerke geschaffen. Petrin und Sirokov (1991) bemerken dazu: „Wenn ein paläolithischer Mensch diese Unterwelt meistert und dort sogar malt, so zeugt dies von der Bedeutung dieser Naturerscheinung im Leben der prähistorischen Gesellschaft."[53] Marija Gimbutas stellt dar, dass „Höhlen, Spalten und Grotten der Erde . . als Schoß der Urmutter (galten)."[54] Die Archäologen vermuten, dass diese „Heiligtümer" für bestimmte Rituale und andere Kulthandlungen aufgesucht wurden.[55] So erwähnt Gimbutas einen bestimmten Initiationsritus – „das Schlafen in einer Höhle" bzw. „das Schlafen mit der Mutter" –, der möglicherweise in der Jüngeren Altsteinzeit und später durchgeführt wurde. Damit sei „ . . . ein symbolisches Sterben und Wiederauferstehen ausgedrückt . . ."[56] Weltweit berühmt sind die Höhlen mit Malereien und Gravuren in Frankreich und Spanien. In Russland gibt es sehr viele Orte mit Felskunst im Freien, aber nur einige wenige mit Höhlenkunst. Im Ural wurden Höhlen entdeckt, die Ähnlichkeiten im Stil, d.h. in der Machart, in den Formen und in der Verwendung von Farben mit den Malereien und Gravuren in den Höhlen in Frankreich und Spanien aufweisen.[57] Dazu zählen die Kapova-Höhle, die Ignatievka-Höhle und die Sepievka 2-Höhle.[58]

Die Karpova-Höhle, die 1959 entdeckt wurde, liegt im südlichen Ural am Oberlauf der Belaja. Ihre Länge beträgt ca. 700 m. Das Alter von gefundenen Holzkohlestücken datieren die Archäologen auf ca. 14.000-17.000 v.d.Zt.[59] Aus der Zusammensetzung des Fundmaterials, wie z.B. nur wenige Knochen von größeren Tieren, das Fehlen von Arbeitsplätzen, die ungewöhnliche Zusammensetzung des Schmucks, schlussfolgert der russische Archäologe Vjačeslac E. Ščelinskij (1999), dass die Höhle nur vorübergehend für besondere Anlässe oder Rituale aufgesucht wurde.[60] An den Wänden befinden sich:

- über 50 farbige Bilder von Tieren
- verschiedene Zeichen:
  - männliche und weibliche Symbole
  - stumpfe Kegel oder Trapeze mit „Ohren"
  - Trapeze mit Innenzeichnungen (eingeritzte Dreiecke)
  - Dreiecke, in denen weitere Dreiecke gezeichnet sind
  - Rechtecke mit „Ohren" und einer vertikalen Mittellinie

- verschwommene rote Farbflecke
- anthropomorphe Wesen

Ščelinskij bemerkt jedoch, dass die Entschlüsselung der Bilder aufgrund der damaligen politischen Situation nicht weiterverfolgt werden konnte.[61] Aber dennoch äußert er zu den Malereien im Chaos-Saal: „Insgesamt, so scheint es, könnte es sich bei diesen Darstellungen um die Wiedergabe von Mythen, von mythologischen Vorstellungen der paläolithischen Menschen handeln. Alle Indizien deuten darauf hin, daß die Kapova-Höhle ein Heiligtum war und als solches eine komplexe Struktur besaß. Jeder mit Darstellungen versehene Saal der Höhle war ein Teil dieses Heiligtums und erfüllte eine sakrale Aufgabe. Daraus läßt sich ableiten, daß die Menschen dieser Zeit eine komplexe Vorstellungswelt entwickelt hatten, die in bestimmte Mythen und damit verbundene Zeremonien zum Ausdruck kam."[62]

Die Ignatievka-Höhle liegt im Südural (Bezirk Čeljabinsk) und wurde 1980 entdeckt.[63] Sie ist ca. 200 km von der Kapova-Höhle entfernt. Aus den radiometrischen Untersuchungen ging hervor, dass gefundene Holzkohlestücke und Knochen auf ein Alter von ca. 13.000 bis 14.000 Jahre datiert wurden. Nach Petrin und Sirokov (1991) stimmen die Datierungen mit pollenanalytischen und osteologischen Untersuchungen überein.[64] Im Eingangsbereich und im Haupteingang der Höhle sind keine Malereien vorhanden, aber dafür im „Großen Saal" und im „End-Saal". Beide Säle unterscheiden sich wesentlich (siehe Tab. 9). Darstellungen mit geheimem Inhalt befinden sich an entfernter, schwer zu erreichender Stelle.

Tab. 9: Vergleich der Merkmale des „Großen Saales" und des „End-Saales" in der Ignatievka-Höhle
Quelle: Vgl. Petrin/Sirokov (1991), S. 27 f.

Merkmale	Großer Saal	End-Saal
Topographie	• sehr geräumig, leicht zu bewegen • keine Hindernisse zu überwinden	• geringe Ausmaße • durch niedrigen Gang kriechen oder oberen Gang benutzen (nur mit Hilfskonstruktionen)
Anordnung der Darstellungen	• an Wänden	• an der Decke • nur einige an Wänden
Maße der Darstellungen	• kleiner als 50 cm	• deutlich größer als "im Großen Saal" • eine Tierfigur größer als 2 m
Farbe	• nur an einer Stelle schwarz sichtbar	• einige Malereien schwarz
Stil	• flächige Wiedergaben von Tieren	• Umrisszeichnungen
Thema	• Liniengruppen • keine dominierende Gruppe • Abschlagnegative	• nur in einen Fall Liniengruppe mit anthropomorpher Figur • Darstellung einer Frau (einmalig) • deutlich dominierende Flächen

Insgesamt gibt es in der Ignatievka-Höhle 30 Darstellungsgruppen mit roter und schwarzer Farbe. Im schwer zugänglichen „End-Saal" sind besondere Malereien – das „Schwarze Panneau" und das „Rote Panneau" – vorhanden, die sich von denen im „Großen Saal" in der Größe und im Inhalt unterscheiden. Der Eingang bzw. Ausgang des

End-Saales ähnelt in der Form an eine Vagina, da er einen vertikal-linsenförmigen Umriss besitzt. Für die Zeichnungen des „Roten Panneaus" im End-Saal[65] wurde größtenteils rote Farbe verwendet, die nach Petrin und Sirokov als „Symbol des Lebens" auf Fruchtbarkeit hindeutet.[66] Gimbutas geht davon aus, dass „Rot" in Verbindung mit Höhlenkunst „ . . . als Symbol für die Farbe der mütterlichen Fortpflanzungsorgane" gedeutet werden kann.[67] Die Zeichnung zeigt zwei große Hauptfiguren: ein Tier und eine Frau (vgl. Abb. 6). Beide sind durch Punktlinien miteinander verbunden. Die weibliche Gestalt wurde schematisiert dargestellt. Ihre Brust ist deutlich hervorgehoben. Der Kopf ist etwas vom Körper entfernt. Zwischen den gespreizten Beinen der weiblichen Figur liegen drei Punktreihen mit insgesamt 29 Punkten. Dies deutet auf den Monatszyklus der Frau hin. Die Punkte führen zum großen Tier, das ein Stier oder ein Nashorn darstellen könnte. Es ist ca. 2,30 m groß. Petrin und Sirokov deuten es auch als ein Fabelwesen oder eine mythologische Gestalt. Die Darstellung von einer weiblichen Gestalt, die offenbar etwas Männliches gebiert, wird von den Autoren als ein Ausdruck der Gegensätze: „männlich – weiblich" bzw. „Mensch – Tier" interpretiert.[68] Grundsätzlich symbolisieren die Gegensätze unterschiedliche Kräfte, wie z.B. das „Yin-Yang-Symbol" aus dem Taoismus. Es versinnbildlicht die männliche Kraft „Yang" und die weibliche Kraft „Yin", die als entgegengesetzte Polaritäten alles in Bewegung halten und dennoch eine Einheit bilden, das EINE, in dem alles enthalten ist. Sie stehen für Tag und Nacht, Licht und Dunkel, warm und kalt etc. Aus dem Zusammenspiel beider entsteht Schöpfung. Die weibliche Gestalt scheint jedoch eine besondere Funktion zu besitzen. Die Betonung der Brüste und der Gebärhaltung mit Hinweis auf den Monatszyklus unterstützt die These von Petrin und Sirokov, dass es sich um eine mögliche mystische Erklärung für die Entstehung allen Lebens handeln könnte. Und dieser Anfang wurde als eine mütterliche Gestalt abgebildet. Wenn das EINE aus sich heraus schöpft, dann als Mutter. Denn Mütter gebären. Das Mutterhafte lässt Leben entstehen. Auf die besondere Bedeutung dieser Zeichnung weist auch der schwerzugängliche Ort hin, an dem sie angebracht ist. Eventuell fand dort eine „Einweihung" in bestimmtes Wissen statt.

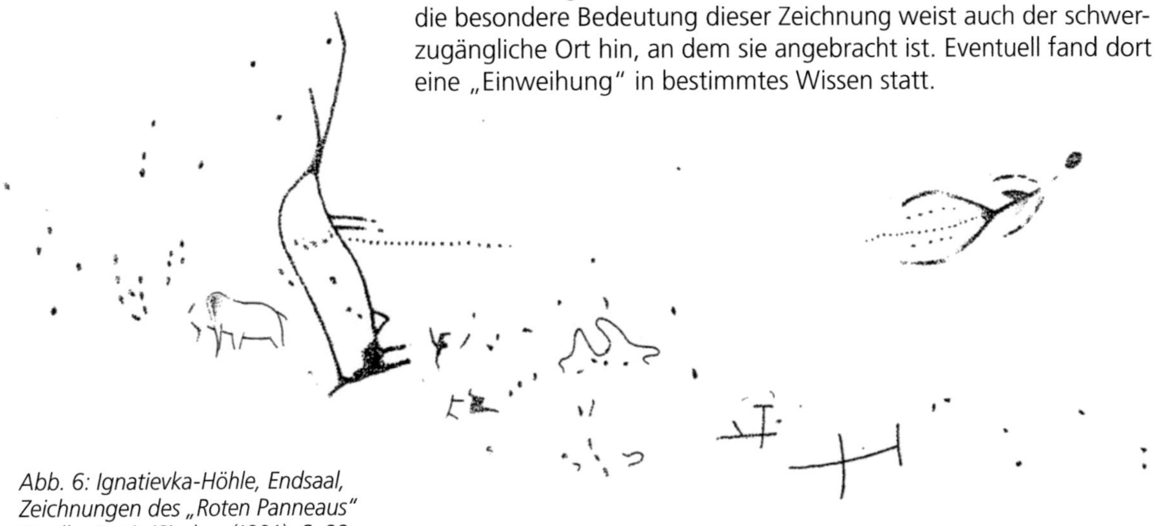

Abb. 6: Ignatievka-Höhle, Endsaal, Zeichnungen des „Roten Panneaus" Quelle: Petrin/Sirokov (1991), S. 22, Abb. 6.

Soziale Struktur
Archäologische Funde aus der Altsteinzeit belegen nicht direkt die soziale Struktur, aber anhand von Siedlungsmustern und Gräberfunden können Hypothesen aufgestellt werden. Es wird davon ausgegangen, dass die Jäger und Sammler in Gemeinschaften von ca. 20 bis 40 Personen lebten, die vermutlich mutterrechtlich organisiert waren.[69] Schlette vertritt in dem Buch *Von Lucy bis Kleopatra. Die Frau in der frühen Geschichte* (1988) die These: „Wenn man von Sippe spricht, dann tritt der verwandtschaftliche Gesichtspunkt und damit die Frau als Gebärerin neuen Lebens in den Vordergrund. Verwandtschaftliche Beziehungen wurden in erster Linie über die Frau und Mutter gesehen." Hančar (1940) weist ebenfalls auf eine mögliche hohe Stellung der Frau in der Altsteinzeit hin und begründet dies ähnlich wie Schlette mit der teilweisen Sesshaftigkeit (wirtschaftlich bedeutsame Arbeit der Frau in Hütte und am Herd) und der Bildung blutsverwandter Gruppen in Abstammung von einer gemeinsamen Mutter.[70]

2.3 Geschichte

Historische Aufzeichnungen aus der Altsteinzeit liegen bisher nicht vor. Eine Schrift mit Buchstaben ist aus dieser Zeit nicht überliefert.

2.4 Religionswissenschaft

Das Wort „Religion" hat seinen Ursprung in „religio"/„religō"/„religare" (lat.) – Rückbindung".[71] Somit ist unter Religion die Rückbindung an den Anfang, das Wissen um die Herkunft zu verstehen. Nach Genesis I 26 hat Gott den Menschen nach seinem Ebenbild erschaffen. Menschenähnliche Plastiken können deshalb Götter darstellen. Inwieweit von „Religion" bereits in der Altsteinzeit gesprochen werden kann, ist nicht eindeutig geklärt. Ein Teil der Forscher geht davon aus, dass die Menschen noch keiner Gottheit gehuldigt haben. Ein anderer Teil vermutet die Verehrung einer weiblichen Schöpfungskraft, deren Kult sich in den kleinen weiblichen Statuetten widerspiegelt. Anwander äußert dazu im *Wörterbuch der Religion*: „Die Muttergottheit breitet ihre Arme über die ganze Erde, und niemand zählt die Millionen, die ihr seit Urzeiten ergeben waren und noch ergeben sind. Schon aus der älteren Steinzeit besitzen wir Statuetten und Reliefs, die, mögen sie nicht ohne weiteres als Göttinnen anzusprechen sein, jedenfalls eine religiöse Verehrung des Muttertums andeuten."[72] Für den britischen Theologen E.O. James dagegen sind diese Figuren „Muttergöttinnen" und „ . . . ein integrierender Bestandteil des Ur-Mutterkults in den fortgeschritteneren Kulturstufen . . ."[73] Er vertritt die Auffassung, dass die Plastiken in den südrussischen Steppen und Westasien zum ersten Mal gefertigt wurden.[74] Diese Theorie wird in der späteren Literatur von anderen Autoren nicht mehr aufgegriffen. In seinem Werk *Religionen der Vorzeit* weist James zu Recht daraufhin, dass es sich bei dem häufig gebrauchten Begriff „Venus-Figur" um eine „unglückliche Bezeichnung" handelt. „Venus" verkörpert die römische Fruchtbarkeits- und Liebesgöttin. Die einseitige Darstellung der Plastiken als „Venus-Statuetten" reduziert ihre Bedeutung allein auf den Fruchtbarkeitsaspekt. Gimbutas sieht in der Frau als Gebärende den Schlüssel zu den Anfängen von

Religion.[75] Durch die Frau kommt neues Leben auf die Erde. Sie hat schöpfende Funktion wie die Götter. In Analogie zu der Weisheit „Wie oben so unten" könnte eine „Große Mutter" als Ursprung allen Lebens verehrt worden sein. In Ausdruck der Wertschätzung des Mütterlichen entstanden vermutlich die vielen weiblichen Statuetten, um mit der „Großen Mutter" und ihrer Liebe verbunden zu sein.

2.5 Sprachwissenschaft

Mythen vieler Völker berichten, dass Götter die Sprache auf die Erde brachten, wie z.B. bei den Sumerern, Chinesen, Indern, Ägyptern, Hethitern, Iranern, Kretern, Skythen, Griechen, Kelten, Germanen und Slaven.[76] Sprachwissenschaftler stellten verschiedene Theorien zum Ursprung der Sprache auf, die zum Teil sehr fragwürdig erscheinen. Die Sprache unterscheidet den Mensch vom Tier. Sie befähigt zur Kommunikation mit anderen Menschen, sich selbst und der unsichtbaren geistigen Welt.[77] In einem Interview sagte der Leipziger Linguist Bernhard Comrie: „Die Genetiker unseres Institutes haben zumindest ein entscheidendes Gen entdeckt, ohne das der Mensch nicht sprechen könnte. Genau dieses Gen FoxP2 fehlt dem Menschenaffen."[78] Martin Street stellt in *Kommunikation in der Eiszeit* (2005) dar, dass die Frage nach dem Ursprung der Sprache bisher noch unklar ist und dass es dazu zahlreiche Theorien gibt.[79] Aber er schlussfolgert: „Schließlich entsteht aus der Verschmelzung sämtlicher Aspekte der Intelligenz eine Synthese, die zum abstrakten Denken, zur Philosophie und zur Religion fähig ist. Wenn man so will, entsteht gleichzeitig mit dem modernen Menschen erstmals der Wunsch oder das Bedürfnis, auch die Kommunikation mit einer höheren Macht oder sogar einer Gottheit zu erfahren."[80] Street geht davon aus, dass die weiblichen Statuetten vor ca. 25.000 Jahren wahrscheinlich „. . . die Vorstellung einer Muttergottheit sichtbar machen."[81]

Historische Sprachwissenschaftler erforschten, dass es möglicherweise während der Altsteinzeit in Russland eine uralisch-altaische Urgemeinschaft mit einer gemeinsamen Sprache gab. Vor ca. 15.000-10.000 Jahren hätten sich daraus einzelne uralische bzw. altaische Sprachfamilien herausgebildet.[82]

2.6 Symbolkunde

„Nach Mirceau Eliade ist Symbolik ein unmittelbarer Ausdruck des Bewußtseins des Menschen, der sich als Mensch erkennt. Nach Bergson beflügelt dies die Kreativität und drängt auf Handlung. Der Kosmos schweigt nicht, er ist voll von Sinn und Bedeutungen . . ."[83] Der Psychologe Erich Neumann, der ausführlich auf die Bedeutung der Symbole in Verbindung mit dem Archetypus der „Großen Mutter" eingeht, erläutert: „Das Symbol weist hin, deutet an und erregt. Auf diese Weise setzt es das Bewußtsein in Bewegung und bringt es dazu, alle Bewußtseinsfunktionen zur Verarbeitung zu verwenden. Denn eine nur begriffliche Verarbeitung des Symbols erweist sich als völlig unzureichend."[84] Facchini (2003) weist darauf hin, dass bereits in der Altsteinzeit Symbole verwendet wurden und zwar noch vor dem Homo sapiens sapiens (vor ca. 40.000 Jahren).[85] Schlette (1969) lehnt – bis auf das Dreieck als Symbol des weiblichen Geschlechts –

die Existenz von Symbolen in der Altsteinzeit ab und spricht dagegen von Ornamenten, die durch Spieltrieb entstanden sein sollen.[86]

Frolov (1971) stellt dar, dass die Zahl sieben auf altsteinzeitlichen Kunstwerken eine besondere Rolle spielt. Die aufgeführten Beispiele aus Europa und Sibirien geben Einblick in ein Symbolsystem. So ist z.B. ein Frauenkopf aus Kostenki mit sieben Reihen von Vertiefungen verziert. Die Haartracht der „Venus von Willendorf" hat die Form einer Spirale aus sieben Windungen. Die Betonung des Siebener-Rhythmus kommt verstärkt bei sibirischen Kunstwerken vor. Ein Kalender in Form einer großen Spirale und weiteren kleineren Spiralen mit insgesamt 365 Vertiefungen ist auf die Zahl sieben aufgebaut.[87] Wie bereits erwähnt, klassifiziert Gimbutas ca. 2000 symbolische Artefakte aus ganz Europa, die auch zum Teil aus der Jüngeren Altsteinzeit stammen. Sie stellt fest: „Eine Untersuchung der Symbole in der altsteinzeitlichen Kunst zeigt deutlich, daß die Gottheit, der die Schöpfungskräfte zugeschrieben wurden, nicht männlich, sondern weiblich war. Tatsächlich ist in der altsteinzeitlichen Kunst die Existenz einer Vaterfigur nicht nachweisbar."[88] Sie beschreibt eine Ikonographie der Göttin in der Jüngeren Altsteinzeit, die in Tab. 10 dargestellt ist.

Kategorie	Symbole	Erläuterung	Funde aus der Jüngeren Altsteinzeit Russlands
gegenständliche Darstellungen	• Brüste • Vulva	• Nahrung, Leben spendend • Geburt und Lebenserneuerung	weibliche Statuetten aus: • Kostenki I • Gagarino
abstrakte oder hieroglyphische Symbole	• X-Zeichen • V-Zeichen • Dreiecke • Mäander	• Vulva • lebenerneuernder Schoß • Wasser	• Plastiken aus Mezin • Verzierungen auf Gegenständen • Höhlenkunst (Kapova-Höhle, Ignatievka-Höhle)
Tiersymbole	• Schlange • Stier	• Lebenskraft • Wiedergeburt	• Höhlenkunst (Kapova-Höhle, Ignatievka-Höhle)

Tab. 10: Ikonographie der Göttin nach Marija Gimbutas
Quelle: Vgl. Gimbutas (1996b), S. 222.

Diese Ikonographie lebt bis in spätere Epochen der Menschheitsgeschichte fort. Es sind Symbole, die mit dem sich ewig erneuernden Kreislauf des Lebens in Verbindung stehen, mit Leben und Tod, mit Kommen und Gehen. „Paläolithische und neolithische Symbole und Darstellungen konzentrieren sich um eine sich selbst zeugende Göttin und ihre grundlegenden Funktionen als Lebensspenderin, Beherrscherin des Todes und als Wiedergebärerin (Regeneratrix). Dieses Symbolsystem steht für eine zyklische, nichtlineare, mythische Zeitauffassung."[89]

Mit Hilfe der Symbolkunde können auch die Statuetten aus Mezin (siehe Kap. 2.2) mit ihren reichhaltigen Verzierungen gedeutet werden. Den Figuren ist eine zweideutige Erscheinungsform gemeinsam. Auf den ersten Blick sind es phallusartige Kunstwerke, die als männlich eingestuft werden können. Mit dem Phallus, der in Zusammenhang mit dem Symbol der Lebensäule[90] steht, werden Erneuerung und Erhaltung des Lebens in Verbindung gebracht. Gimbutas weist daraufhin, dass die reine Interpretation phallusartiger Kunstwerke als Sexual- und Fortpflanzungssymbole nicht plausibel ist, da phallusartige Säulen oft in Gräbern bzw. Grabanlagen vorhanden waren.[91] „Seine Bedeutung ist am ehesten mit der des *lingam* zu vergleichen, einer auf die neolithische Indus-Kultur zurückgehende Säule, die in der religiösen Kunst Indiens noch heute eine Rolle spielt."[92] Die reichhaltige Symbolik in Form von Verzierungen auf den o.g. Kunstwerken aus Mezin deutet auch auf weibliche Elemente hin:

- Das Dreieck gilt u.a. als „Symbol für den lebenserneuernden Schoß der Göttin". Es wurde oftmals zur Darstellung der Vulva verwendet und besonders hervorgehoben.
- Die Vulva steht für Lebenserneuerung bzw. Wandlung und wird mit der Geburt in Verbindung gebracht.[93]
- Das V-Zeichen wurde oft an Plastiken, Gegenständen oder Felswänden gemalt oder geritzt und häufig auch mit anderen Symbolen des Lebens kombiniert. Es kann als eine reduzierte Form für das Dreieck bzw. die Vulva interpretiert werden.[94]
- Die Spirale ordnet Marija Gimbutas eindeutig zur Symbolik der „Großen Göttin" zu. Sie symbolisiert Lebenskraft und den Prozess des Werdens.[95]

Je nach dem wie die Statuette betrachtet wird, tritt ein Aspekt – der männliche oder weibliche – hervor. Beide bilden eine Einheit.[96] Für Marija Gimbutas haben diese Plastiken eher weiblichen Charakter. Sie sieht in ihnen „. . . die Erhöhung des Weiblichen durch die geheimnisvolle, dem Phallus innewohnende Lebenskraft. Die Göttinstatuette bildet das Fundament, auf dem sich der Phallus in seiner Eigenschaft als kosmische Säule erhebt. Er entspringt ihrem Schoß wie die Stalagmiten und Stalaktiten dem Schoß der Höhlen."[97] Die Darstellung weiblicher und männlicher Symbole auf ein und derselben Plastik lässt vermuten, dass das schöpferische Prinzip der „Zwei" abgebildet wurde. Aus den sich ergänzenden weiblichen und männlichen Kräften kann etwas Neues geboren werden.

2.7 Ethnologie und Anthropologie

Aus dem Leben von Jäger- und Sammlergemeinschaften, die bis in die heutige Zeit existieren, werden Forschungsergebnisse für die Rekonstruktion der Altsteinzeit herangezogen. Die Analogien können nicht zu 100 % angewendet werden, da jede Gesellschaft ihre Besonderheiten besitzt und ein sehr langer Zeitraum dazwischen liegt. Dennoch lassen sich einige Erkenntnisse durchaus übertragen. Von heutigen Wildbeutergesellschaften ist bekannt, dass ein Großteil der Nahrung (ca. 60-70 %) aus Pflanzen besteht und hauptsächlich von Frauen gesammelt wird. Zwar herrscht zwischen den Geschlechtern Gleichberechtigung und eine gewisse Aufgabenverteilung, aber Frauen erhalten aufgrund ihrer Fähigkeit, Kinder zu gebären, eine hohe Anerkennung. Die Kinder werden ca. 3-4 Jahre gestillt und sind, wenn die Getreidenahrung fehlt (wie z.B. während der Altsteinzeit), von der Muttermilch völlig abhängig. Erst danach werden die Mütter frühestens wieder schwanger.[98] Die lange Ernährung der Kinder über die Muttermilch könnte u.a. die besondere Betonung der Brüste bei den weiblichen Statuetten aus der Jüngeren Altsteinzeit erklären (siehe Kap. 2.2).

Hančar (1940) erwähnt, dass (heutige) sibirische Renntierjäger (Ostjaken, Golden, Jakuten, Čuvašen) „. . . aus Lärchen- oder Espenholz Menschenfigürchen anfertigen, die sie ‚Džuli' nennen. Die Figürchen sind weiblich. Nach der Auffassung der Negidal'cen ist der Džuli der menschliche Anfang, von dem das ganze Volk hervorgegangen ist. Nach dem Glauben der Sibirier sind die Džuli Schutzgeister der Familie und des Stammes. Sie gehen von Geschlecht zu Geschlecht über. Dem Džuli wird die Hütte anvertraut, wenn man auszieht zur Jagd." Aus völkerkundlichen Vergleichen ist auch bekannt, dass z.B. die Čukčen (auch Tschuktschen geschrieben) in Sibirien ihre Götter in Form von kleinen Plastiken verehren und im 19. Jahrhundert weibliche Plastiken bei Geburten in Verbindung mit bestimmten Ritualen verwendet wurden.[99] Inwieweit aus diesen ethnologischen Forschungen direkt auf die Jüngere Altsteinzeit geschlossen werden kann, ist nicht eindeutig. Zumindest hat sich die religiöse Kunst in Form von kleinen Figuren, die als Abbilder von Göttern verehrt werden, bis heute erhalten.

2.8 Folkloristik

Die Volkskunde enthält Wissen aus der Vergangenheit. Im Verlauf der Jahrtausende ist allerdings Wissen verloren gegangen, wurde abgewandelt, ergänzt oder verfälscht. Welche Teile erhalten gebliebener „Schätze" aus der Altsteinzeit stammen, lässt sich heute kaum mehr nachvollziehen.

2.9 Mythologie

Die Kapova-Höhle stellt für die einheimische Bevölkerung einen besonderen Ort dar. Verschiedene Sagen und Legenden, wie z.B. das baschkirische Epos „Ural-Batyr", berichten, dass der gleichnamige Held an diesem Ort nach dem Trank der Unsterblichkeit gesucht hat. Auch im Epos „Akbuzat" wird die Kapova-Höhle „Šul'gan Taš" als die unteriridische Welt der Vorfahren und als Quelle des „lebendigen Wassers" erwähnt. Eine weitere Legende berichtet von ungewöhnlichen Menschen, die in der Höhle wohnten. Sie sollen ganz anders ausgesehen haben. Außerdem schrieb man ihnen großen Reichtum zu. Außergewöhnlich war es wohl auch, dass diese Menschen Getreide aussäten und verschiedenes Vieh besaßen.[100] Dies lässt vermuten, dass sie aus einem anderen Land in die Höhle kamen.

2.10 Psychologie

Die Psychologie befasst sich mit der „Psyche" des Menschen. Allerdings ist fraglich, ob es überhaupt eine Psyche gibt. Oft wird der Begriff mit anderen, wie z.B. „Seele" oder „Geistkörper", gleichgesetzt und dementsprechend verwechselt. Erich Neumann analysiert den Archetypus des „Großen Weiblichen" bzw. der „Großen Mutter". Nach C. G. Jung ist dieses innere Urbild „Gott ist Mutter" in jedem Menschen, bei allen Völkern, zu allen Zeiten existent. Es manifestiert sich in Riten, Mythen, Symbolen, Träumen und schöpferischen Gestaltungen.[101] Neumann geht ausführlich auf die Wesenzüge des „Großen Weiblichen" ein, wie z.B. gebärend, nährend und schützend, und beklagt den „Muttermord" unserer Zeit. Durch die einseitige Hinwendung zum Männlichen bzw. zu der Sicht „Gott ist Vater" und der Missachtung der weiblichen Seite des Schöpfers – des Mütterlichen – entartet der Mensch. Er verschließt sich der mütterlichen Liebe des Anfangs.[102]

Ein zentrales Symbol der „Großen Mutter" ist für Neumann das Gefäß. „Im Weiblichen verbindet sich immer und bis in die Moderne hinein der Gefäßcharakter, ursprünglich der Höhle, später des Hauses, und das Innen-Sein, das im Hause geborgen, geschützt und gewärmt Sein mit dem ursprünglichen Geborgensein im Mutterleib."[103] Das Gefäß ist das Bergende, das Umhüllende, der Raum und es besitzt den Geheimnischarakter des Schöpferischen. Aus dem Mutterschoß, aus dem Urgrund entsteht Leben. Brüste interpretiert Neumann als Symbol des nährenden Lebensstromes.[104] Gerade bei den weiblichen Figuren aus der Jüngeren Altsteinzeit wurden das Becken und der Bauch sowie die Brüste sehr betont. Neuman zweifelt nicht an ihrer Kultbedeutung. „Das Vorkommen dieser Figuren in einem Gebiet, das von Sibirien bis zu den Pyrenäen reicht, scheint das Vorhandensein eines einheitlichen ‚Weltbildes', in dessen Zentrum die große weibliche Göttin steht, vorauszusetzen."[105]

2.11 Feminismus

Göttner-Abendroth leitet ihre Thesen zum Matriarchat von Acker- und Gartenbaugesellschaften ab, die erst während der Jungsteinzeit in Europa existierten. Auch andere Autoren äußern sich kaum zur Altsteinzeit. Der Schwerpunkt feministischer Literatur zur Matriarchatsforschung liegt in späteren Epochen.

2.12 Zusammenfassung

Die Jüngere Altsteinzeit in Europa und auch in Russland ist geprägt von einem einheitlichen Kunststil, bei dem weibliche bzw. mütterliche Merkmale bei Figuren besonders hervorgehoben wurden. Plastiken mit männlichen Merkmalen gibt es dagegen nur sehr wenige. Die Wurzeln für das scheinbar „plötzliche" Auftreten der Kunstwerke und somit der Verehrung des Mutterhaften liegen bisher für die Wissenschaft im Dunkeln. Aber es ist sehr wahrscheinlich, dass die Menschen in der Jüngeren Altsteinzeit „Mütter" in „den Himmel gehoben" haben. Die Analogie „Frau" und „Schöpfungsmutter" wurde über Kunst ausgedrückt, da die Plastiken keine Porträts von Frauen repräsentieren, aber dennoch den weiblichen Körper abbilden. Sie offenbaren einen Ausschnitt aus der Kunst jener Zeitepoche, die eng mit einer unsichtbaren Welt des Geistes verbunden war. Auch Höhlenmalereien, z.B. in der Ignatievka-Höhle, geben Einblick in eine Weltsicht, bei der eine weibliche Kraft alles Leben gebiert. Die Künstler der Jüngeren Altsteinzeit sahen in Müttern etwas Hohes – im „Himmel wie auf Erden" –. Sie hätten wohl ansonsten andere Motive für ihre Kunstwerke gewählt. Die Archäologie versucht anhand materieller Überreste die Vergangenheit zu rekonstruieren. Kunst entspringt geistigen Bereichen. Das Göttliche offenbarte sich während dieser Zeit als „Mutter".

1 Hesse (1980), S. 320.
2 Bosinski (2006a) wählt diese Unterteilung auch für West- und Mitteleuropa
3 Vgl. Bosinski (2006a), S. 110.
4 Vgl. Bahn (2003), S. 197 f.
5 Vgl. Parker (1999), S. 34.
6 Vgl. Péan/Kornijez/Nuzhnyi (2006), S. 71.
7 Vgl. Häusler (1998), S. 135.
8 Vgl. Lexikon der Steinzeit (1999), S. 48 f.
9 Vgl. Häusler (1962), S. 1172.
10 Vgl. Ries (2003), S. 29.
11 Vgl. Bader (1970), S. 30.
12 Vgl. Bader (1970), S. 32.
13 Vgl. Hancar (1940), S. 111.
14 Vgl. Häusler (1962), S. 1172.
15 Vgl. Häusler (1995), S. 63.
16 Vgl. Ries (2003), S. 29 f.
17 Vgl. Whitehouse/Whitehouse (1976), S. 41 ff.
18 Vgl. Lorblanchet (2000), S. 327.
19 Vgl. Hecker (2001), S. 10.
20 Vgl. Mirimanov (1973), S. 11.
21 Drößler (1980), S. 46.
22 Vgl. Gimbutas (1996b), S. 222.
23 Vgl. Hecker (2001), S. 11.
24 Vgl. Kšica/Kšicová/Kšicová (1989), S. 12 f.
25 Ehrenberg (1992), S. 204.
26 Vgl. Gimbutas (1996a), S. 330.
27 Lorblanchet (2000), S. 61.
28 Vgl. Müller-Karpe (1977), S. 331-340.
29 Vgl. Praslov (1986), S. 15 f.
30 Vgl. Abbildung in Hecker (2001), S. 13.
31 Vgl. Abbildung in Hecker (2001), S. 15.
32 Vgl. Abbildung in Haensch (1982), S. 237, Fig. 100.
33 Müller-Karpe (1977), S. 250; Umstellung: J.M.
34 Vgl. Kšica/Kšicová/Kšicová (1989), S. 9. Vgl. auch Gimbutas (1996a), S. 103 f. und 239.
35 Vgl. Hecker (2001), S. 24.
36 Vgl. Hecker (2001), S. 24.
37 Vgl. Drößler (1980), S. 49.
38 Weitere Abbildungen sind u.a. bei Boriskovskij (1984), S. 267 und Müller-Karpe (1977), Tafel 245 dargestellt.
39 Vgl. Abbildungen in Hecker (2001), S. 24.
40 Péan/Kornijez/Nuzhnyi (2006), S. 71.
41 Klíma (1987), S. 41.
42 Vgl. Drößler (1980), S. 83; vgl. ähnlich Biedermann (1989), S. 12.
43 Uhlig (1991), S. 24.
44 Vgl. Biedermann (1989), S. 23 f.
45 Vgl. Ehrenberg (1992), S. 84.
46 Vgl. Gimbutas (1996b), S. 222.
47 Vgl. Drößler (1980), S. 85.
48 Vgl. Vogel (1994), S. 24.
49 Vgl. Kšica/Kšicová/Kšicová (1989), S. 3.
50 Vgl. Gimbutas (1996b), S. 316.
51 Taylor/Aston (2004), S. 200.
52 Taylor/Aston (2004), S. 13.
53 Müller-Karpe (1977), S. 252.
54 Petrin/Sirokov (1991), S. 28.
55 Gimbutas (1996a), S. 151; Umstellung: J.M.
56 Vgl. Gimbutas (1996b), S. 222.
57 Gimbutas (1996a), S. 158.
58 Vgl. Anati (2001), S. 54.

59 Vgl. Petrin/Sirokov (1991), S. 17.
60 Vgl. Ščelinskij (1999), S. 75.
61 Vgl. Ščelinskij (1999), S. 84.
62 Vgl. Ščelinskij (1999), S. 33 f.
63 Ščelinskij (1999), S. 64.
64 Vgl. Petrin/Sirokov (1991), S. 17.
65 Vgl. Petrin/Sirokov (1991), S. 26.
66 Die Abbildung ist bei Petrin/Sirokov (1991), S. 22 dargestellt.
67 Vgl. Petrin/Sirokov (1991), S. 28 f.
68 Gimbutas (1996a), S. 151.
69 Vgl. Petrin/Sirokov (1991), S. 28.
70 Vgl. Drößler (1980), S. 83; vgl. für Russland auch Blavatski (1957), S. 7.
71 Vgl. Hančar (1940), S. 152.
72 Vgl. DUDEN Herkunftswörterbuch, S. 667 f.
73 Anwander (1962), S. 274.
74 James (1960), S. 142.
75 Vgl. James (1960), S. 143.
76 Vgl. Gimbutas (1996b), S. 222.
77 Vgl. Tobisch (1963), S. 96.
78 Vgl. Street (2005), S. 63.
79 Schön (2005), o.S.
80 Vgl. Street (2005), S. 20.
81 Street (2005), S. 57.
82 Street (2005), S. 61.
83 Vgl. Halikov (1994), S. 66.
84 Ries (2003), S. 28.
85 Neumann (1956/2003), S. 31.
86 Vgl. Facchini (2003), S. 15 f. sowie S. 22.
87 Vgl. Schlette (1969), S. 227.
88 Vgl. Frolov (1971), S. 259-264.
89 Gimbutas (1996b), S. 222.
90 Gimbutas (1996b), S. X.
91 Nach Gimbutas (1996a) ist die Lebenssäule ein „Symbol des Lebens, das in allen möglichen Formen aus dem Wasser, aus einer Höhle oder einem Schoß aufsteigt. Das Bild kommt in Gräbern, Tempeln und in Keramikverzierungen vor . . . "
92 Vgl. Gimbutas (1996a), S. 223.
93 Gimbutas (1996a), S. 231.
94 Vgl. Gimbutas (1996a), S. 237 ff.
95 Vgl. Gimbutas (1996a), S. 4 ff.
96 Vgl. Gimbutas (1996a), S. 281 und 293.
97 Vgl. Gimbutas (1996a), S. 230 f.; vgl. auch Hecker (2001), S. 24.
98 Gimbutas (1996a), S. 232.
99 Vgl. Ehrenberg (1992), S. 60-75.
100 Hančar (1940), S. 150 f.
101 Vgl. Jelínek (1980), S. 401.
102 Vgl. Ščelinskij (1999), S. 28 f.
103 Vgl. Neumann (1956/2003), S. 19 und 27.
104 Vgl. Neumann (1956/2003), S. 67.
105 Neumann (1956/2003), S. 138.
106 Vgl. Neumann (1956/2003), S. 130.
107 Vgl. Neumann (1956/2003), S. 99.

3 Mittelsteinzeit

Vom tiefsten Grund des Sternenzeltes
Glüht immerdar der Mutterschoß.
Vjačeslav Ivanov

3.1 Spezifische Merkmale

Name, Zeit und Ort

Auf die Altsteinzeit folgt nach dem archäologischen Chronologiesystem in Europa die Mittelsteinzeit (Mesolithikum), die später mit dem Aufkommen des Ackerbaus und der Viehzucht in die Jungsteinzeit überging.[1] Dieser Zeitraum wird auf ca. 9500 bis 6500 v.d.Zt. datiert, jedoch gibt es regionale und zeitliche Unterschiede. So bestanden z.B. in Nord- und Osteuropa mittelsteinzeitliche Kulturen bis in das 4. Jt. v.d.Zt.[2] Der britische Archäologe Steven J. Mithen (1996) weist darauf hin, dass es kaum möglich sei, den Beginn und das Ende der Mittelsteinzeit genau zu bestimmen.[3]

Klima

Am Ende der „Eiszeit" um 9500 v.d.Zt. stiegen die Temperaturen an, das Klima wurde feuchter und die Gletscher im Norden Europas wichen zurück. Der große Klimawandel hatte vor allem im Norden Europas beträchtliche Auswirkungen auf die Pflanzen- und Tierwelt. Die bisherigen Tundren wandelten sich bis in den Osten zunehmend in bewaldete Gebiete mit Birken, Kiefern, Eichen, Linden u.ä. große Säugetiere, wie z.B. das Mammut, das Wollnashorn oder der Riesenhirsch, starben aus. Rentierherden wanderten nach Norden ab. In den Wäldern lebten dann vorwiegend Rot- und Rehwild, Wildschweine und Elche. Es begann die Periode der „Nacheiszeit" (Holozän), die bis heute anhält.[4]

Kulturen

Die Archäologen klassifizieren nach Werkzeugtypen verschiedene mittelsteinzeitliche Kulturen, die speziell für den westlichen Teil der osteuropäischen Tiefebene sehr differenziert wurden. Nach Mithen gliedert sich dieses Gebiet in drei Zonen je nach Breitengraden und Umweltbedingungen, zu denen wiederum verschiedene Kulturen zugeordnet werden (siehe Tab. 11).

Zone	Ort nach Mithen (1996)	Archäologische Kultur
Zone A:	nördliche Tiefebene und Seen	Kunda-Kultur
		Post-Swiderian
		Neman
Zone B:	zentrale Tiefebene und Flusstäler	Kudlaevka-Kultur
		Janisławice
Zone C:	südliche Hoch-/Tiefland-Steppe	Shan-Koba (Krim)
		Murzak-Koba (Krim)
		Surska-Gruppe
		Kukrek-Kultur (?)

Tab. 11: Mittelsteinzeitliche Kulturen Osteuropas
Quelle: Vgl. Mithen (1996), S. 110; vgl. auch Sulimirski (1970), S. 406.

Wirtschaftsform

Der Klimawandel beeinflusste in hohem Maße die Lebensgewohnheiten der Jäger und Sammler. Sie mussten sich den veränderten Umweltbedingungen anpassen. Statt große Herdentiere und Wildgetreide aus der offenen Graslandschaft standen eher Wild und die wenigen essbaren Pflanzen aus den Wäldern auf dem Speiseplan. Zunehmend gewann auch der Fischfang an Bedeutung.[5]

Werkzeuge

Während der Mittelsteinzeit wurden weiterhin behauene Werkzeuge aus Feuerstein verwendet, wie z.B. Feuersteinkratzer und -schaber. Als ein spezifisches Merkmal der Mittelsteinzeit gilt der Gebrauch von Mikrolithen. Diese kleinen retuschierten Klingen oder Klingensegmente kamen z.B. als Spitzen und Widerhaken für Jagdwaffen zum Einsatz. Aus Moorfunden in Nordeuropa geht hervor, dass auch Werkzeuge aus Holz, Geweih und Knochen benutzt wurden.[6] Claus J. Kind (2002) vermutet, dass „(e)in beträchtlicher Teil der von den Menschen der Mittelsteinzeit genutzten Gerätschaften . . wahrscheinlich aus Holz und anderen pflanzlichen Bestandteilen wie auch Fasern hergestellt (wurde)."[7] Aber diese Gegenstände sind oft nicht erhalten geblieben.

Wohnform und soziale Struktur

Die mittelsteinzeitlichen Gemeinschaften von ca. 20-50 Personen, die vermutlich aus einigen Kernfamilien bestanden, lebten in Zelten, leichten Hütten, unter Felsüberhängen oder zeitweise in Höhlen. Die Archäologen gehen auch von kurzfristig genutzten Plätzen ohne feste Behausung aus. Kind gibt an, dass es an Orten mit ständig zur Verfügung stehender Nahrung bereits dauerhafte Siedlungen während der Mittelsteinzeit gab.[8]

Archäologie

Bestattungen

Zu den Bestattungen gehören einerseits die Grabform, Skelette, Beigaben (Werkzeuge, Waffen, Keramik, Schmuck, Statuetten, Prestigeobjekte) und andererseits traditionelle Rituale, die bei der Behandlung der Toten bedeutend waren. Alekšin (1994) betont, dass Bestattungen eine wichtige archäologische Quelle darstellen und als ein komplexes „System" im Zusammenhang – nicht vereinzelt – betrachtet werden sollten.[9] Für den europäischen Teil Russlands sind einige mittelsteinzeitliche Grabanlagen bekannt, wie z.B. Vološskoe, Vasil'evka I und III in der Ukraine sowie Olen'i Ostrov in Karelien und Zvejnieki in Lettland. In der Literatur liegen unterschiedliche Datierungen zu den Gräbern vor, die bei einigen Anlagen um mehrere tausend Jahre differieren. Im Anhang in Tab. C ist eine Übersicht dargestellt.

Die Bestattungen im Norden und im Süden des europäischen Teils Russlands unterscheiden sich. Im Süden bei den untersuchten mittelsteinzeitlichen Gräberfeldern (Vološskoe, Vasil'evka III bzw. Vasil'evka I) in der Ukraine wurden größtenteils keine Beigaben gefunden, aber roter Ocker bei beiden Letzteren.[10] Aufgrund des hohen Anteils männlicher Skelette im Vergleich zu den wenigen weiblichen in diesen Gräbern vermutet Alekšin, dass Polyandrie in den Gemeinschaften vorlag.[11] Als Polyandrie werden Lebensgemeinschaften einer Frau mit mehreren Männern – meist Brüdern – bezeichnet (siehe Kap. 3.7).[12] Heute ist sie noch in Teilen Indiens, im Himalaya (Tibet, Kaschmir, Sikkim), in Zaire, Nord-Nigeria, bei den Paviotso (Nordamerika), Marquesas, Kandy-Singhalesen (Sri Lanka) und den Da-La (Indochina) zu beobachten.[13] Es wird angenommen, dass in der Mittelsteinzeit die Frauensterblichkeit bei Schwangerschaften und Geburten sehr hoch war und es deshalb zu dem vermuteten höheren Anteil von Männern in den Gemeinschaften kam. Archäologen halten es auch für möglich, dass Frauen, die beim oder nach dem Gebären starben, gesondert mit anderen Bestattungssitten auf getrennten Gräberfeldern beigesetzt wurden. [14] So fanden die Forscher bei einer Doppelbestattung einer ca. 18-jährigen Frau und eines Neugeborenen in Vedbæk bei Kopenhagen (Dänemark) außergewöhnlich viele Grabbeigaben in Form von Anhängern aus Tierzähnen (ca. 240 Stück) und vielen Schneckenhäuschen.[15] Vermutlich drückten die damaligen Menschen ihre Wertschätzung gegenüber gestorbenen Müttern und deren Kindern mit einer hohen Anzahl von Beigaben aus.

Im Norden wurden die Toten teilweise in den Grubenwohnungen bestattet, während der Mittelsteinzeit auch auf Friedhöfen.[16] In den Gräbern kamen häufig Beigaben und roter Ocker vor, der auf ein Glauben an ein Leben nach dem Tod hindeutet (siehe Kap. 2). Die Gräber in Olen'i Ostrov wurden verschieden ausgestattet. Einerseits fehlten Beigaben bei 20 % der freigelegten Gräber und andererseits waren über 400 Teile in einem Grab. Männern wurden Knochenspitzen, Schiefermesser und Knochennadeln in das Grab gelegt, Frauen dagegen geschnitzte Biberzähne. Mithen vermutet, dass die drei Tiere – Bär, Elch, Biber – aus deren Zähne Anhänger geschnitzt wurden, eventuell eine besondere symbolische Bedeutung hatten.[17] Elchzähne als Anhänger wurden auch auf dem mittelsteinzeitlichen Friedhof (über 300 Gräber) in Zvejnieki aus dem 7. Jahrtausend v.d.Zt. gefunden.[18] Bahn (2003) hält Bestattungsrituale an Stätten wie z.B. Olen'i Ostrov für möglich.[19] Spuren, aus denen auf die Verehrung einer Muttergöttin geschlossen werden kann, wurden nicht entdeckt.

Kleinkunst

Zu der Zeit von ca. 9500 bis 6500 v.d.Zt. liegen bisher unterschiedliche Ergebnisse zur Kleinkunst vor. Aus Mitteleuropa sind nur wenige Fundobjekte bekannt. Dies veranlasst Forscher zu der Annahme, dass eine künstlerische Betätigung im Stil der Jüngeren Altsteinzeit (weibliche Statuetten) während der Mittelsteinzeit nahezu nicht stattgefunden hat. Es sind nur einzelne Kunstobjekte bekannt, wie z.B. eine menschenähnliche Holzskulptur aus Volkerak (Holland) und eine geritzte Vulva aus Pribice (Mähren). Im Amurgebiet am Japanischen Meer wurde eine weibliche Büste mit asiatischen Zügen gefunden, die ca. 8000-6000 Jahre alt sein könnte.[20] In Frankreich und Spanien entdeckten die Archäologen in Zusammenhang mit altsteinzeitlichen Höhlenmalereien bemalte Kieselsteine (ca. 11.000 Jahre alt) mit Ornamenten aus Punkten, Linien, Zickzacklinien sowie Kreuzen, die nach einer Untersuchung einem bestimmten Schema folgen. Die Hypothese, es handle sich nur um „verspielten Nipp", wurde anhand der Studie widerlegt. Die Forscher vermuten u.a., dass die Steine für rituelle Handlungen verwendet wurden.[21]

Anders gestaltet sich nach dem *Großen Bildatlas der Archäologie* die Fundlage im mittelsteinzeitlichen Nordeuropa. Dort „. . . gibt es Hunderte von Kunstwerken, darunter Figurinen und Gehänge aus Bernstein, meistens aber geometrischen Dekorationen: Rauten, Dreiecke, Zickzack- und Schachbrettmuster, zu gelungenen Kompositionen angeordnet auf Geweihsprossen, auf Feuersteinkernen und auf hölzernen Artefakten. Anschauliche Darstellungen von Menschen und Tieren sind selten." [22] Jedoch fehlen dazu genauere Zeit- und Ortsangaben. Nach Kšica (1989) gibt es aus dem Norden Russlands keine sicheren Beweise für weibliche Statuetten, die in der Mittelsteinzeit hergestellt wurden.[23]

Felskunst

Die Felskunst, zu der Darstellungen auf Felsen im Freien gehören, ist ein weltweites Phänomen, das auf allen Kontinenten bei sehr vielen Völkern über lange Zeiträume zu beobachten ist. Die Motive sind sehr ähnlich, obwohl die Künstler keinen direkten Kontakt untereinander haben konnten. Der populärwissenschaftliche Autor Erich von Däniken fragt in *Die Steinzeit war ganz anders* (1991): „Wieviele Felszeichnungen mag es weltweit geben? Es müssen Abermillionen sein. . . . Woher kam das weltweite Kommando: Freunde, die Felsbildkunst ist angebrochen!"[24] Archäologen beantworten diese Frage nicht. Mittelsteinzeitliche Felskunst gibt es z.B. in Ostspanien (Levante), in Skandinavien (Norwegen und Mittelschweden) und im karelischen Raum (Onegasee, Weißes Meer). Bandi (1966) geht davon aus, dass die Wurzeln der arktischen Felskunst in der Jüngeren Altsteinzeit in Russland liegen. Als Unterstützung der These führt er die Bilder von der Kapova-Höhle „Šulgan Taš" im südlichen Ural an (siehe Kap. 2.2).[25] Dort traten neben Tierzeichnungen und menschenähnlichen Wesen bestimmte Zeichentypen, wie z.B. stumpfe Kegel oder Trapeze mit „Ohren", Trapeze mit Innenzeichnungen und eingeritzten Dreiecken, Dreiecke, in denen weitere Dreiecke gezeichnet sind sowie Rechtecke mit „Ohren" und einer vertikalen Mittellinie auf.[26] Die Felsmalereien vom Fundort Balamutovka am Dnestr besitzen stilistische Ähnlichkeiten mit der spanischen Levantekunst, deren Deutung von Archäologen als schwierig eingestuft wird. Sie vermuten u.a., dass es sich um Abbildungen der damaligen Umwelt handelt.[27] Aber aus ethnologischen Untersuchungen ist bekannt, das Höhlen- und Felsbilder Schöpfungsgeschichten darstellen können (siehe auch Kap.3.7).

Große Steine

Außerhalb von Russland wurden in der Mittelsteinzeit auf dem Balkan in Lepenski Vir Sandsteinblöcke behauen, die eine Höhe von 20-60 cm besitzen und mit geometrischen Ornamenten sowie figürlichen Darstellungen (Verschmelzung von Fisch, Frau, Raubvogel) in Form von Gesichtern gestaltet sind. Nach Gimbutas handelt es sich um Symbole der Erneuerung und Wiedergeburt. Fast zu jedem Haus gehörte wohl ein solcher Stein. Sie wurden an Stirnseiten von Altären in Tempeln gefunden, die einen dreieckigen oder trapezähnlichen Grundriss aufweisen.[28] Außergewöhnliche kreisförmige Kultanlagen befinden sich in Göbekli Tepe („Nabelberg") in Südanatolien. Sie werden auf ein Alter von 11.000 Jahre geschätzt. Siedlungsspuren fehlen bisher. Gerhard Bosinski (2006) schreibt dazu: „Tonnenschwere T-Pfeiler aus geglättetem Kalkstein sind in bis zu 20 m Durchmesser großen Kreisen mit Terrazzoböden aufgestellt. Bisher wurden vier solcher Kreisanlagen freigelegt. Die Steinpfeiler sind... mit eingemeißelten Tiermotiven – wie Fuchs, Wildschwein, Stier, Löwe und Ente – verziert. Eine Phallusstatue, eine freizügige Frauendarstellung und eine in den Boden eingelassene Opferschale deuten auf einen Fruchtbarkeitskult hin."[29] Diese Kultanlagen und die Funde bestätigen die These, dass bereits vor der Jungsteinzeit eine höhere Macht verehrt wurde.

3.3 Geschichte

Es liegen bisher keine „klassischen" historischen Aufzeichnungen aus der Mittelsteinzeit vor.

3.4 Religionswissenschaft

Die Religionsgeschichte versucht anhand von archäologischen und ethnographischen Untersuchungen die vorgeschichtlichen religiösen Vorstellungen zu rekonstruieren. Dazu werden auch bestimmte Bestattungsbräuche, wie z.B. Beerdigung in Embryonalhaltung, herangezogen. Eliade und Culianu bemerken dazu im *Handbuch der Religionen* (1995) „Jedem Bestattungsbrauch muß also eine Glaubensvorstellung zugrunde liegen, die ihn notwendig macht."[30] In Bezug auf die Mittelsteinzeit in Russland fehlen von diesen Autoren konkrete Erläuterungen zur Religion.

3.5 Sprachwissenschaft

Sprachwissenschaftliche Untersuchungen beziehen sich im Regelfall auf vorliegende schriftliche Dokumente, die jedoch aus der Mittelsteinzeit fehlen und erst ab ca. 700 v.d.Zt. herangezogen werden können.

3.6 Symbolkunde

Symbole gelten als Brücken von der geistigen Welt zum Menschen. Sie sind Ausdruck des sprachlich nicht Erfassbaren und stehen in Zusammenhang mit Kult und Schrift.[31] Schlette (1969) erwähnt, dass während der Mittelsteinzeit auf Knochen, Geweihen, Steinen und Bernstein die gleichen Motive und Muster wie in der Jüngeren Altsteinzeit auftreten. Dazu zählen z.B. Striche, Zickzacklinien, quergestellte Bänder, Kreuzschraffur, Tannenzweigmuster, Dreieckreihen, Winkelreihen, Rauten und Dreiecke. Dies spricht für die These von Gimbutas, dass bestimmte altsteinzeitliche Symbole und Zeichen (z.B. Dreiecke, V-Zeichen, Mäander), die sie einer „Ikonographie der Göttin" zuordnet, bis in spätere Epochen der Menschheitsgeschichte vorzufinden sind (siehe Kap. 2.6). Schlette weist daraufhin, dass das Dreieck sowie der Rhombus oder Mäander als Symbol für die Vagina verwendet wurden.[32] In Verbindung mit der Felskunst äußert Däniken:

„Symbolforschung gehört zu den Gebieten, die von manchen Frühgeschichtlern nicht allzu ernst genommen werden. Und wenn sich schon einer an die zeitraubende und mühselige Arbeit macht, Felsbilder zu reproduzieren und zu deuten, dann tut er es immer in einem geografisch eher beschränkten Gebiet. Es fehlt an der grenzüberschreitenden, an der globalen Sicht."[33]

Oswald O. Tobisch (1963) dagegen unternahm den Versuch, ca. 6000 geometrische Zeichen (Abstrakt-, Symbol-, Sinnzeichen) in Asien, Afrika, Amerika und Europa ab der Steinzeit bis in geschichtliche Epochen zu untersuchen und zu klassifizieren. Bis auf einige Ausnahmen interpretiert er nicht die Zeichen, aber anhand seiner Forschungen vermutet er weltweit eine einheitliche Urkultur: „Gab es einstmals doch eine Einheitlichkeit des Gottesbegriffes von einer für heutige Anschauungen geradezu unfaßlichen Internationalität, und stand die Menschheit jener Zeit vielleicht noch im Kraftfeld der ‚Uroffenbarung' des einen und allmächtigen Schöpfers?"[34] Demzufolge würden Felsbilder mehr als nur Abbildungen der materiellen Welt darstellen. Diese These bestätigen auch völkerkundliche Forschungen.

3.7 Ethnologie und Anthropologie

Mithen erwähnt, dass von gegenwärtig noch lebenden Jägern und Sammlern, wie z.B. den australischen Aborigines, aus ethnologischen Untersuchungen bekannt ist, dass Felskunst „ . . . viele verschiedene symbolische Bedeutungen tragen kann, die wir kaum erfassen können, wenn wir nichts über die Mythologie der Gruppe wissen . . ."[35] Bei Shahrukh Hussain (2001) ist eine Zeichnung abgebildet, auf der neben mehreren Frauen mit großen Brüsten eine gebärende Frau als Hauptfigur dargestellt ist. Die Aborigines deuten sie als „Urmutter" oder „Alte Frau". Eine Mythe berichtet, dass sie im Norden des Kontinents als Schlange angekommen und die Ahnen des Volkes geboren haben soll. Hussain schreibt dazu: „Diese Bilder der Aborigines waren Jahrtausende hindurch Gegenstand einer kontinuierlichen, nur mündlichen Tradition, wodurch, im Gegensatz zu ihren europäischen Entsprechungen, ihre Bedeutung nicht gänzlich in Vergessenheit geriet."[36] Auch Müller (2006) vertritt die Auffassung, dass „(in) Australien die Bildgalerien dem Verständnis legendärer Schöpfungsvorgänge (dienten) . . ."[37]

Aufgrund der Analyse der Bestattungen vermutet Alekšin – wie bereits unter Kap. 3.2 dargestellt – bei den mittelsteinzeitlichen Gemeinschaften in Südrussland Polyandrie. Völkerkundliche Forschungen ergaben, dass solche Lebensgemeinschaften einer Frau mit mehreren Männern vereinzelt bei Naturvölkern mit Mutterrecht vorkommen, wie z.B. in Tibet.[38] Es könnte daher angenommen werden, dass mittelsteinzeitliche Gemeinschaften in der Ukraine mutterrechtlich organisiert waren.

In Bezug auf den anthropologischen Typus in der Alt- und Mittelsteinzeit im ostbaltischen Raum erwähnt Gimbutas (1963/1983): „Bislang stehen uns zu wenig Daten zur Verfügung, als daß sich präzise Aussagen über die körperliche Beschaffenheit der Menschen jener Zeit machen ließen."[39] Es wurden sowohl längliche als auch breite Schädel gefunden.

3.8 Folkloristik

Es sind bisher keine Forschungsergebnisse bekannt.

3.9 Mythologie

Von überlieferten Mythen zur Vorstellung über das Jenseits, die mit archäologischen Funden aus der Mittelsteinzeit in Verbindung gebracht werden, berichtet Alekšin: „Nach einer im Altertum weit verbreiteten Ansicht stellte das Wasser den Weg dar, über den die Toten ins Jenseits gelangten. Der Zusammenhang zwischen einem Gewässer und dem Eingang zum Land der Toten ist durch historische, ethnografische und archäologische Quellen bezeugt . . . Bei der Jägerbevölkerung der Waldzone Südwestrusslands und Skandinaviens (Lappen, Karelier) sind Vorstellungen überliefert, wonach das Land der Toten jenseits eines großen Flusses liegt, den die Toten zu überqueren hatten und der ihre Rückkehr verhindern sollte . . ."[40] So sei es kein Zufall, dass die ukrainischen mittelsteinzeitlichen Gräberfelder am Dneprufer liegen und Vološskoe sowie Olen'i Ostrov sogar auf Inseln.

3.10 Psychologie

Neumann (1954/2003) unterteilt sein Werk *Die Große Mutter* nicht nach zeitlichen, sondern nach inhaltlichen Aspekten. Zur Mittelsteinzeit direkt liegen keine Bemerkungen vor. Es sei aber erwähnt, dass er von einer durchgehenden Verehrung der „Großen Mutter" ausgeht, deren Spuren von der Altsteinzeit bis in die heutige Zeit reichen.

3.11 Feminismus

Speziell zur Mittelsteinzeit in Russland konnten bisher keine feministischen Forschungsergebnisse gefunden werden.

3.12 Zusammenfassung

Um 9500 v.d.Zt. veränderte sich das Klima in Europa entscheidend. Die Temperaturen stiegen an, die Gletscher im Norden gingen zurück und der Meeresspiegel hob sich, so dass ehemals besiedelte Küstengebiete im Meer versanken. Auch die Pflanzen- und Tierwelt wandelte sich. Aus dieser Zeit des Umschwungs sind nur wenige Kunstobjekte erhalten geblieben. Die veränderten Umweltbedingungen wirkten sich auch auf das Kunstschaffen aus. Statt Elfenbein von Mammuten, die sich nur bis ca. 9500 v.d.Zt. in Europa aufhielten, stand vermehrt Holz aus den Wäldern zur Verfügung. Zwar sind kaum Gegenstände aus Holz oder anderen vergänglichem Material erhalten geblieben, aber dennoch ist es sehr wahrscheinlich, dass Kunstwerke, Werkzeuge und andere Gegenstände daraus hergestellt wurden. Die figurale Kunst aus der Jüngeren Altsteinzeit könnte sich theoretisch über Holzskulpturen fortgesetzt haben. Für den europäischen Teil Russlands sind bisher keine weiblichen Statuetten aus dieser Zeit veröffentlicht. Aber es gibt durchaus Spuren, die auf eine Fortsetzung der Traditionen aus der Jüngeren Altsteinzeit schließen lassen, wie z.B. die Felskunst im karelischen Raum, ähnliche geometrische Verzierungen (Dreiecke, Zick-Zack, Mäander), vereinzelte weibliche Darstellungen in Europa und Asien sowie Verwendung von rotem Ocker bei Bestattungen (Glaube an Leben nach dem Tod). Ob eine Muttergöttin während dieser Epoche in Russland verehrt wurde, ist offen. Nur aus den Bestattungen im Süden wird vermutet, dass Polyandrie vorlag, ähnlich wie bei einigen Naturvölkern mit Mutterrecht. Bei diesen besitzen Frauen eine hohe soziale Stellung.

---

1 Vgl. Gimbutas (1996b), S. 433.
2 Vgl. Bandi (1966), S. 322.
3 Vgl. Mithen (1996), S. 91.
4 Vgl. Kind (2002), S. 124 ff.; vgl. ähnlich Mithen (1996), S. 95-102.
5 Vgl. Gimbutas (1996b), S. 433; vgl. ähnlich Hecker (2001), S. 29.
6 Vgl. Mithen (1996), S. 103-117; vgl. ähnlich Kind (2002), S. 126.
7 Kind (2002), S. 127; Anpassung und Umstellung: J.M.
8 Vgl. Kind (2002), S. 125; vgl. auch Bandi (1966), S. 336 f.
9 Vgl. Alekšin (1994), S. 171.
10 Vgl. Alekšin (1994), S. 163-176.
11 Vgl. Alekšin (1994), S. 185 f.
12 Vgl. Duden. Fremdwörterbuch (1990), S. 616.
13 Wikipedia (22.09.2006), in: Online im WWW unter URL: http:/ de.wikipedia.org/wiki/Polyandrie. [Stand: 17.10.2006].
14 Vgl. Alekšin (1994), S. 186.
15 Vgl. Wunn (2005), S. 185.
16 Vgl. Gimbutas (1975d), S. 585.
17 Vgl. Mithen (1996), S. 144.
18 Vgl. Gimbutas (1996b), S. 144.
19 Vgl. Bahn (2003), S. 54.
20 Vgl. Kšica/Kšicová/Kšicová (1989), S. 11.
21 Vgl. Mithen (1996), S. 146 f.
22 Flon (1991), S. 36.
23 Vgl. Kšica/Kšicová/Kšicová (1989), S. 20.
24 Däniken (1991), S. 63.
25 Vgl. Bandi (1966), S. 342 ff.
26 Vgl. Ščelinskij (1999), S. 35.
27 Vgl. Mithen (1996), S. 151.
28 Vgl. Mithen (1996), S. 146 f; vgl. auch Gimbutas (1996b), S. 244.
29 Bosinski (2006), S. 119.
30 Eliade/Culianu (1995), S. 27.
31 Vgl. Tobisch (1963), S. 96.
32 Vgl. Schlette (1969), S. 228-239.
33 Däniken (1991), S. 64.
34 Tobisch (1963), S. 105 f.
35 Mithen (1996), S. 151.
36 Hussain (2001), S. 8.
37 Müller (2006), S. 184; Umstellung: J.M.
38 Vgl. Duden. Fremdwörterbuch (1990), S. 616.
39 Gimbutas (1963/1983), S. 44.
40 Alekšin (1994), S. 182.

4 Jungsteinzeit

Wir müssen uns von der Vorstellung verabschieden, je weiter wir in der Geschichte zurückgehen, desto zotteliger werden die Menschen.

unbekannter Forscher zur Entdeckung einer Kultanlage von ca. 5000 v.d.Zt.[1]

4.1 Spezifische Merkmale

Name

Auf die Mittelsteinzeit folgt in Europa die Jungsteinzeit, die auch „Neolithikum" (griech: „neo" – neu und „lithos" – Stein) genannt wird. Diesen Namen erhielt die Epoche aufgrund geschliffener Steine, die für Werkzeuge und Waffen verwendet wurden. Im Gegensatz dazu sind aus der Altsteinzeit größtenteils nur behauene (retuschierte) Steine bekannt. Später bezogen die Archäologen auch Gesichtspunkte, wie z.B. Ackerbau und Viehzucht sowie die Keramikproduktion, in die Abgrenzung der Jungsteinzeit von anderen Zeitabschnitten ein.[2] Narr (1975) weist jedoch daraufhin, dass die Begriffe „Neolithikum" und „neolithische Kulturen" teilweise unachtsam verwendet werden. Dies betrifft die phaseologische und chronologische Klassifizierung, aber auch folgende Phasen der Jungsteinzeit.[3]

Bezeichnungen	Merkmale
Proto-Neolithikum	• Ackerbau ohne Viehzucht bzw. • Viehzucht ohne Ackerbau
Voll-Neolithikum	• Steinschliff • Ackerbau • ggf. Viehzucht • Keramik
subneolithische Kulturen	• Steinschliff • Jäger und Sammler • Keramik
akeramisches Neolithikum	• Ackerbau • Viehzucht • keine Keramik
Spät- oder End-Neolithikum	• Auftreten von Kupfer

Tab. 12: Abgrenzungen der Jungsteinzeit
Quelle: Vgl. Narr (1973), S. 9-13.

Zeit und Ort

Der Beginn der Jungsteinzeit ist regional sehr verschieden. Wie in Tab. 13 dargestellt, gibt es im Nahen Osten Nachweise für Getreide ab ca. 9000 v.d.Zt., für das östliche Mittelmeer ab ca. 7000 v.d.Zt., in Südrussland ab ca. 6500 v.d.Zt., in China ab ca. 6000 v.d.Zt. (Hirse) und in Südamerika ab ca. 5700 v.d.Zt. (Mais). Frühere Belege liegen bisher nicht vor. Aber die Archäologen können nur einen geringen Teil der Vergangenheit in Form von materiellen Hinterlassenschaften, die nicht durch Verwesung oder Naturkatastrophen o.ä. vernichtet wurden, erforschen. Je älter die Funde sind, desto unsicherer sind die Angaben zu Datierungen. Daher besteht durchaus die Möglichkeit, dass auch schon vor 9000 v.d.Zt. Getreide angebaut oder Haustiere gehalten wurden.

Gebiet	Zeit (v.d.Zt.)	Getreidearten
Naher Osten	ca. 9000	Weizen, Gerste
Östliches Mittelmeer	ca. 7000-6300	Weizen, Gerste
Westliches Mittelmeer	ca. 6500	Weizen, Gerste
Russland (europ. Süden)	ca. 6500	Weizen, Gerste
Südosteuropa	ca. 6000-5500	Weizen, Gerste
China	ca. 6000	Hirse
Mittelamerika	ca. 5700	Mais
Mitteleuropa	ca. 5500	Weizen, Gerste
Westeuropa	ca. 5500	Weizen, Gerste
Nordeuropa	ca. 4500-3500	Weizen, Gerste

Tab. 13: Archäologische Belege von Getreide
Quelle: Vgl. Gimbutas (1996b), S. 6; vgl. Parker (1999), S. 38 f.

Zur Ausbreitung des Ackerbaus und der Viehzucht liegen unterschiedliche Theorien vor. Der Begriff „Neolithische Revolution"[4] entstand aus der Annahme, dass aus dem Nahen Osten die „neue" Wirtschaftsform nach Europa eingeführt wurde. Die Forscher vermuten auch, dass einerseits die einheimische Bevölkerung den Ackerbau und die Viehzucht selbst entwickelt hat und andererseits durch Wanderungen die neue Wirtschaftsform verbreitet wurde. Dieser Prozess hat sich in Europa über eine längere Zeit hingezogen.[5] Mit dem Aufkommen der Kupferverarbeitung geht die Jungsteinzeit in einigen Gebieten, wie z.B. im Süden Russlands (um 5000 v.d.Zt.), in die Kupfersteinzeit über, wobei diese Epoche teilweise noch der Jungsteinzeit zugerechnet wird (vgl. Kap. 5). In diesem Kapitel wird die Zeit von ca. 6500 bis 5000 v.d.Zt. auf dem europäischen Teil Russlands betrachtet.

Kulturen

Der Begriff „Kultur" (russ.: kul'tura) stammt vom lateinischen Wort „cultura" ab. Dieses wurde ursprünglich im Sinne von „Bodenwirtschaft" und „Felderbau" verwendet. Kultur kommt demnach aus einem Boden heraus. „Cultura" bedeutet aber auch „Ausbildung, Veredelung, Verehrung". In der heutigen Zeit werden die geistigen und künstlerischen Errungenschaften einer Gemeinschaft als „Kultur" bezeichnet.[6]
Archäologische Kulturen dagegen sind „ . . . räumlich und zeitlich festzulegende und voneinander abzugrenzende *Komplexe von kulturellen Erscheinungsformen*, die nach Möglichkeit . . . alle Bereiche des Lebens betreffen sollten."[7] Zur Klassifizierung in der Praxis dienen z.B. Werkzeugtypen oder der Keramikstil (z.B. Linienbandkeramik-Kultur). Aber auch nach geografischen Namen, wie z.B. Fundorte und Flüsse, werden archäologische Kulturen bezeichnet. So erhielten dieselben Gebiete verschiedene Namen für unterschiedliche Zeiten (z.B. Kunda-Kultur und Narva-Kultur im Baltikum). Die daraus entstandene Vielfalt an „Kulturen" ist kaum überschaubar.[8] Im Anhang in Tab. D sind archäologische Kulturen für das Untersuchungsgebiet von ca. 6500 bis 5000 v.d.Zt. dargestellt.

Wirtschaftsform

Die Bevölkerung im Süden Russlands begann vermutlich ab 6500 v.d.Zt. mit dem Ackerbau. Hinweise zur Nutzung von Getreide liegen aus folgenden Gebieten vor:

- Dnestr-Bug-Gebiet (ca. 6450 v.d.Zt.): Kornabdrücke an Keramik
- Azovgebiet (vor 6000 v.d.Zt.): Getreide, Mahl- und Reibsteine
- Nordkaukasien (vor 5500 v.d.Zt.): Getreide und Mahlsteine
- Dnepr-Gebiet (ab 5500 v.d.Zt.): Kornabdrücke an Keramik

Ungefähr aus der gleichen Zeit gibt es Belege zur Viehzucht. In folgenden Gebieten wurden wahrscheinlich Haustiere gehalten:

- Dnestr-Bug-Gebiet (ca. 6450 v.d.Zt.): geringe Anteile Rind und Schwein
- Azovgebiet (vor 6000 v.d.Zt.): Schaf und Ziege
- Nordkaukasien (vor 5500 v.d.Zt.): Schaf, Ziege und Rind
- Dnepr-Gebiet (ab 5500 v.d.Zt.): geringe Anteile von Haustieren
- Krim (ab 5500 v.d.Zt.): Haustiere belegt in Verbindung mit Keramik

Zu den Ursachen für den Übergang zur produzierenden Wirtschaftsweise (Ackerbau und Viehzucht) existieren unterschiedliche Auffassungen in der Literatur. Russische Autoren gehen von autochthonen Prozessen aus, d.h. die Bevölkerung in den osteuropäischen Steppen entwickelte selbst Ackerbau und Viehzucht. Dagegen vermutet der deutsche Archäologe Klaus-Peter Wechler (2001) keine eigenständige Entwicklung, sondern eine Ausbreitung durch den Kontakt mit anderen Kulturen aus Südosteuropa, Transkaukasien und Mittelasien. Jedoch untersucht er von den jungsteinzeitlichen Kulturen in der osteuropäischen Steppe Südrusslands nur die Keramik, die Werkzeuge und die Wirtschaftsform. Obwohl stellenweise bereits Getreide angebaut und Haustiere gehalten wurden, blieb von 6500 bis 5000 v.d.Zt. in weiten Teilen Südrusslands die Jagd und das Sammeln von Pflanzen, Wildfrüchten etc. sowie der Fischfang die hauptsächliche Wirtschaftsform. Erst nach 5000 v.d.Zt. gewannen der Ackerbau und die Viehzucht größere Bedeutung.[9] Die Bevölkerung im Norden ernährte sich durch Jagd, Sammeln von Pflanzen und Kleintieren sowie Fischfang. Der Ackerbau ist dort erst später ab dem Ende des 4. Jt. v.d.Zt. belegt.

Meistens sammelten die Frauen während der Alt- und Mittelsteinzeit die Pflanzen und Wildfrüchte. Ihr Wissen um die Natur machte sie zu Expertinnen auf diesem Gebiet. Deshalb ist es sehr wahrscheinlich, dass die Frauen am Beginn des Ackerbaus in Europa die Samen in die Erde steckten und so das Getreide zogen. Bis zum Aufkommen des Pfluges oblag ihnen die Tätigkeiten zum Anbau des Getreides. Sie säten, setzten Stecklinge ein, jäteten, lockerten den Boden und verarbeiteten die Früchte weiter. Die wirtschaftliche Basis bildete immer mehr der Ackerbau. Schlette (1988) schlussfolgert daher: „Die wirtschaftliche Stärke einer Gruppe hing folglich wesentlich von der

Arbeit der Frau auf dem Feld ab . . . Die ökonomische Vorrangstellung der Frauen bei den frühen Bodenbauern muß ganz offensichtlich weltweit verbreitet gewesen sein."[10]

Werkzeuge

Die Werkzeuge und Waffen im Süden Russlands wurden aus Feuerstein, aber auch aus Felsgestein, Horn und Knochen hergestellt. Zu den Feuersteinwerkzeugen gehörten Beile und Pfeilspitzen sowie für den Hausgebrauch Messer, Bohrer und Schaber. Kleine retuschierte Klingen oder Klingensegmente (Mikrolithe) kamen vermehrt zum Einsatz.[11]

Wohnform

Die Jäger und Sammler wurden zunehmend sesshaft, wobei die Frauen bzw. Mütter die Voraussetzungen dafür schufen. Die Dörfer der Dnestr-Bug-Kultur lagen in den Flussterrassen und später auf höheren Stufen. Die Häuser bestanden aus Stein.[12] Die Wohnbauten der Dnepr-Donec-Kultur sind kaum erforscht. Es wird vermutet, dass die Materialien aus leicht vergänglichen Stoffen, wie z.B. Holz, Schilf und Tierhäuten, bestanden. Nur selten blieben schwach eingetiefte Gruben erhalten, die wahrscheinlich für die Wohnbauten dienten.[13]

Archäologie

Bestattungen

In Europa erhielten Männer und Frauen in der Zeit bis ca. 5500 v.d.Zt. Gegenstände mit symbolischem Wert mit ins Grab. Bei Männern waren es Objekte und Werkzeuge, die vermutlich mit der Tätigkeit in Verbindung standen.[14] Von der **Dnepr-Donec-Kultur** sind 14 Gräberfelder mit über 800 Gräbern bekannt. In den ovalen oder rechteckigen Grabgruben befanden sich zwei bis drei oder acht bis zehn (gelegentlich auch mehr) Skelette beider Geschlechter. Die kollektiven Bestattungen wurden zeitlich in drei Perioden A, B und C unterteilt, wobei B und C bereits zur Kupfersteinzeit (Kap. 5) gezählt werden können. Die Skelette lagen in gestreckter Rückenlage und waren meistens mit rotem Ocker bestreut. Unterschiede gab es hinsichtlich der Grabbeigaben. Während der Periode A (ca. 5500-5000 v.d.Zt.) gehörten dazu mikrolithisches Feuersteinwerkzeug, Perlen aus Elch- und Fischzähnen, Muscheln und Achat. In einem Teil der Gräber fanden sich keine Beigaben. Kindergräber dagegen wurden mit reichen und auffälligen Grabbeigaben versehen. Gimbutas (1975b) stellt auch Übereinstimmungen der Grabsitten der Dnepr-Donec-Kultur mit den kamm- und grübchenkeramischen Jägern und Fischern des Nordens fest. Während der Periode C kam es zu einer Veränderung der Bestattungsbräuche (siehe Kap. 5.2).[15]

Zu den Gräbern der **Linienbandkeramik-Kultur** (um 5000 v.d.Zt.) erwähnt Gimbutas: „Die Achtung, die älteren Frauen entgegengebracht wurde, drückte sich darin aus, dass ihnen Symbolgegenstände und reich verzierte Gefäße mit ins Grab gegeben wurden."[16] Gräber junger Mädchen enthielten ebenfalls besonderen Schmuck oder Gegenstände mit hohen, kultischen Wert. Die häufige Bestreuung der Toten mit Ocker deutet daraufhin, dass auch während dieser Zeit ein

Glaube an ein Fortleben nach dem Tod vorlag. In Südosteuropa wurden Kinder, junge Menschen und Frauen im 7. Jt. und 6. Jt. v.d.Zt. innerhalb der Häuser unter dem Fußboden begraben. Die Nähe zum Haus könnte auf eine besondere Stellung der Frauen und ihrer Kinder hindeuten. Erst später wurden dort die Überreste auf Friedhöfen beigesetzt.[17]

Keramik

In der **Dnestr-Bug-Kultur** wurde schon sehr früh Keramik hergestellt. Anfangs waren es spitz- und flachbödige Töpfe aus Ton mit eingeritzten Wellen- oder Netzmotiven. Später unter dem Einfluss der Starčevo-Kultur aus Südosteuropa, deren Keramik durch Barbotinverzierung, flache Böden, gute Politur und Dünnwandigkeit gekennzeichnet ist, wurden sie schöner und sorgfältiger. Um 5000 v.d.Zt. löste die Linienbandkeramik-Kultur aus Mitteleuropa diese Phase ab. Nach Gimbutas (1996b) war der ursprüngliche Charakter der Dnestr-Bug-Kultur bei der Keramik bereits verloren.[18] In der **Dnepr-Donec-Kultur** wurden um 5000 v.d.Zt. anfangs spitzbödige Gefäße mit eingedrückten oder eingeritzten Mustern hergestellt, die in horizontalen und vertikalen Linien angebracht wurden. Größtenteils bestehen die Muster aus geradlinigen Elementen, aber es treten auch einfache Muster aus Dreiecken, Rhomben, Rechtecken u.ä. zusammengesetzten Motiven an der Keramik auf. Spätere flachbödige Gefäße besaßen Schnurabdrücke. In den Siedlungen der Dnepr-Donec-Kultur wurden auch Tonobjekte gefunden, deren Zweck für die Archäologen unbekannt ist. Sie weisen eingeritzte geometrische Symbole in Form von Wellenlinien, V-Zeichen u.ä. auf wie sie bereits in der Jüngeren Altsteinzeit auftraten (vgl. Kap. 4.6).[19]

Kleinkunst

Wie der Literatur zu entnehmen ist, wurden aus der Zeit von etwa 6500-5000 v.d.Zt. im europäischen Teil Russlands keine anthropomorphen Statuetten gefunden. Jedoch könnten diese aus vergänglichem Material, wie z.B. Holz, hergestellt worden sein. Denn in der Regel sind nur die aus Knochen, Geweih und Ton gefertigten Objekte erhalten geblieben. Anderes organisches Material, wie z.B. Leder wurde dagegen fast nie und Holz, Pflanzen- und Speisereste oft nur verkohlt aufgefunden. Eine Ausnahme stellt die Ausgrabung eines Brunnens in Deutschland dar, bei der erstaunlich gut erhaltene Holzobjekte von der mitteleuropäischen Linienbandkeramik-Kultur geborgen wurden. Die Datierung ergab ein Alter von ca. 5200 bzw. 5090 v.d.Zt. Zu den Funden zählen Schöpfgefäße, Fragmente von Holzgeräten, von denen man bisher nichts wusste, Holzgefäße und auch Holzobjekte, die nicht eindeutig zu interpretieren sind, wie z.B. ein Fragment eines Holzstabes mit dunklem Spiralband und die „Eythraer Schlange". Die Funde bestätigen die Vermutung, dass Gegenstände aus Holz gefertigt wurden, jedoch fast nie erhalten geblieben sind.[20]

In Zentralanatolien entstand um 7200 v.d Zt. die jungsteinzeitliche Stadtsiedlung **Çatal Hüyük**. Die Kultstätten unterschieden sich im

Grundriss nicht von den Wohnbauten, aber dafür durch eine prächtigere Ausstattung. Dazu zählten Wandgemälde mit Darstellungen von Geburt und Tod[21] (vgl. Abb. 7), bemalte Gipsreliefs, Kultstatuen, Stierschädelfriese, Bänken mit Hornpaaren u.ä. Der Ausgräber James Mellaart (1990), ein britisch-niederländische Archäologe, bemerkt dazu:

„Die Hauptfigur ist stets eine gebärende Göttin mit erhobenen Armen und Beinen. Eine dieser Muttergöttinnen bringt einen Stierkopf . . . zur Welt, eine andere einen Widderkopf; in einem dritten Kultraum verkörpert eine riesige Doppelfigur Jungfrau und Mutter: Die Mutter gebiert einen gewaltigen Stierkopf, auf dem ein kleinerer modelliert ist. . . . Zweifellos symbolisiert der Stier das männliche Element, das nie in Menschengestalt dargestellt wird."[22]

Eine stierähnliche Gestalt, die von einem weiblichen Wesen geboren wurde, findet sich, wie in Kap. 2.2 dargestellt, bereits unter den altsteinzeitlichen Wandmalereien in der Ignatievka-Höhle im Süden des Urals. Bestehen Zusammenhänge zwischen der altsteinzeitlichen Höhlenkunst und dem späteren gehäuften Auftreten von Müttergöttinnen und Stiersymbolen in Anatolien und in Europa (Ukraine, Kreta, Malta)?

In Çatal Hüyük wurden bisher über 50 weibliche Statuetten aus Terrakotta, Kreide, Alabaster, Marmor, Kalkstein oder vulkanischen Gestein gefunden, die größtenteils einen fülligen, reiferen, schwangeren Typ darstellen – ähnlich den mütterlichen Plastiken aus der Jüngeren Altsteinzeit. Auf Tonsiegeln befanden sich geometrische Zeichen, wie z.B. parallele, horizontale oder vertikale Linien, konzentrische Kreise und Schachbrettmuster, die vermutlich zur Verzierung von Wänden dienten. Die oft mit Okker oder Zinnober bestreuten Skelette der Toten wurden unter den Plattformen der Wohnhäuser oder Kultstätten in Hockerstellung (Embryonalhaltung) aufbewahrt. Vermutlich entfleischten auch Geier tote Körper im Freien, deren Überreste (Knochen) dann in den Wohnhäusern gelagert wurden.[23] Mellaart schließt aus den Bestattungssitten, dass die Bewohner von Çatal Hüyük an ein Fortleben nach dem Tod glaubten und vermutet: „Die Ausschmückung der Kulträume diente wahrscheinlich dazu, den Gläubigen den Kreislauf von Geburt und Tod, die Mythen und den Symbolgehalt des Kults zu veranschaulichen."[24] Belege für weibliche

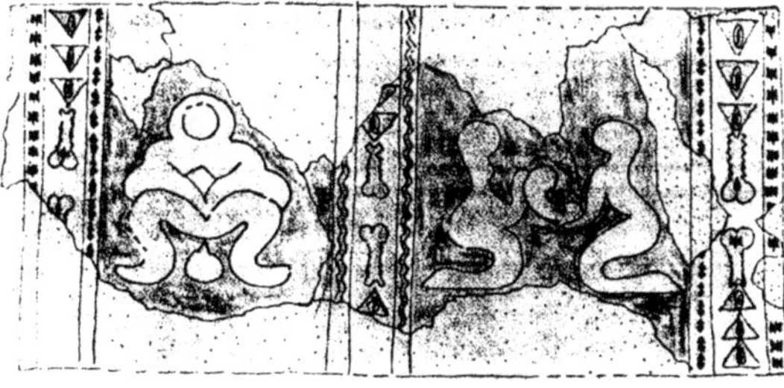

Abb. 7: Geburtsdarstellungen auf Wandmalerei aus dem Tempel von Çatal Hüyük (Anatolien)
Quelle: Gimbutas (1996 b), S. 224, Abb. 7.1 (1).

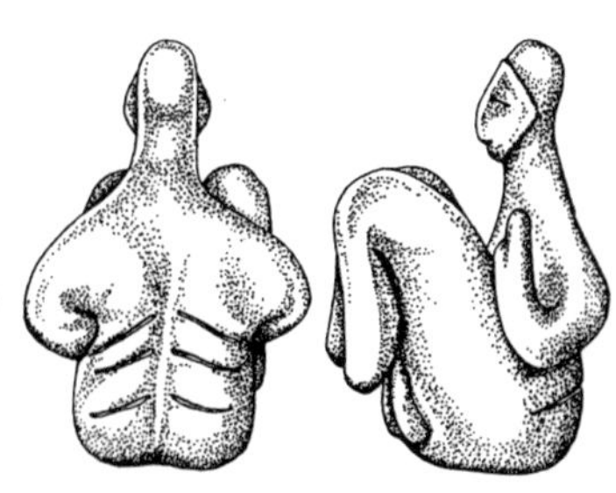

Abb. 8: Geburtsdarstellung: Die Göttin ist in sitzender Gebärstellung abgebildet. Sie trägt eine anthropomorphe Maske und hat drei Striche auf dem Rücken; frühes Sesklo von Achileion II (Thessalien, Griechenland), ca. 6300-6200 v.d.Zt.; Höhe 6,4 cm
Quelle: Gimbutas (1996 b), S. 224, Abb. 7.1 (2).

Statuetten aus der Zeit von 6500-5000 v.d.Zt. liegen auch aus Hacilar (Anatolien), von der mitteleuropäischen Linienbandkeramik-Kultur und aus Südosteuropa vor. In Abb. 8 ist ein Exemplar aus Thessalien (Griechenland) dargestellt. Gimbutas geht von einer einheitlichen Kultur in Europa und Anatolien zu dieser Zeit aus, in der weibliche Gottheiten verehrt wurden.[25]

Felskunst

Die Datierung von Höhlen- bzw. Felsbildern ist nicht unfehlbar. Lorblanchet (2000) gibt an, dass von 300 gegenwärtig bekannten altsteinzeitlichen Fundplätzen ca. nur 13 % der Bilder richtig datiert wären und dass ein Großteil der Wandbilder bisher nicht zeitlich bestimmt wurde.[26] Die Felsbilder im Norden Russlands scheinen über einen längeren Zeitraum entstanden zu sein. Narr (1975) bemerkt dazu: „An die nur indirekt und unsicher datierten skandinavisch-karelischen ‚mesolithischen' Felsbilder jägerischer Natur sind wahrscheinlich die ‚neolithischen' anzuschließen . . . und auch für Felsbilder in Sibirien konnte bisher in keinem Fall ein höheres Alter nachgewiesen werden."[27]

Große Steine

In der Literatur werden Megalithen (griech.: megas – groß; lithos – Stein) in der Regel nicht vor 5500 v.d.Zt. eingeordnet. Einige Forscher zweifeln an der Richtigkeit dieser Daten, denn die Radiokarbon-Datierung ist nur für organisches Material geeignet. Dieses kann vor, während oder nach der Entstehung der Anlagen an die Orte gekommen sein. Und das Alter des Steines sagt noch nichts über den Zeitpunkt seiner Bearbeitung aus. Nach Meier und Zschweigert (1997) entstanden die ersten Megalithdenkmäler vor 8500 v.d.Zt. Ein Beispiel, das belegt, dass schon vor 5500 v.d.Zt. große Steinanlagen gebaut wurden, wurde in Kap. 3 (Göbekli Tepe, ca. 9000 v.d.Zt.) dargestellt.[28] Aus dem Untersuchungsgebiet sind erst aus späterer Zeit Steindenkmäler bekannt.

Soziale Strukturen

Die Archäologen schließen nur indirekt aus Siedlungsformen, Bestattungssitten und manchmal auch aus religiösen Symbolen auf die sozialen Strukturen von schriftlosen Kulturen. Für die Zeit von der Mitte des 7. Jt. bis zum Beginn des 5. Jt. v.d.Zt. geht Gimbutas (1996b) von einer einheitlichen Kultur in Europa aus. Aus archäologischen Funden in Verbindung mit der Mythologie und der Folkloristik kommt sie zu dem Ergebnis, dass eine Kultur vorlag, in der die Frauen, besonders ältere, gesellschaftlich geachtet wurden und die Vererbung mütterlicherseits erfolgte (matrilinear). Gimbutas belegt ihre Aussagen anhand von Grabstätten und Siedlungsstrukturen aus ganz Europa.[29] Eliade (1990) vertritt eine ähnliche Ansicht und schreibt dazu: „Da Frauen bei der Züchtung der Pflanzen eine entscheidende Rolle gespielt haben, gehören ihnen auch die bebauten Felder; dies wiederum erhöht ihre soziale Stellung und führt schließlich zur Herausbildung charakteristischer Institutionen, wie z.B. Matrilokation, d.h. die Verpflichtung des Mannes, im Hause seiner Frau zu wohnen.

Die Fruchtbarkeit der Erde entspricht der weiblichen Fruchtbarkeit; daher liegt die Verantwortung für eine reiche Ernte bei den Frauen, denn sie kennen das ‚Geheimnis' der Schöpfung. Es handelt sich um ein religiöses Geheimnis, weil es den Ursprung des Lebens, die Nahrung und den Tod lenkt."[30]

4.3 Geschichte

Historische Aufzeichnungen zu der Zeit zwischen 6500 und 5000 v.d.Zt. auf dem europäischen Teil Russlands sind bisher nicht bekannt.

4.4 Religionswissenschaft

Welche religiösen Vorstellungen aus den materiellen Hinterlassenschaften schriftloser Kulturen gezogen werden können, ist umstritten, aber mit dem Übergang vom Sammeln zum Ackerbau gibt es eindeutige Belege, dass eine Muttergöttin in verschiedenen Kulturen verehrt wurde. Der Religionsethnologe F.J. Thiel (1984) stellt fest: „Überall, wo es Körnerbau gibt, gibt es auch eine Muttergestalt, die die Fruchtbarkeit des Getreides gewährleistet. Ob diese Frauengestalten mit den oberpaläolithischen Frauenfiguren mit betont weiblichen Merkmalen etwas zu tun haben, kann nicht gesagt werden."[31] Die Keramikproduktion ermöglichte die Herstellung von Tonplastiken, kleinen Tonmodellen, Keramikgefäßen und Kultgegenständen. Zur Jungsteinzeit schreiben Eliade und Culiann im *Handbuch der Religionen* (1995): „Im Mittelpunkt der Religion stehen Göttinnen, Abkömmlinge der altsteinzeitlichen Venusfiguren. Bei den Ausgrabungen von Hacilar, Çatal Hüyük, Jericho (um 7000 v.Chr.) wurden solche Statuetten gefunden, deren Zahl jedoch wächst in der Epoche . . . von 6500 v.Chr. bis zu den Invasionen der Indoeuropäer."[32] Auch James (1959/2003) vertritt eine ähnliche Ansicht: „Als man vom Sammeln zur Produktion von Nahrung überging, fuhr das weibliche Prinzip fort, im Kult das Bestimmende zu sein – im Kult, der sich um die geheimnisvollen Vorgänge von Geburt und Fortpflanzung gebildet hatte. Die Frau als Stammesmutter war vor allem die Spenderin des Lebens, und in dieser Stellung spielte sie die wesentliche Rolle beim Hervorbringen von Nachkommen."[33] Für den europäischen Raum von ca. 6500 bis 5000 bzw. 3500 v.d.Zt. nimmt Gimbutas eine einheitliche „Religion der Göttin" an, deren Wurzeln bis in die Jüngere Altsteinzeit reichen. Grundsätzlich wurde während dieser Zeit das Leben als ein Zyklus gesehen analog der rhythmischen Vorgänge in der Natur. Das Leben kommt und geht und kommt wieder. Der Kreislauf befreit von Angst vor dem Tod, der nur ein Übergang in eine andere Daseinsform ist. Die zyklische Auffassung ist verbunden mit einem ganz bestimmten Symbolsystem, das im Kap. 2.6 vorgestellt wurde.[34] Aussagen zur Religion auf dem europäischen Teil Russlands von ca. 6500-5000 v.d.Zt. konnten bisher in der Literatur nicht gefunden werden. Während dieser Phase wurde in Südrussland erst mit dem Ackerbau begonnen. Als sich dieser später entfaltete, traten bei den Ackerbaukulturen auch weibliche anthropomorphe Statuetten aus Ton in großer Zahl auf (vgl. Kap. 5.2).

4.5 Sprachwissenschaft

Ab der ersten Hälfte des 6. Jt. v.d.Zt. entstand in Ostmitteleuropa eine Symbolschrift, die bis ca. 4000 v.d.Zt. gebraucht wurde. In der Literatur findet sie jedoch nur wenig Beachtung, obwohl die sumerische Schrift erst viel später am Ende des 4. Jt. belegt ist. Von der ostmitteleuropäischen Symbolschrift sind ca. 210 Zeichen bekannt, die auf 5 Gruppen und 30 Kernzeichen klassifiziert werden können. Sie wurden auf Kultobjekten an fast 100 Fundorten der zu dieser Zeit am weitest entwickelten Kulturen Ostmitteleuropas entdeckt (Vinča-, Theiß-, Karanova-, Dimini-, Cucuteni-Tripol'e-, Petrişti-, Lengyel-, Butmir-, Büll- und Linienbandkeramik-Kultur). Möglicherweise handelt es sich um Bitten an Götter. Gimbutas gibt keine Entschlüsselung der Zeichen an, aber sie schließt aufgrund der Fundorte (Kultgegenstände) den Gebrauch zu wirtschaftlichen, rechtlichen und politisch-administrativen Zwecken aus. Die Schrift diente zur Kommunikation zwischen Menschen und Göttern. Es liegen Ähnlichkeiten zur ägäischen, minoischen und kyprischen Schrift der frühen Bronzezeit vor. Die Schriftzeichen bestehen aus geometrischen Zeichen, die auch schon aus der Jüngeren Altsteinzeit, wie z.B. von den phallusartigen Plastiken aus Mezin (siehe Kap. 2.6), bekannt sind. Es handelt sich um Linien, V-Zeichen, M-Zeichen, Kreuze, Punkte, Dreiecke, Rhomben u.ä.[35]

4.6 Symbolkunde

Die Tonobjekte unter Kap. 4.2 von der Dnepr-Donec-Kultur zeigen verschiedene geometrische Zeichen. Für die Archäologen sind es Gegenstände, deren Bedeutung unklar ist. Die Symbole entsprechen den Zeichen aus der Jüngeren Altsteinzeit, wie z.B. V-Zeichen, Wellenlinien, Punkte. Telegin (1969) gibt Erzeugnisse aus Talkschiefer mit „rätselhafter" Bestimmung an, die auch „Čelnoki" (Schiffchen) genannt werden. In der Form und Symbolik ähneln sie den o.g. Tonobjekten. In der Literatur konnten bisher keine näheren Erläuterungen zu diesen Objekten gefunden werden.[36]

4.7 Ethnologie und Anthropologie

Aus ethnologischen Forschungen zu schriftlosen Völkern ist bekannt, dass künstlerische Tätigkeiten oftmals Frauen ausüben. Der Anthropologe Hofman R. Hays stellt fest: „In vielen vorliterarischen Gesellschaften wird noch heute die keramische Tradition von Frauen gehütet, die über beachtliche technische Fähigkeiten verfügen . . ."[37]

Anthropologische Untersuchungen zu Skelettfunden liegen für die Dnepr-Donec-Kultur (ca. 5500-4000 v.d.Zt.) vor. Bei dieser Bevölkerung handelt es sich um eine europide Großrasse, die vom Cro-Magnon-Typ der Altsteinzeit abstammt. Sie hatte ein wesentlich robusteres Skelett als die Bevölkerung der vorherigen Sursk-Dnepr-Kultur. Die Skelette von der Dnepr-Donec-Kultur, für die breite Gesichter und ein kräftiger Körperbau spezifisch sind, ähneln nördlichen Funden.[38]

4.8 Folkloristik

Direkte Verbindungen von der Volkskunde zur Jungsteinzeit lassen sich nicht eindeutig belegen, aber der Boden hat eine besondere Bedeutung. Denn die Bräuche, die in Beziehung mit der Erde stehen, waren sehr vielgestaltig und Reste sind bis heute erhalten. So existierte in den slavischen Ländern bis ins 20. Jh. n.d.Zt. der Glaube, dass „ . . . man die Erde nicht schlagen und nicht auf sie spucken dürfe, weil sie sonst weinen würde. Die fruchtbare Erde muß geachtet und auf alle erdenkliche Weise unterstützt und so das Wachstum des neuen Lebens gefördert werden."[39] Kurioserweise kommen in Russland Erdbeben relativ selten vor.[40]

4.9 Mythologie

Weltweit gibt es Mythen über die „Mutter Erde". In Europa, Asien, Amerika und Afrika wurde sie als Gottheit verehrt und so auch in Russland.[41] Jedoch kann der zeitliche Ursprung der Mythen kaum bestimmt werden. Möglicherweise entstanden sie mit dem Ackerbau.

4.10 Psychologie

Für Neumann ist die Göttin des Ackerbaus die Große Göttin: „Als Erd- und Fruchtbarkeits- ebenso wie als Himmels- und Regengöttin ... ist die Große Göttin überall Herrin über die der Erde entsprießende Nahrung, und alle damit verbundenen Bräuche unterstehen ihr und hängen mit ihr zusammen. Sie ist die Herrin der ‚Ackerbaukultur', ob die Frucht dieses Ackers nun Reis, Mais oder Weizen, Gerste, Tapioka oder irgendeine andere Nährfrucht des Bodens sei."[42] In dem Buch *Die Große Mutter* verwendet er viele verschiedene Bezeichnungen für die Muttergöttin, wie z.B. Vorzeitgöttin, Steinzeitgöttin, Große Mutter, große weibliche Göttin, große Steinzeitmutter, große Muttergottheit, Große Göttin, Vorzeit-Mutter, große Muttergöttin oder große Mutter der Vorzeit.

4.11 Feminismus

Zur Muttergöttin in Russland in der Zeit von ca. 6500-5000 v.d.Zt. wurden bisher keine Äußerungen von Feministinnen gefunden. Göttner-Abendroth untersucht verschiedene matriarchale Gesellschaften und klassifiziert Matriarchate klar nach spezifischen Merkmalen (siehe Tab. 3 unter Kap. 1.3). Anhand einer kritischen Auseinandersetzung mit dem Forschungstand entwirft sie eine Theorie zu matriarchalen Gesellschaften und prangert falsche Definitionen und Darstellungen zu Matriarchaten an. Die verschiedenen Auffassungen von Kritikern klassifiziert sie wie folgt:

Gruppe A:	leugnet, dass es Matriarchate je gegeben hat
Gruppe B:	erkennt Existenz von Matriarchaten an, wertet ihre Bedeutung ab
Gruppe C:	erkennt Existenz von Matriarchaten an, resigniert aber („Man wisse nichts Sicheres.")[43]

An den Universitäten wurde bzw. wird so gut wie nicht zu Matriarchaten im ursprünglichen Sinn geforscht. Das Wort „Matriarchat" ist ein „Reizwort". Dies könnte u.a. an Vorurteilen, Ängsten, den wissenschaftlichen Ruf zu verlieren, oder der Breite der Fachgebiete, die es zu erforschen gilt, liegen.

4.12 Zusammenfassung

Der Übergang vom Jagen und Sammeln zum Ackerbau und zur Viehzucht vollzog sich im Süden Russlands ab ca. der Mitte des 7. Jt. v.d.Zt. über einen längeren Zeitraum. Obwohl an einigen Orten Nachweise dafür vorliegen, überwiegte während dieser Zeit noch die Jagd, das Sammeln und der Fischfang. Im Norden des Landes wurden noch kein Ackerbau und keine Viehzucht eingeführt. Ausgrabungen ergaben Belege für Keramikherstellung und Grabbeigaben u.a. in Form von Schmuck. Wie bereits in der Jüngeren Altsteinzeit und in der Mittelsteinzeit wurden häufig die Körper der Toten mit Ocker bestreut. Der Glaube an Wiedergeburt lebte fort. In Mittel- und Südosteuropa sowie in Anatolien liegen Ausgrabungsgegenstände (weibliche Statuetten, Keramik, Reliefs u.ä.) vor, die eine Verehrung einer Muttergottheit bezeugen. Für Russland konnten bisher keine recherchiert werden.

---

1 Vgl. o.V. (2005), S. 8.
2 Vgl. Flon (1991), S. 38.
3 Vgl. Narr (1975), S. 9-13.
4 Der Begriff „Revolution" wurde aus dem spätlateinischen Wort „revolutio" (das Zurückwälzen, die Umdrehung der Himmelskörper, die Rückkehr) entlehnt und wird heute im Sinne von „gewaltsamer Umsturz" verwendet. (Vgl. Duden. Herkunftswörterbuch (2005), S. 673.)
5 Vgl. Gimbutas (1996b), S. 3; vgl. auch Parker (1999), S. 38 f.
6 PONS Wörterbuch Schule und Studium Latein-Deutsch (2005), S. 215; vgl. Duden. Herkunftswörterbuch (2001), S. 458.
7 Narr (1975), S. 13 f.
8 Vgl. Narr (1975), S. 13 ff.
9 Vgl. Wechler (2001), S. 218-252; vgl. auch Gimbutas (1996b), S. 47 ff.
10 Schlette (1988), S. 66 f.
11 Vgl. Gimbutas (1996b), S. 47 und 113; vgl. auch Telegin (1969), S. 3.
12 Vgl. Gimbutas (1996b), S. 47.
13 Vgl. Telegin (1969), S. 3.
14 Vgl. Gimbutas (1996b), S. 281.
15 Vgl. Telegin (1969), S. 5; vgl. auch Gimbutas (1996b), S. 115 f.; vgl. ähnlich Gimbutas (1975b), S. 232.
16 Gimbutas (1996b), S. 334.
17 Vgl. Gimbutas (1996b), S. 331.
18 Vgl. Gimbutas (1996b), S. 47 f.
19 Vgl. Telegin (1969), S. 3; vgl. ähnlich Gimbutas (1996b), S. 113 f.
20 Vgl. Stäuble (2002), S. 139 f.
21 In der Literatur wird oft lediglich von „Jagddarstellungen" gesprochen. Die Bilder von Gebärenden bleiben unerwähnt.
22 Mellaart (1990), S. 10.
23 Vgl. Mellaart (1990), S. 6-11; vgl. ähnlich Taylor/Aston (2004), S. 26-29
24 Mellaart (1990), S. 10.
25 Vgl. Gimbutas (1996b), S. 222, 224 und 227.
26 Vgl. Lorblanchet (2000), S. 309.
27 Narr (1975), S. 656.
28 Vgl. Meier/Zschweigert (1997), S. 476; vgl. auch Däniken (1991), S. 76 f. sowie S. 115.
29 Vgl. Gimbutas (1996b), S. 324-344.
30 Eliade (1990), S. 47.
31 Thiel (1984), S. 55; zit. in Biedermann (1989), S. 48.
32 Elliade/Culiann (1995), S. 29.
33 James (1959/2003), S. 70.
34 Vgl. Gimbutas (1996b), S. 221-306.
35 Vgl. Gimbutas (1996b), S. 308-321.
36 Vgl. Telegin (1969), S. 4 f.
37 Hays (1978), o.S.; zit. in: Biedermann (1989), S. 45.
38 Vgl. Debetz (1973), S. 154 ff.; vgl. auch Gimbutas (1996b), S. 122 ff.
39 Gimbutas (1996b), S. 228.
40 Vgl. Lexikon der russischen Kultur (2002), S. 76.
41 Vgl. Ehmer (1994), S. 7 ff.
43 Vgl. Göttner-Abendroth/Derungs (1977), S. 286 f.

5 Kupfersteinzeit

Ich sah das All, und alles war nur Eines,
War meiner ew'gen Freundin holdes Bild,
Und von dem Glanze dieses Himmelsscheines
War alles um mich her und war mein Herz erfüllt.

Vladimir S. Solov'ëv
Russischer Religionsphilosoph

5.1 Spezifische Merkmale

Name

Die Kupfersteinzeit ist eine Übergangsphase von der Jungsteinzeit zur Bronzezeit, in der Gegenstände aus Kupfer gefertigt wurden und Legierungen von Kupfer mit anderen Metallen (Bronze) noch unbekannt waren. Die Werkzeuge bestanden aber überwiegend noch aus Stein, da Kupfer eine geringere Härte besitzt. Es kann durch Hämmern beliebig geformt werden. Außerdem ist es möglich, defekte Teile wieder umzuschmelzen. Neben dem Begriff Kupfersteinzeit sind auch die Bezeichnungen Steinkupferzeit oder Kupferzeit sowie aus dem Griechischen Chalkolithikum (griech.: *chalcos* „Kupfer") und aus dem Lateinischen Aeneolithikum (lat.: *aeneus* „kupfern" und *lithus* „steinern") gebräuchlich.[1]

Zeit und Ort

Sehr alte Kupfer- und Goldartefakte wurden in Çatal Hüyük (ca. 7000-5500 v.d.Zt.) und im Balkan (ca. 5500-4500 v.d.Zt.) gefunden.[2] Nicht in allen Gebieten Europas und Asiens trat die Kupfersteinzeit in Erscheinung. In Ostmitteleuropa dauerte sie von ca. 5500-3000 v.d.Zt. Im Süden Russlands (Wolgagebiet) begann die Kupfersteinzeit um 5000 v.d.Zt. und endete mit dem Aufkommen von Bronze um ca. 3500-3000 v.d.Zt.[3]

Kulturen

In der Westukraine hielt sich vorübergehend von ca. 5000-4800 v.d.Zt. die Linienbandkeramik-Kultur auf, zwischen Prut und Dnepr siedelte die Tripol'e-Kultur (ca. 4800-3500/2900 v.d.Zt.) und zwischen Dnepr und Donec die Dnepr-Donec-Kultur (ca. 5500-4500/4000 v.d.Zt.). Auf die Letztere folgte die Srednij-Stog II-Kultur (ca. 4500-3500 v.d.Zt.) Im Wolgagebiet herrschte ein einheitlicher Kulturraum, der sich östlich des Dons zwischen mittlerer Wolga, Kaukasus und dem Ural erstreckte. Dort folgte auf die Nordkaspische Kultur an der unteren Wolga und der Samara-Kultur (um 5000 v.d.Zt.) an der mittleren Wolga die Chvalynsk-Kultur (erste Hälfte des 5. Jts. v.d.Zt.).

Aufgrund der gemeinsamen Merkmale werden die Chvalynsk-, Srednij-Stog II- und Repin-Kultur (am Ufer des Dons) auch Chvalynsk-Srednij-Stog-Kulturgemeinschaft genannt.[4] Im Norden waren während des Untersuchungszeitraumes Jäger- und Fischerkulturen, wie z.B. im Westbaltikum die Memel-Kultur (ca. 4300-3500 v.d.Zt.) und im Ostbaltikum die Narva-Kultur (ca. 4900-2700 v.d.Zt.) ansässig.

Eine tabellarische Übersicht zu den einzelnen Kulturen ist im Anhang Tab. E dargestellt. Im Rahmen dieser Arbeit können aufgrund der Komplexität der Vorgeschichte Russlands nicht alle Kulturen ausführlich behandelt werden. Allein für den europäischen Teil Russlands ergeben sich ca. zehn verschiedene Gebiete mit unterschiedlichen Kulturabfolgen, weshalb sich die Untersuchungen auf die Wesentlichen beschränken.

Wirtschaftsform
Der Ackerbau entwickelte sich vor allem in der Westukraine bei der Tripol'e-Kultur und die Viehzucht eher im Gebiet zwischen Dnepr und Wolga, wo auch Wildpferde zu Hauspferden umgezüchtet (domestiziert) wurden.[5] Im Norden Russlands entwickelte sich der Ackerbau erst am Ende des 4. Jt. v.d.Zt.[6] Außergewöhnlich viele Kupfergegenstände fanden die Archäologen im Gräberfeld von Chvalynsk (ca. 320 Kupferschmucksachen) und in der Tripol'e-Kultur (Karbuna-Schatz). Es wird vermutet, dass am Anfang das Kupfer aus dem Balkan-Raum stammte und später eigene Kupfererzvorkommen genutzt wurden.[7]

Werkzeuge
Während der Kupfersteinzeit wurden Werkzeuge überwiegend aus Feuerstein, Knochen, Geweih und Holz gefertigt. Aus Kupfer stellten die Menschen vor allem Schmuckobjekte her, aber auch einige Waffen und Geräte.[8]

Wohnform
In der Tripol'e-Kultur entstanden Dörfer mit einräumigen oder auch mehrräumigen Häusern, meist in der Nähe von Gewässern. Später wuchsen die teilweise um eine Mitte kreisförmig angelegten Häuser zu Dörfern heran. Siedlungsschutzanlagen fehlten bei dieser Kultur. Im Norden Russlands fanden die Forscher nur selten Spuren von Wohnbehausungen. Sie gehen davon aus, dass auf festen Siedlungsplätzen Erdhütten bewohnt wurden.[9]

5.2 Archäologie

Bestattungen
Gräber bergen die materiellen Überreste Verstorbener, die im Laufe der Geschichte auf unterschiedliche Art und Weise bestattet wurden. Die Hinterlassenschaften aus Begräbnisstätten können Hinweise auf die Bräuche der Völker und ihre religiösen Vorstellungen geben. Da Bestattungssitten meist sehr lange bestehen bleiben, sind Zeiten, in denen sie wechseln, von besonderer Bedeutung und oft mit einem Wandel in der Gesellschaft verbunden. Aus der frühen und klassischen Phase der **Tripol'e-Kultur** (Phase A und B)[10] sind verhältnismäßig wenige Bestattungen bekannt, bei denen es sich meist um Sonderbestattungen handelt.[11] So wurden z.B. unter dem Fußboden des Wohnhauses Nr. 5 von der Siedlung Luka-Vrublevckaja (Tripol'e A) einige Knochen eines Kleinkindes gefunden, das in der Nähe des Herdes bestattet wurde.[12] Bereits in Anatolien in Catal Hüyük (ca. 7200-6300 v.d.Zt.) wurden die Toten unter der Plattform von Wohnhäusern oder Kultstätten beerdigt.[13] Wie in Kap. 4.2.1 beschrieben,

haben im 7. und 6. Jt. v.d.Zt. auch die Menschen in Südosteuropa Kinder, Jugendliche und Frauen in den Häusern unter dem Fußboden begraben. Dieser Brauch hielt sich bei Bestattungen von Kleinkindern bis in das 5. Jt. v.d.Zt. und könnte nach Häusler (1994) auf eine besondere Verbundenheit zwischen Lebenden und Verstorbenen hindeuten.[14] Sie erhielten einen „Ehrenplatz" für die Bestattung. Wie aus späterer Zeit überliefert, verehrten die Skythen, die sich im nordpontischen Raum aufhielten, eine Herdgöttin Tabiti, die auch als Große Göttin bekannt war (vgl. Kap. 7.3). Der Herd bzw. die Feuerstelle könnte schon in früherer Zeit ein Ort gewesen sein, an dem die Verbindung zu den Göttern gesucht wurde. Aus der späteren Phase der Tripol'e-Kultur C1 von der Nekropole Čapaevka (um 3650-3380 v.d.Zt.) stammt eine Tonstatuette, jedoch ist das Geschlecht nicht erkennbar. In der Phase C2 kommen solche öfters in Gräbern als Beigabe vor (siehe Kap. 6.2.1).[15] Im Kap. 4.2 wurden bereits die Bestattungen der **Dnepr-Donec-Kultur** Phase A (ca. 5500-5000 v.d.Zt.) beschrieben, die durch Kollektivgräber, gestreckte Rückenlage, Ockerstreuung und ovale Gruben gekennzeichnet sind. In der Phase B (ca. 5000-4500 v.d.Zt.) traten im Gräberfeld Mariupol – bis auf ein Kinderskelett ohne Beigaben – außergewöhnlich reiche Kinderbestattungen auf. Im Grab 101 gehört dazu ein Schmuckplättchen in Gestalt eines Tieres, im Grab 104 ein Bergkristall und im Grab 109 ein Porphyrit-Anhänger (vgl. auch Tab. 14).[16] Dieser Brauch aus der Altsteinzeit, Kindern besonders wertvolle Dinge ins Grab zu geben, wurde demzufolge auch in der Kupfersteinzeit gepflegt.[17]

Periode	Zeitraum (v.d.Zt.)	Beigaben
Periode A (vgl. Kap. 4.2.1)	ca. 5500-5000	• mikrolithisches Feuersteinwerkzeug • Perlen aus Elch- und Fischzähnen, Muscheln und Achat • Keramik fehlt
Periode B	ca. 5000-4500 (u.a. Mariupol)	• nicht so häufig Elch- und Fischzähne • rechteckige Plättchen aus Ebernhauern • Stierfiguren aus Ebernhauern oder Knochenplatten • Fluss- oder Pektunkulusmuscheln • Kupfer- und Goldringe • Bergkristall- und Tongefäße
Periode C	ca. 4500-4000	• Auflösung der Kultur • Kollektivbestattungen verschwanden • fremde Bestattungsbräuche (Einzelgräber, Hocker, Grabhügel, Stelen, kaum Inventar) • Steppenbewohner mit weniger breitem Gesicht

Tab. 14: Grabbeigaben der Dnepr-Donec-Kultur
Quelle: Vgl. Gimbutas (1996b), S. 115 f.

In der Phase C begann sich die Dnepr-Donec-Kultur aufzulösen. Ein anderer Menschentyp – schmalgesichtige grazile Menschen – wanderte in das Gebiet ein. Statt Kollektivbestattungen traten vermehrt Einzelgräber auf. Auf die Dnepr-Donec-Kultur folgte die **Srednij-Stog II-Kultur** (ca. 4500-3500 v.d.Zt.), die ähnliche Bestattungssitten wie die Samara- und Chvalynsk-Kultur im Wolgasteppengebiet hatte. Kennzeichnend sind:

- Einzelbestattungen in Schacht- oder Steinkistengräbern
- Flach- und erste Hügelgräber
- gelegentlich Steinplatten oder Steinkreise
- auf dem Rücken liegende Hocker
- Ockerstreuung
- Kupferartefakte
- reich ausgestattete Männergräber[18]

Aus der **Samara-Kultur** (um 5000 v.d.Zt.) wurde der Friedhof S'ezzhee entdeckt. Zwar handelt es sich „nur" um sechs Einzelgräber und eine Dreierbestattung, die aber teilweise schon mit Erd- oder Steinhügel überdeckt waren, wie Gimbutas (1996b) vermutet.[19] Häusler (1998) hingegen vertritt die Auffassung, dass Hügel nicht typisch waren, was jedoch das Vorhandensein von niedrigen Erdhügeln nicht ausschließen würde.[20] Auch in dieser Kultur sind reich ausgestattete Kindergräber vertreten. Gimbutas beschreibt eines sehr detailliert, bei dem als Zeichen Dolche und Ochsen, die vor dem Wagen gespannt sind, vorkommen und ordnet sie als Begleitsymbole einer männlichen Gottheit zu.[21] Es wurden weder Keramik, noch Metallobjekte gefunden.[22]

In ähnlicher Art und Weise bestatteten die Träger der **Chvalynsk-Kultur**, die auf die Samara-Kultur und die Nordkaspische Kultur folgte, ihre Toten, Aus den Datierungen ergibt sich, dass diese Kultur in der ersten Hälfte des 5. Jt. v.d.Zt. existiert haben könnte. Über die Dauer liegen unterschiedliche Meinungen vor. Rassamakin sieht eine Fundlücke in diesem Gebiet von ca. 1500 Jahren, Gimbutas schließt an die Chvalynsk-Kultur die Frühe Jamna-Kultur an.[23] Charakteristisch sind die in der Srednij-Stog II-Kultur auftretenden Merkmale bei den Bestattungen. Die Kupferschätze aus dem Gräberfeld Chvalynsk wurden bereits im Kap. 5.1 erwähnt. Die Männergräber sind Ausdruck von einem zentralen Wandel. Nicht Frauen, sondern Männer erhielten große „Schätze" als Beigaben auf den Weg ins Jenseits.[24] Die vielen Waffen zeigen eine deutliche Betonung der männlichen Seite – des Kämpfers, der in den Krieg zog. Die Tiersymbolik (Szepter mit der Darstellung des Pferdes oder Stieres) hatte bei den Viehzüchtern eine erhebliche Bedeutung. Mit dem Aufkommen der Grabhügel (russ.: Kurgan)[25] gewann eine Grabform an Bedeutung, die sich später in weiten Teilen Europas ausbreitete und als ein Machtsymbol gesehen werden kann. Je höher und breiter, desto mächtiger oder/und reicher der Verstorbene.

Im Norden Russlands bei der **Memel-Kultur** wurden Schädel in den Wohnsiedlungen beigesetzt.[26] Auch bei der **Narva-Kultur** bestattete man die Toten noch teilweise unter den Häusern. In den Gräbern dieser Kultur fanden die Archäologen u.a. aus Holz geschnitzte Skulpturen und Zeremonienstäbe von Elchkühen und Vögeln.[27]

Keramik

In der **Tripol'e-Kultur** wurde Keramik in hoher Qualität gefertigt, die technisch von vorhergehenden und darauf folgenden Kulturen nicht übertroffen wurde. Es kommen zahlreiche Muster, verschiedene Formen und außergewöhnliche Kunstobjekte vor (vgl. Abb. 9) Hervorzuheben sind unterschiedliche Phasen bei der Keramikherstellung. In der frühen Periode von ca. 4800-4500 v.d.Zt. (Phase A) überwiegen die Farbe weiß und einfache Dekorationen, wie z.B. eingeritzte Spiralen, gerade Bänder, Reihen von Dreiecken oder Karomustern. In der klassischen Periode von ca. 4500-3750 v.d.Zt. (Phase B) wurde die Keramik auch mit markanter Symbolik versehen und weiß, rot

Abb. 9: Keramikgefäß der Tripol'e-Kultur (Lenkovcy) Quelle: Zbenovič (1996), Tafel 27 Nr. 11.

und teilweise auch schwarz bemalt. Bei einigen Gefäßen erscheinen herausgearbeitete Brüste (vgl. Abb. 9).

Vereinzelt ist auf manchen Keramikteilen eine weibliche Figur abgebildet, die ein Kleid aus zwei Dreiecken trägt, dessen Form einem Stundenglas bzw. einer Sanduhr ähnelt (vgl. auch Kap. 5.6). In der späten Periode von ca. 3750-3000 v.d.Zt. (Phase C) verlieren sich die großartigen Verzierungen (Spiralen, Mäander). Stattdessen kommen zoomorphe Motive sowie Schnur- und Kammabdrücke auf.[28] Die Keramik der Phasen A und B ist Ausdruck einer Kultur, die schöpferisch tätig war. Die vielfältigen Formen, die zahlreichen Symbole und die kunstvollen Gefäße zeigen eine Verbindung von Profanem und Heiligem. Denn die verwendeten Symbole, die in Kap. 5.6 näher beschrieben sind, zeigen eine Spur zur Symbolik der Großen Göttin (nach Gimbutas). Sehr umfangreiches Bildmaterial ist in dem in russischer Sprache veröffentlichten Buch von Masson und Merpert *Eneolit SSSR* (1982) enthalten, aber auch bei Gimbutas (1996a) bzw. (1996b) sowie Zbenovič (1996) lassen sich Abbildungen finden. In Abb. 10 sind die Innenflächen konischer Schalen dargestellt, die häufig mit gegenüberliegenden Hörnern und Mondsicheln verziert sind; einige laufen an ihrem spitzen Ende in eine Scheibe aus oder sind mit sprießendem Zweigen verbunden. Man beachte die Schlange im Zentrum (4) und die entgegengesetzten Mondsicheln (4) und (5).

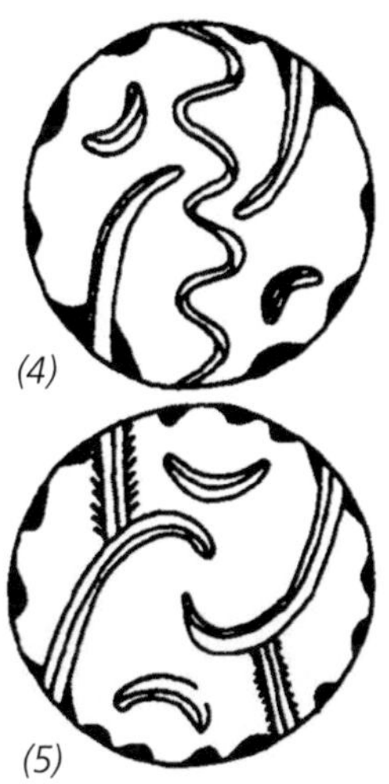

Abb. 10:Tomaschewka, Westukraine, um 3.500 v.d.Zt., Schwarz auf rotem Grund. Durchmesser 22,5 cm. Quelle: Gimbutas (1996 a), S. 294, Abb. 464 (4) und (5).

Ganz anders gestaltet ist die Keramik der weiter im Osten liegenden Kulturen. Bei der Samara-, Chvalynsk-Kultur und Srednij-Stog II-Kultur tritt muschelgemagerte Keramik auf. Kennzeichnend sind auch Schnur- bzw. Kammeindrücke. Es fehlt dagegen bemalte Keramik und die o.g. spezifische Symbolik.

Kleinkunst

Von ca. 5000-3500 v.d.Zt. kommen weibliche Statuetten z.B. im Vorderen Orient, in Anatolien, Griechenland, Südosteuropa, Südukraine, Moldavien, Nordkaukasus und Turkmenistan vor. Nur wenige stammen aus Österreich, Deutschland und Westeuropa. Sie sind aus unterschiedlichen Materialien gefertigt. Meist bestehen sie aus Ton, aber auch aus Steatit (Speckstein), Kalkstein, Marmor, Gold oder Kupfer. Ihre Formen variieren. Außergewöhnlich sind Kreuzidole, ringförmige Figuren oder so genannte „Freundinnen", die zwei weibliche Gestalten eng verbunden darstellen. Die herkömmlichen Statuetten wurden stehend, sitzend oder fast liegend modelliert. Ein

Teil trägt sehr viele Verzierungen.[29] Aussagefähige Statistiken über die Anzahl der Funde fehlen meistens. Sehr viele Statuetten sind in den Siedlungen (oft in Herdnähe) der **Tripol'e-Kultur** gefunden worden, die mit der Cucuteni-Kultur in Rumänien einen einheitlichen Kulturraum bildet (auch: Cucuteni-Tripol'e-Kultur). Dieser wird von den Archäologen nur unterschiedlich nach den Fundorten (Tripol'e bzw. Cucuteni) bezeichnet. Über 2000 Statuetten bzw. Fragmente der Tripol'e-Kultur untersucht Pogoževa (1985) und systematisiert sie nach Zeit, Typen, Gesten, Ornamenten, Frisuren, Kopfbedeckungen, Tätowierungen, Frisuren, Halsketten, Kragenausschnitten, Schulterbändern, Lendenschurzen, Gürteln und Schuhen. Sie stammen aus einem Zeitraum von ca. 1500 Jahren und es handelt sich um anthropomorphe sowie zoomorphe Plastiken, über die bereits umfangreiche Literatur in russischer Sprache vorliegt.[30] Speziell für die Siedlungen der Tripol'e-Kultur vom Ende des 5. Jt.v.d.Zt. bis zum Anfang des 4. Jt. v.d.Zt. zwischen südlichem Bug und Dnestr gibt auch Zbenovič (1996) die Anzahl der gefundenen Exemplare an (siehe Tab. 15).

Tab. 15: Anzahl anthropomorpher Statuetten aus Tripol'e-Siedlungen Quelle: Vgl. Zbenovič (1996), S. 54.

Siedlung	Anzahl Häuser	Anzahl der Statuetten
Luka-Vrubleveckaja	5	> 250
Aleksandrovka	5	107
Lenkovcy	10	88
Bernaševka	6	67

Die außergewöhnlich hohe Anzahl der anthropomorphen Statuetten in den wenigen Häusern der Siedlungen zeigt die große Bedeutung der Figuren im Leben der damaligen Menschen. Die Größe der Statuetten der Tripol'e-Kultur variiert von ca. 3 bis 50 cm, wobei die Mehrheit (ca. 70 %) zwischen 7 und 14 cm groß ist. Meist handelt es sich um weibliche Statuetten. Von den männlichen existieren ca. 48 Exemplare. Das sind nur 2,5 % der gefundenen Figuren.[31] Sie wurden größtenteils aus dem gleichen Ton hergestellt wie die Keramik, nur selten aus Stein oder Knochen. Manchmal mischten die Künstler auch Getreidekörner bzw. Mehl hinein. Die Figuren wurden graviert oder bemalt.[32]

Die Statuetten aus der frühen Tripol'e-Kultur erscheinen in stehender oder sitzender Haltung, zum Teil mit einem nach hinten geneigtem Oberkörper und ausgestreckten geschlossenen oder geöffneten Beinen (vgl. Abb. 11).[33] Zu den sitzenden Exemplaren gehören manchmal Stühlchen. Interessant ist, dass Frauen wohl im Sitzen Kinder zur Welt gebracht haben. Bereits in Çatal Hüyük wurden korpulente Frauengestalten mit riesigen Brüsten in Gebärhaltung, teils auf einen Thron sitzend und/oder in Begleitung mit bestimmten Tieren, dargestellt. Auch aus Thessallien (Griechenland um 6300-6200 v.d.Zt.) und Malta (Ende des 4. Jts. v.d.Zt.) stammen sitzende (Mutter-)Göttinnen, die gebären.[34] Gimbutas sieht bei den frühen Cucuteni-Tripol'e-Sta-

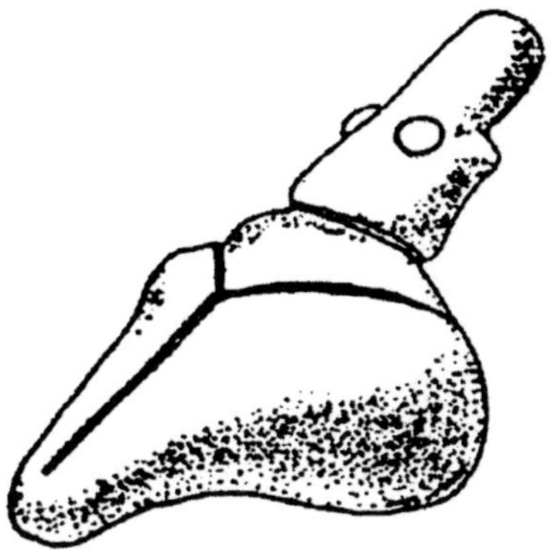

Abb. 11: Weibliche anthropomorphe Plastik der frühen Tripol'e-Kultur (Typ AI; Aleksandrovka)
Quelle: Zbenovič (1996), Tafel 33 Nr. 6.

tuetten durchaus Verbindungen zur Hamangia-Kultur der Drobrudscha. Diese besaß direkten Kontakt mit Anatolien und dem östlichen Mittelmeerraum.[35]

Die Gesichter der Tripol'e-Statuetten wurden nur schemenhaft dargestellt. Manche besitzen Augen, Nasen und Mund. Dies spricht eher für „Idole" im Sinne der Abbildung einer Gottheit als für Porträts von Frauen. Der Oberkörper tritt gegenüber dem Gesäß zurück und ist meist schmal. Die Brüste wurden nur angedeutet oder nicht markiert. Dieser Wandel gegenüber den Statuetten aus der Altsteinzeit lässt den Schluss zu, dass die Bedeutung der Brüste als „Muttermilchspender" zurückgegangen ist. Denn es wurde pflanzliche Nahrung angebaut, die auch für Kleinkinder genutzt werden konnte. Die Arme fehlen oft. Bei wenigen Statuetten sind sie nach oben gerichtet. Diese Gebetshaltung, die bis heute von Priestern praktiziert wird, ist ein Zeichen dafür, dass es sich um religiöse Gegenstände handeln könnte. Aus vielen anderen Kulturen und Zeitepochen stammen ebenfalls weibliche Statuetten oder Abbildungen mit dieser so genannten „Orante-Haltung". Es handelt sich um eine sehr alte Gebetshaltung mit der Bitte um Segen.[36] In den Händen einiger Plastiken befindet sich ein länglicher Gegenstand. Pogoževa deutet ihn als Phallus.[37] Diese Interpretation kommt den Yoni-Lingam-Darstellungen in Indien, bei denen das weibliche und männliche Prinzip in Form der Geschlechtsteile dargestellt werden, nahe. Die Verbindung beider ermöglicht Schöpfung. Zbenovič gibt außer der o.g. Version noch drei weitere Interpretationsmöglichkeiten an. Bei Darstellung einer Getreidegarbe würde die Nahrung in den Vordergrund rücken. Wenn es sich um eine Schlange handelt, könnte z.B. der Bezug zur Lebenskraft oder/ und zum Wandel gemeint sein, wobei sie als Symbol vielschichtigen Bedeutungen unterliegt. Als weitere Möglichkeit wird die Darstellung eines Kindes genannt, wobei die weibliche Gestalt eine Mutter bzw. Muttergöttin darstellen würde.[38] Des Weiteren sind die Tripol'e-Statuetten durch ein sehr breites Becken mit einem mächtigen Gesäß gekennzeichnet. Die ganze Aufmerksamkeit wird auf diese Körperteile gelenkt. Die Figuren könnten ein Schönheitsideal darstellen, auch als erotische Impulse gedacht sein. Aber wie bereits erwähnt, oblag die Töpferkunst möglicherweise den Frauen, weshalb die Hervorhebung des Beckens als Raum, in dem neues Leben entsteht, am wahrscheinlichsten ist.

Bei einem beträchtlichen Teil der Statuetten sind Ornamente bzw. Symbole auf dem Bauch, Gesäß, Rücken, Oberschenkeln oder in der Schoßgegend eingeritzt und später auch aufgemalt (vgl. Abb. 12). Nach Pogoževa folgen sie bestimmten Regeln. Sie hat die verschiedenen Verzierungen in Übersichten nach Statuettentyp und Körperteil aufgestellt und die Häufigkeit angegeben. Interpretationen fehlen allerdings. Es treten u.a. folgende Symbole auf:[39]

- Kreise: ○ ◯
- Kreuze: + +
- Spiralen: @
- Linien in verschiedenen Varianten: III II = ≡
- Rhomben: ◊
- Dreiecke: △ V ▽

Diese Symbole sind bereits in der Altsteinzeit auf Höhlenwänden und Statuetten anzutreffen. Gimbutas zählt sie zu der Symbolik der Großen Göttin. Für die Jung- und Kupfersteinzeit geht sie sogar davon aus, dass es sich um eine Art Schrift handeln könnte (vgl. Kap. 2.6, 4.5 und 5.6).

Abb. 12: Weibliche anthropomorphe Plastik der frühen Tripol'e-Kultur (Typ AII; Lenkovcy) Quelle: Zbenovič (1996), Tafel 36 Nr. 1.

Während der mittleren Phase der Tripol'e-Kultur treten auch viele Statuetten auf, die aber gerader und schlanker werden und teilweise „säulenartig geformte Unterkörper" besitzen. Auch veränderte sich die Verzierung und schraffierte Dreiecke kamen hinzu.[40] Aus der späteren Phase der Tripol'e-Kultur stammen vogelähnliche Statuetten mit schnabelartigen Nasen. Auch Löcher, die vermutlich zum Anbringen von Federn dienten, wurden eingestochen. Die Arme ähneln Stummelflügeln, die tiefen Rillen und Ornamente weichen einfacher Symbolik. Trotz zoomorpher Einflüsse ist das Schoßdreieck markiert, wodurch wohl weibliche Gestalten gemeint sind. Möglich ist, dass aus Mythen die Vogelgestalt übernommen wurde. Andere Statuetten haben flaschenähnliche Formen und sind stark stilisiert. Dieser Typ wird im nächsten Kapitel näher beschrieben, da es sich bereits um die Übergangszeit von der Kupfersteinzeit zur Bronzezeit handelt (vgl. Kap. 6.2.3). Kennzeichnend für die späte Phase der Tripol'e-Kultur ist, dass Statuetten als Beigaben zu den Toten in Gräber, vor allem zu Kindern, gelegt wurden. Männliche Figuren treten etwas häufiger auf als in den vorherigen Phasen. Ihr Anteil (ca. 10 %) ist aber immer noch verhältnismäßig gering. Zoomorphe Darstellungen hingegen umfassen ca. 30 % der Funde.[41]

Die Statuetten aus dem Norden Russlands sind größtenteils aus Holz, Geweih oder Bernstein gefertigt. Sie haben oftmals tierähnliche Gestalt (Wasservögel, Schlangen, Elchkühe). Die weiblichen Merkmale fehlen.[42]

In der Literatur werden die Statuetten unterschiedlich interpretiert. Parzinger (2006), der einen Überblick über die Epoche im nördlichen Schwarzmeergebiet gibt, streift die Tripol'e-Kultur kurz, die Statuetten erwähnt er jedoch nicht.[43] Zbenovič (1996) beschreibt sie nur.[44] Pogoževa gibt einen Überblick zur russischen und europäischen Forschung. So sieht z.B. Skrilenko (1903) bei den Tripol'e-Statuetten Verbindungen zu Figuren aus Mykene, Troja, Babylonien und Altassyrien. Passek (1947) entdeckt auch armenoide Züge. Die Mehrheit der Autoren geht von einem Fruchtbarkeitskult aus. Ethnografisches Material bezieht B. A. Rybakov (1965 und 1966) in seine Untersuchungen ein und vermittelt ein Weltbild aus der Zeit der Ackerbauern.[45] Pogoževa schließlich sieht in den Statuetten „betende Frauen", „Priesterinnen" bzw. "alte Frauen".[46]

Bei Kšica (1989) ist eine sitzende „Große Urmutter" aus der späten Kupfersteinzeit, die in Bulgarien gefunden wurde, abgebildet. Sie ähnelt mit ihren kleinen Brüsten, den breiten Gesäß und den Verzierungen (Rhomben, Kreise, Linien) den Figuren aus der Tripol'e-Kultur.[47] Für Gimbutas stellen die Tripol'e-Statuetten die schwangere Göttin, die Vogelgöttin, die Schlangengöttin und die starre Nackte (Todesgöttin) dar.[48] Sie hebt hervor: „Die Figuralkunst spricht für eine Vielfalt an Gottheiten, bei denen zwar sowohl das männliche wie das weibliche Prinzip repräsentiert ist, aber offenbar die Gestalt der großen Mutter dominiert."[49]

Die Blüte der Keramik und figürlichen Kunst der Tripol'e-Kultur offenbart ein Schöpfertum, das in den benachbarten Gebieten Russlands um diese Zeit nicht so stark ausgeprägt war. Die hohe Anzahl der weiblichen Figuren deutet auf eine Verehrung der Weiblichkeit bzw. des Mütterlichen hin. Bestattungsrituale, Statuetten, Orante-Haltung und Miniaturaltäre sind Anzeichen für religiöse Handlungen. Die Symbolik weist ebenfalls auf den Kult der „Großen Mutter" bzw. „Großen Göttin" hin (siehe Kap. 5.6). Ob die Häuser bereits heilige Tempel oder Wohn-, Arbeits- und Kultstätten in einem waren, ist eine Frage der Interpretation. Plastiken wurden in manchen Häusern in hoher Anzahl gefunden.

Felskunst

Die Felsbilder im Norden Russlands zeigen u.a. männliche Gestalten, bei denen Füße, Hände, Nasen und Genitalien stark übertrieben sind. Es kommen auch Tiere (Rentiere, Elche, Bären, Schlangen, Eidechsen, Fische und Wasservögel), Boote und geometrische Zeichen (Kreise zum Teil mit ein, zwei oder drei Strahlenkreisen auf einen Ständer, halbmondförmige Figuren) vor. Die zeitliche Erstellung der Felsbilder kann oft nicht genau bestimmt werden. In der Regel wird ein Zeitraum von mehreren Jahrtausenden angegeben.[50] Die meisten stammen vermutlich aus späteren Epochen (vgl. Kap. 6.2.4).

Große Steine

Megalithen treten nicht nur in Westeuropa auf, sondern weltweit kommen Bauten aus großen Steinen vor. So z.B. am östlichen Mittelmeer (Libanon, Palästina, Zypern), an der westlichen Schwarzmeerküste (Bulgarien), auf der südlichen Krim, an der gesamten Ostküste des Schwarzen Meeres, an der Südwestküste des Kaspischen Meeres, an der arabischen Küste, in Jemen, Indien, Madagaskar, Indonesien, an der chinesischen Küste, in Korea, Melanesien, Polynesien, Weißafrika bis nach Mali, Senegal, Sudan und Abessinien, auf den Kanarische Inseln sowie in Mittel- und Südamerika.[51] Wann tatsächlich mit dieser Kunst begonnen wurde, ist bisher nicht genau nachzuvollziehen. Die Forscher vermuten, dass zumindest in Europa die Blütezeit zwischen dem 5. und 2. Jt. v.d.Zt. lag. Einzelne Megalithen wurden schon eher errichtet (vgl. Kap. 3.2). Im Süden Russlands kamen mit den Hügelgräbern Stelen auf.[52] Verbunden mit großen Steinen ist der Begriff der Megalithkultur, aber nach dem *Lexikon der Steinzeit* gibt es „. . . kein Megalithenvolk mit gemeinsamer Kultur, gleicher Tradition und Lebensart, sondern ein gemeinsames megalithisches Brauchtum bei vielen Völkern und Stämmen."[53] Megalithkultur stellt somit „. . . ein Sammelbegriff für verschiedene archäologische und ethnologischen Kulturgruppen" dar, die Steinsetzungen, Großgräber oder Kultanlagen aus großen Steinen errichteten.[54] Ein enormes Wissen an Bautechnik und Mathematik (Satz des Pythagoras), die genaue Beobachtung des Kosmos (Astronomie), die Organisation des Bauens sowie ein großer Kraftaufwand für den Transport und die Bearbeitung der tonnenschweren Steine war für den Bau von großen Anlagen nötig.[55] Woher kam dieses Wissen zu dieser Zeit? Aus dem weltweiten Phänomen der Megalithen wird vermutet, dass die unterschiedlichen Völker durch einheitliche religiöse Vorstellungen miteinander verbunden waren.[56]

Soziale Strukturen

Nach Jean-Fraincois Champollion (1827) „. . . kann (man) die Kulturstufe eines Volkes nach der mehr oder minder erträglichen Stellung der Frau in der Gesellschaft beurteilen."[57] Frühe Ackerbaugesellschaften fußten auf einer weitgehend egalitären Gesellschaftsordnung. Frauen wurden aufgrund ihrer Fähigkeit, Kinder zu gebären, geachtet. Der Fortbestand bzw. das Wohlergehen der Stämme hing wesentlich von den Frauen und ihren Aufgaben als Mutter, Ackerbäuerin, Töpferin und Weberin ab.[58] Die Verehrung des Weiblichen muss auch im religiösen Bereich Bedeutung besessen haben. Ersichtlich ist das z.B. an der Kunst. Die Vielzahl der weiblichen Statuetten sind Belege dafür, dass in einer weiblichen Macht die Schöpfungskraft gesehen und religiöse Handlungen vollzogen wurden. Bei den Viehzüchterkulturen im Süden Russlands lagen vermutlich andere Strukturen vor. Die Bestattungen unter Grabhügeln zeigen, dass männliche Herrscher und Krieger mit reichen Gaben ausgestattet wurden.[59] Metalle ermöglichten das Anhäufen von Reichtümern. Die große Anzahl der Waffen in einigen Gräbern deutet auf deren wachsende Bedeutung hin. Mit erfolgreichen kriegerischen Handlungen errangen Männer Ansehen. Sie beschützten die Stämme und machten Eroberungen. Das Vorkommen weiblicher anthropomorpher Statuetten fehlt größtenteils. Stattdessen spielten Tiere im Kult eine bedeutende Rolle. Ob weiblichen oder männlichen Göttern gehuldigt wurde, kann nicht genau unterschieden werden. Für Kriege waren männliche Götter besser geeignet.

5.3 Geschichte

Historische Quellen aus der Zeit von 5000 bis 3500 v.d.Zt. in Bezug auf den europäischen Teil Russlands sind bisher nicht bekannt.

5.4 Religionswissenschaft

Eine Form der Verehrung von Gottheiten stellen Plastiken von Göttern dar, die auch Idole genannt werden. Inwieweit in der Kupfersteinzeit in Russland Gottheiten verehrt wurden, ist nicht gesichert. Jedoch bezeugt die Fülle von weiblichen Statuetten, dass die Menschen das Weibliche bzw. Mütterliche sehr verehrten. Für Europa kann in diesem Zeitraum von einer ziemlich einheitlichen religiösen Vorstellungswelt gesprochen werden, die auf die Verehrung der „Großen Mutter" hindeutet. Während der Jungsteinzeit wurden in Russland bisher kaum weibliche Statuetten gefunden. Die Figuren aus der Tripol'e-Kultur tragen ähnliche Züge wie die Statuetten aus der Jüngeren Altsteinzeit (siehe Kap. 2.2). Zwar besitzen sie nicht die körperliche Fülle, jedoch sind das Gesäß und das Geschlechtsdreieck oft stark betont. Die Dominanz der weiblichen Schöpfungsmacht ist offensichtlich. Auch Miniaturaltäre, Kultobjekte und Keramiken bestätigen dies. Eine Trennung von Religion und Alltag lag scheinbar noch nicht vor. Die Menschen hatten ein anderes Verständnis vom „Himmel". In den Alltag integriert begleitete die Gestalt der „Großen Göttin" bzw. „Großen Mutter" ihr Leben. Bestimmte Zeremonien sind nicht überliefert, jedoch ist es wahrscheinlich, dass sich die Menschen mit Bitten und Dankesworten an eine höhere Macht wandten. Götternamen aus dieser Zeit sind nicht bekannt bzw. kann die Herkunft nicht eindeutig geklärt werden.

5.5 Sprachwissenschaft

Die Linguistik rekonstruiert aus dem Vergleich verwandter Sprachen so genannte „Proto- bzw. Ursprachen".[60] Diesem Verfahren liegt die Annahme zu Grunde, dass alle Sprachen von einer gemeinsamen Ursprache abstammen.[61] Bei Protosprachen handelt es sich (auch) um Sprachen, für die es bisher keine schriftlichen Aufzeichnungen gibt. Solche sind erst aus dem 3.-1. Jts. v.d.Zt. bekannt. Daher ist es nicht einfach, Protosprachen zu datieren.[62] Das Modell des „Stammbaums" wird herangezogen, um die Beziehungen zwischen verwandten Sprachen grafisch darzustellen. Für die indoeuropäische (indogermanische) Sprachgemeinschaft entwickelte der deutsche Philologe August Schleicher (1821-1868) ein Stammbaummodell.[63] Im Anhang Tab. F wurde in Anlehnung an einen ähnlichen Stammbaum eine Übersicht erstellt. Nach Gamkrelidse und Ivanov (2004) könnte das Indoeuropäische im Nahen Osten vor ca. 4000 v.d.Zt. gesprochen worden sein, aber die so genannte „Urheimat" der Indoeuropäer ist umstritten.[64] Im Spektrum der Wissenschaften *Die Evolution der Sprachen* (2004) sind in mehreren Artikeln verschiedene Thesen aufgeführt.

Des Weiteren ist aus der historischen Sprachwissenschaft bekannt, dass die uralische Sprachgemeinschaft möglicherweise beiderseits des Urals, vor allem auf der europäischen Seite bis zum Wolga-Knie, nordwärts von der Wolga ansässig war. Um ca. 4000 v.d.Zt. spalteten sich die Ur-Samojeden ab und wanderten nord- und nordostwärts in Richtung Westsibirien. Im Territorium der Uralier blieben die Finno-Ugrier. Damit endete die uralische Sprachperiode. Die uralischen Sprachen gehören nicht zu den indoeuropäischen (indogermanischen) Sprachen (vgl. Anhang Tab. G).[65] Anhand der Rekonstruktion verschiedener Sprachfamilien ist es möglich, Rückschlüsse auf Umwelt, Lebensweise, Zeit und Region zu ziehen.[66] Hier besteht ein möglicher Ansatz für Sprachwissenschaftler, verschiedene Wörter aus der indoeuropäischen bzw. uralischen Sprachgemeinschaft in Bezug zum Untersuchungsgegenstand dieser Arbeit zu analysieren.

Beachtenswert ist die sprachliche Verwandtschaft von folgenden russischen Wörtern in Tab. 16, die in Zusammenhang mit „gebären" und „Geburt" stehen:

Transliteration	Geschlecht Russisch	Deutsch	Geschlecht Deutsch
Lada (auch: Leda, Rada, **Roda**)	w	Mutter der Götter	w
Rod (auch: Rid, Rožaj, Rachda, Brachma)	m	Anfang und Ende, Quelle von Allem, Urgott	m/w
rod	m	Sippe, Generation, Art, Genus, Geschlecht	
roddóm	m	Entbindungsheim	s
ródina	w	Heimatland	s
ródinka	w	Muttermal	s
roditeli		Eltern	
rodnik	m	Quelle	w
rožát' / rodit'		gebären; zur Welt bringen	
roždát'sja / roždit'cja		geboren werden	
roždenije	s	Geburt	w
roždestvó	s	Weihnachten	
rož'	w	Roggen	m

Tab. 16: Verwandte Wörter Quelle: Vgl. Vira (o.J.) Pos. 1 und 2; vgl. Langenscheidts-Universal-Wörterbuch Russisch (2001), S. 160 f.

Die Wortwurzel „rož" steht in Zusammenhang mit „gebären" und „Geburt". Das Verbpaar „rožát' / rodít' – gebären" (unv./v.) zeigt die Verbindung der Silben von „rož" und „rod" auf. Der Roggen „rož'" ist im Russischen weiblich. Nur das Weichheitszeichen „ ' " wurde an die Silbe „rož" angehängt. Das Roggenkorn galt wohl als eine weibliche Quelle für Nahrung. Die Analogie zu „rožat' / rodít – gebären" bzw. „roždenije – Geburt" könnte auch aus der äußerlichen Ähnlichkeit eines Getreidekorns mit dem weiblichen Geschlechtsteil entstanden sein. Aus dem Getreidekorn entspringt die Pflanze, die Nahrung in Form von weiteren Getreidekörnern schenkt. Ähnlich wird aus der Vagina das Kind geboren. Getreidekörner stehen bei manchen Statuetten für das Geschlechtsdreieck. Aus einer Bildersammlung zu den wahren slavischen Göttern sind Rod (auch: Rid, Rožaj, Rachda, Brachma) für einen Urgott, der Anfang und Ende darstellt, sowie Lada (auch: Leda, Rada, Roda) als weibliche Ausprägung, wenn diese androgyne Urkraft schöpft, aufgeführt.

5.6 Symbolkunde

Die Keramik und die Statuetten der **Tripol'e-Kultur** sind reichhaltig mit Symbolen verziert (vgl. Kap. 5.2). Der außergewöhnliche Kunststil ist Ausdruck von schöpferischer Kreativität. Die Symbole sind auf Tellern, Gefäßen, Statuetten u.ä. abgebildet oder eingeritzt. Dazu gehören Kreise, Kreuze, Spiralen, Linien, Rhomben, Dreiecke u.ä. Der Kreis ist das Symbol für Vollkommenheit, für den Kreislauf, für das Unendliche. In Verbindung mit einem Kreuz wird der Kreis auch keltisches Kreuz genannt. Es kommt bereits auf den bemalten Kieselsteinen aus Frankreich und Spanien vor, die ca. 11.000 Jahre alt sind (siehe Kap. 3.2). Häufig treten Spiralen in verschiedenen Formen auf. Sie symbolisieren die Schöpferkraft.[67] Linien erscheinen öfters in Gruppen oder auch als Bänder. Gelegentlich kommen Netze vor. Schlette erwähnt, dass der Rhombus, der als ein Symbol der frühen Ackerbauern gilt, bis in die russische Volkskunst zu finden ist. Er wird assoziiert mit dem weiblichen Unterleib, ähnlich wie das Dreieck.[68] Im *Lexikon alter Symbole* (1978) wird dazu erläutert: „Das mit der Spitze nach unten zeigende Dreieck ist lunar, das weibliche Prinzip, die Matrix (der Mutterboden); die Wasser, Kälte, die natürliche Welt; der Körper, die Yoni, die Shakti; es symbolisiert die Große Mutter als die Erzeugerin."[69] Auf den Gefäßen sind auch weibliche Figuren abgebildet, bei denen der Oberkörper aus einem Dreieck mit der Spitze nach unten zeigend und der Rock aus einem Dreieck mit der Spitze nach oben zeigend besteht. Diese Form bezeichnet Gimbutas als „Stundenglas".[70] Bei manchen Gefäßen wurden Brüste herausgearbeitet, die für Mutterschaft, Nahrung, Schutz, Liebe und den nährenden Aspekt der Großen Mutter stehen.[71] Nach dem *Lexikon alter Symbole* sind der Kreis, die Spirale, das Netz, der Rhombus, das mit der Spitze nach unten zeigende Dreieck und Brüste Symbole, die der Muttergöttin bzw. Großen Mutter zugeordnet werden (siehe auch Kap. 2.6).[72]

5.7 Ethnologie und Anthropologie

Die Skelette aus der Tripol'e-Kultur unterscheiden sich von denen aus der Dnepr-Donec-Kultur (siehe Kap. 4.7). Sie besitzen eine geringere Robustizität. Sie ähneln den Mediterraniden und besitzen kurze Schädel. Nach Gimbutas handelt sich bei dem Material aus den Gräbern der späten Phase um eine Mischung von mediterranen und armenischen Elementen.[73] Zu den Skeletten aus der Memel-Kultur liegt zu wenig aussagekräftiges Material vor, da die Schädel stark beschädigt sind. Die anthropologischen Daten aus der Narva-Kultur ergaben ähnliche Ergebnisse wie bei vorherigen Kunda-Kultur. Bei diesen Europiden mit langen Köpfen und schmalen Gesichtern kommt auch mongolischer Einfluss vor.[74]

5.8 Folkloristik

Bis auf den Hinweis von Schlette (vgl. Kap. 5.6) wurden keine Spuren russischer Volkskunst entdeckt, die ihren Ursprung in der Kupfersteinzeit haben könnten.

5.9 Mythologie

In der archäologischen Literatur wird oft davon gesprochen, dass während dieser Epoche zum „ersten" Mal Metalle auf der Erde bearbeitet wurden. Dazu ist zu bemerken, dass Archäologen nur Teile von sichtbaren Überresten alter Kulturen finden und daraus die Vergangenheit rekonstruieren. Das Ergebnis ist eine fragmentartige Geschichte, da die Wahrheit nicht vollständig nachvollzogen werden kann. In Platons Bericht über Atlantis gibt es Hinweise zur Metallverarbeitung.[75] In Mythen sind Fragmente über die Vergangenheit enthalten. Einige Forscher nahmen Spuren aus Mythen auf oder ließen sich inspirieren und entdeckten historische Orte, wie z.B. die Paläste des Königs Minos (Arthus Evans) oder Troja, Mykene und Tiryns

(Heinrich Schliemann).[76] Veröffentlichungen zu Atlantis werden von Fachwissenschaftlern kaum beachtet. Meier und Zschweigert (1997) äußern dazu: „Es gibt keine fachwissenschaftliche Atlantisforschung. Autoren, die dieses Wort auch nur in den Mund – sprich in die Feder – nehmen, laufen Gefahr, von vornherein jedes fachwissenschaftliche Ansehen zu verlieren."[77]

5.10 Psychologie

Zur Muttergöttin in der Kupfersteinzeit in Russland wurden aus diesem Fachgebiet keine Hinweise gefunden.

5.11 Feminismus

Feministische Matriarchatsforscherinnen vertreten die These, dass es Matriarchate im Sinne der Definition von Göttner-Abendroth gab. Als Belege gelten u.a. weibliche Statuetten. Einige Gegner dieser These versuchen anhand von Statistiken mit relativ wenigen Statuetten zu widerlegen, dass der Großteil der Figuren aus der Jung- bzw. Kupfersteinzeit gar nicht weiblich war. Sie greifen z.B. auf die Untersuchung von Ucko (1968) zurück, bei der 33 weibliche, sechs männliche und 42 Statuetten ohne Geschlecht aus Kreta (ca. 5500-3000 v.d.Zt.) festgestellt wurden. Dieser Ansatz erscheint in Anbetracht der hohen Anzahl der anthropomorphen Statuetten aus der Cucuteni-Tripol'e-Kultur (> 2000), bei denen der Großteil weiblich ist, fragwürdig.

5.12 Zusammenfassung

Im Süden Russlands entwickelte sich der Ackerbau bzw. die Viehzucht zur Hauptwirtschaftsform. Dort wurden auch Kupfergegenstände in den Siedlungen und in Gräbern gefunden. Die Keramik der Tripol'e-Kultur zeigt eine hohe Kreativität. In dieser Ackerbaugesellschaft blühte die Herstellung von weiblichen Statuetten. Die Keramik, die Plastiken und die verwendeten Symbole vergöttern das weibliche schöpferische Prinzip. Sie belegen, dass in dieser Kultur eine „Große Göttin" verehrt wurde.

---

1 Vgl. Gimbutas (1996b), S. 431 und 433; vgl. auch Strahm (2006), S. 143-150.
2 Vgl. Bahn (2003), S. 40.
3 Vgl. Gimbutas (1996b), S. 433; vgl. Gimbutas (1994), S. 21-28.
4 Vgl. Dergačev (1998), S. 38.
5 Vgl. Gimbutas (1994), S. 17.
6 Vgl. Gimbutas (1996b), S. 144 und 149; vgl. auch Gimbutas (1963/83), S. 47.
7 Vgl. Černych (1991), S. 581.
8 Vgl. Černych (1991), S. 585; vgl. Telegin (1969), S. 11; vgl. Gimbutas (1975a), S. 217.
9 Vgl. Zbenovič (1996), S. 35-38; vgl. auch Gimbutas (1975d), S. 583.
10 Im Anhang Tab. E sind die verschiedenen Phasen der Tripol'e-Kultur aufgeführt.
11 Vgl. Gimbutas (1975a), S. 225; vgl. auch Häusler (1998), S. 139.
12 Vgl. Häusler (1964), S. 759.
13 Vgl. Mellaart (1990), S. 10 f.
14 Vgl. Gimbutas (1996b), S. 331; vgl. Häusler (1994b), S. 24; vgl. auch Ebert (1921), S. 30 f.
15 Vgl. Häusler (1998), S. 139.
16 Vgl. Häusler (1962), S. 1161.
17 Vgl. Häusler (1995), S. 63; vgl. Häusler (1994), S. 32.
18 Vgl. Telegin (1991), S. 60 ff.; vgl. Telegin (1969), S. 13; vgl. Gimbutas (1996b), S. 357 und 361.

19 Vgl. Gimbutas (1996b), S. 354.
20 Vgl. Häusler (1998), S. 146.
21 Vgl. Gimbutas (1994), S. 22.
22 Vgl. Häusler (1998), S. 155.
23 Vgl. Rassamakin (2004), S. 182; vgl. auch Gimbutas (1996b), S. 356.
24 Vgl. Masson (1998), S. 22.
25 Nach Gimbutas (1996b) ist „Kurgan" ein turksprachiges Lehnwort, das im Russischen so viel heißt wie „Hügel" oder „Tumulus".
26 Vgl. Masson (1998), S. 22.
27 Vgl. Gimbutas (1996b), S. 144.
28 Vgl. Gimbutas (1975a), S. 218-226.
29 Vgl. Kšica/Kšicová/Kšicová (1989), S. 22-27.
30 Vgl. Pogoževa (1985), S. 95 f. sowie S. 121-133.
31 Vgl. Pogoževa (1985), S. 97.
32 Vgl. Pogoževa (1985), S. 105 f.
33 Vgl. Pogoževa (1985), S. 107.
34 Vgl. Gimbutas (1996b), S. 224; vgl auch Mellaart (1990), S. 11.
35 Vgl. Gimbutas (1975a), S. 220.
36 Vgl. Pogoževa (1985), S. 97-100 und 107; vgl. Gimbutas (1975a), S. 220; vgl. Biedermann (1989b), S. 317.
37 Vgl. Pogoževa (1985), S. 99 und S. 138 mit Abb. 54.
38 Vgl. Zbenovič (1996), S. 54 f.; Tafel 33, 3 und Tafel 37, 5 und 6.
39 Vgl. Pogoževa (1985), S. 100 und 124-128.
40 Vgl. Pogoževa (1985), S. 101; vgl. Gimbutas (1975a), S. 225; vgl. Gimbutas (1996b), S. 111.
41 Vgl. Pogoževa (1985), S. 103; vgl. Gimbutas (1996b), S. 111.
42 Vgl. Gimbutas (1975d), S. 586.
43 Vgl. Parzinger (2006), S. 165 f.
44 Vgl. Zbenovič (1996), S. 54 f.
45 Vgl. Pogoževa (1985), S. 95 f.
46 Vgl. Pogoževa (1985), S. 105 und 107.
47 Vgl. Kšica (1989), S. 26.
48 Vgl. Gimbutas (1996b), S. 111.
49 Gimbutas (1975a), S. 225.
50 Vgl. Gimbutas (1975d) S. 586 f.
51 Vgl. Meier/Zschweigert (1997), S. 115.
52 Vgl. Telegin (1991), S. 64; vgl. Häusler (1966), S. 42.
53 Lexikon der Steinzeit (1999), S. 252.
54 Lexikon der Steinzeit (1999), S. 252.
55 Vgl. Meier/Zschweigert (1997), S. 115.
56 Vgl. Lexikon der Steinzeit (1999), S. 253.
57 Zitiert nach: Holub-Pszywyj (2005), S. 60; Umstellung J.M.
58 Vgl. Hecker (2001), S. 44; vgl. auch Schlette (1988), S. 84-88.
59 Vgl. Parzinger (2006), S. 166.
60 Vgl. Gamkrelidse/Ivanov (2004), S. 50.
61 Vgl. Ross (2004), S. 7.
62 Vgl. Renfrew (2004), S. 28.
63 Vgl. Ross (2004), S. 9 sowie Binder (2004), S. 37.
64 Vgl. Gamkrelidse/Ivanov (2004), S. 50 f.
65 Vgl. Haussig (1973), S.263-264; vgl. ähnlich Vértes (1999),S. 393-395.
66 Vgl. Gamkrelidse/Ivanov (2004), S. 50 f.
67 Vgl. Lexikon alter Symbole (1978), S. 180.
68 Vgl. Ambroz (1965), S. 14-27; zit. in Schlette (1969), S. 239.
69 Lexikon alter Symbole (1978), S. 36.
70 Vgl. Gimbutas (1996a), S. 239.
71 Vgl. Lexikon alter Symbole (1978), S. 29.
72 Vgl. Lexikon alter Symbole (1978), S. 125 f.
73 Vgl. Gimbutas (1975a), S. 225; vgl. ähnlich Debetz (1973), S. 157 f.
74 Vgl. Gimbutas (1996b), S. 144.
75 Meier/Zschweigert (1997), S. 29.
76 Vgl. Göttner-Abendroth (1995), S. 97.
77 Meier/Zschweigert (1997), S. 28.

6 Bronzezeit

Mutter!
Schöpfer meines Lebens!
Verantwortungsvoll!
Schenkt neues Leben
den toten Seelen.
Sichert die Zukunft.
Licht im Dunkeln.

Benjamin H., 13 Jahre[1]

6.1 Spezifische Merkmale

Name, Zeit und Ort

Die Bronzezeit ist die zweite Epoche des Drei-Periodensystems der Archäologie, in der hauptsächlich Bronze zur Herstellung von Werkzeugen und Waffen verwendet wurde. Bronze ist eine Sammelbezeichnung für Legierungen, die zum größten Teil aus Kupfer (ca. 90 %) und einem geringeren Teil (ca. 10 %) aus Zinn, Arsen, Antimon, Nickel oder anderem bestehen.[2] Sie zeichnet sich gegenüber von Kupfer durch eine höhere Härte aus und fließt leichter. Deshalb konnten mit der Erfindung der Bronze auch größere Gegenstände im Gussverfahren gefertigt werden.[3] Die bisher ältesten bekannten Stücke aus dem Gebiet nördlich des Schwarzen Meeres stammen bereits aus der Mitte des 4. Jts. v.d.Zt.[4] Dort vollzog sich von ca. 3500 bis 2900 v.d.Zt. erst eine Übergangsphase von der Kupfersteinzeit zur Bronzezeit, bevor sich die Verwendung von Bronze für Waffen und Werkzeuge gegenüber Stein endgültig durchsetzte.[5] In Europa begann die Bronzezeit ca. 2200 v.d.Zt. und endete zwischen 1100 und 800 v.d.Zt. mit dem Aufkommen von Eisen als Werkstoff.[6] Die Bronzemetallurgie im Nordschwarzmeerraum hat sich nach Gimbutas (1994) nicht aus der einheimischen Kupfermetallurgie entwickelt, sondern die Bronzegegenstände würden denen aus dem nördlichen Kaukasus, Transkaukasien und dem Nahen Osten ähneln.[7] Im Nordkaukasus tauchten Bronzegegenstände mit der Majkop-Kultur (ca. 4200-3000 v.d.Zt.) auf, die nach den Ausführungen von Munačev (1998) nicht mit denen aus Transkaukasien und Anatolien übereinstimmen würden, sondern vor allem mit solchen aus dem Nahen Osten. Er vertritt die These, dass einwandernde Bevölkerungsgruppen aus Nordmesopotamien und Syrien die Majkop-Kultur und deren Metallindustrie beeinflussten.[8] Parzinger (2006) geht aufgrund der Funde von Arsenbronzen und importierten Gegenstände aus der Zeit der Majkop-Kultur in jene der Grubengrab-Kultur davon aus, dass die Erze für die Herstellung der Bronze aus dem Ural und aus dem Kaukasus stammen dürften.[9] Mit der Bronzemetallurgie setzte ein tief greifender Wandel in ganz Europa ein.

Kulturen

Im Gebiet nördlich des Schwarzen Meeres hielten sich um 3500 v.d.Zt. zwischen Pruth und Dnepr die „Ackerbauern" der Tripol'e-

Kultur und zwischen Dnepr und unterer Wolga die „Viehzüchter" der Chvalynsk-Srednij Stog-Gemeinschaft (Chvalynsk-Kultur, Srednij Stog-Kultur und Repin-Kultur) auf.[10] In der **Übergangsphase von der Kupfersteinzeit zur Bronzezeit (ca. 3500-2900 v.d.Zt.)** fanden nach Dergačev (1998) in Mittel-, Südost- und Osteuropa weitere „Kulturtransformationen" statt.[11] An die Chvalynsk-Srednij Stog-Kultur schloss sich die frühe Grubengrab-Kultur (auch: Ockergrab-Kultur) an, die in der russischen Fachliteratur „jamnaja kul'tura" genannt wird.[12]

Der nordpontische Raum wurde in dieser Periode u.a. auch von der Majkop-Kultur (ca. 4300-2900 v.d.Zt.) aus dem Nordkaukasus beeinflusst, die durch reich ausgestattete „Fürstengräber" in Form von Grabhügeln mit Totenhäuser und Bronzemetallurgie gekennzeichnet ist.[13] Die Funde aus der Höhensiedlung Michajlovka am unteren Dnepr zeigen Ähnlichkeiten mit denen aus den Steinkammergräbern von der Krim und aus dem Nordkaukasus sowie aus den Hügelgräbern der späten Tripol'e-Kultur (Typ Ustavo).[14] Die nach dieser Siedlung benannte Michajlovka-Kultur entstand vermutlich um 3300 v.d.Zt. und trennte für kurze Zeit die späte Tripol'e-Kultur von der Grubengrab-Kultur.[15]

Ab ca. 3500 v.d.Zt. veränderten sich bei der Tripol'e-Kultur – vermutlich aufgrund der eingewanderten „Viehzüchter" – die Siedlungsanlagen, die Wirtschaftsweise, die Bestattungssitten und die sozialen Strukturen. Seit dieser Zeit lassen sich im Gebiet der „Ackerbauern" verstärkt die Kennzeichen der Kultur der „Viehzüchter" nachweisen, wie z.B. Grabhügel (Kurgane), Waffen und Werkzeuge aus Bronze (Dolche, Messer, Dolchstäbe, Meißel, Flachäxte, durchbohrte Streitäxte), zoomorphe Steinzepter, durchbohrte Hornanhänger (Trensen) sowie die Muschelmagerung bei der Keramik, die bereits im Gräberfeld S'ezzhee (um 5000 v.d.Zt.) im Wolga-Gebiet auftrat.[16] Im Gegensatz dazu kam die typische bemalte Keramik der Tripol'e-Kultur auch eine gewisse Zeit vereinzelt im Areal der „Viehzüchter" bis zum Nordkaukasus vor.[17] Die Häuser der späten Tripol'e-Kultur wurden ab dieser Zeit auch auf hohen, natürlich befestigten Landvorsprüngen und Steilstellen errichtet und mit Befestigungsanlagen sowie Schutzwällen versehen.[18] Im Zuge der Assimilationsprozesse entstanden aus der Tripol'e-Kultur verschiedene Untergruppen, die Dergačev (1991) in neun Varianten der späten Tripol'e-Kultur (Stufe C2) gliedert (siehe Tab. 17).

Späte Tripol'e-Kultur	**Gebiet**
Typ Brînzeni und Typ Gordinesti	Mittlerer Pruth, oberer Dnestr und Bug
Typ Vychvatincy	Mittleres Dnestr-Gebiet
Typ Ustavo	Untere Dnestr und Bug
Typ Serezlievka	Unterer südlicher Bug
Typ Trojanov und Typ Gorodsk	Wolhynien
Typ Lukasi und Typ Sofievka	Mittleres Dnepr-Gebiet

Tab. 17: Gliederung der späten Tripol'e-Kultur (ca. 3400-2900 v.d.Zt.) Quelle: Vgl. Dergačev (1991), Tafel 2.

In der archäologischen Fachliteratur gibt es zu dem Wandel im nordpontischen Raum unterschiedliche Auffassungen. Gimbutas (1996b) vertritt die Hypothese, dass die Träger der Majkop-Kultur aus dem Nordwestkaukasus um 3500/3400 v.d.Zt. und die der frühen Grubengrab-Kultur (frühe Jamnaja-Kultur) aus dem Wolgabecken um ca. 3000/2900 v.d.Zt. kriegerisch die Gebiete der „Ackerbauern" eroberten.[19] Gegen diese These wendet sich Häusler (1998) und begründet es mit Funden von Metalldolchen, die nach einer Untersuchung von Vajsov (1993) auf Vorbilder aus Südosteuropa zurückgehen.[20] Dergačev (1998) hält in Bezug auf die späte Tripol'e-Kultur „Kulturbeziehungen zu den Steppenvölkern des Osten", Kontakte zur Trichterbecher-Kultur bzw. späteren Kugelamphoren-Kultur (Mitteleuropa), Kontakte nach Südosteuropa (Cernavoda-Kultur II) und einem gewissen Einfluss der Majkop-Kultur für möglich.[21] Rassamakin (2004) dagegen sieht in der späten Jamnaja-Kultur (ca. 2900-2400 v.d.Zt.) ein „Produkt einer globalen ökologischen und gesamtkulturellen Krise", bei der die Ackerbaukultur unterging.[22] Die verschiedenen Thesen zeigen, dass Wanderbewegungen aus der vorgeschichtlichen Zeit anhand der archäologischen Funde bisher nur fragmentartig nachvollzogen werden können.

Die Träger der Grubengrab-Kultur hatten nicht nur mit nördlichen Gruppen Kontakt, sondern sie dehnten Ihren Herrschaftsbereich in der **Periode von 2900-2400/2200 v.d.Zt.** immer weiter westlich und südlich aus. Die kriegerischen Auseinandersetzungen führten zum endgültigen Untergang der ackerbautreibenden Tripol'e-Kultur und es entstand eine einheitliche Kulturgemeinschaft der Grubengrab-Kultur (auch: Jamnaja-Kulturgemeinschaft), die sich vom Ural und dem Kaukasus bis zur mittleren Donau und dem Südbalkan erstreckte.[23]

Im Baltikum drang um 2900/2500 v.d.Zt. die Schnurkeramik-Kultur (Streitaxtkultur) ein, die sich im östlichen Baltikum, oberen Dneprbekken, Zentralrussland bis an den Rhein und von den Alpen bis nach Südschweden ausbreitete. Ihren Namen erhielt sie durch die typischen Schnurverzierungen an der Keramik. Außerdem sind für diese patriarchale Hirtenkultur Streitäxte typisch.[24] Nach Gimbutas (1963/1983) handelt es sich bei den Schnurkeramikern und ihren Vorgängern der Kugelamphoren-Kultur nicht um „Volksstämme aus dem Osten", sondern überwiegend um indoeuropäisierte Mitteleuropäer, die sich vermutlich mit Volksresten der Trichterbecherkultur und Cucuteni-Tripol'e-Kultur vermischten. Im Baltikum angekommen, vermischten sie sich dort mit der einheimischen Bevölkerung, wodurch die ostbaltischen Stämme entstanden seien.[25]

Während der **Periode von 2400/2200-1800 v.d.Zt.** entwickelte sich aus der Grubengrab-Kultur und eingewandernden Stämmen in der Mitte des 3. Jts. v.d.Zt. von der unteren Wolga bis zur Donau und südlich bis an den Nordkaukasus die Katakombengrab-Kultur (ca. 2450-1950 v.d.Zt.), die auch „katakombnaja kul'tura", Katakomben-Kultur, Katakombengräber-Kultur oder Grubengrab-

Katakomben-Kultur bezeichnet wird.[26] Archäologisch veränderte sich die Grabform. Statt in Grubengräbern wurden die Toten in Katakomben (Grabkammern) begraben. Wie anzunehmen ist, herrschte die nomadische Lebensweise vor, da feste Siedlungsanlagen, die über einen längeren Zeitraum genutzt wurden, bislang aus dieser Periode unbekannt sind.[27]

In der **Periode 1800/1700-800 v.d.Zt.** brechen im Nordschwarzmeerraum die großen Steppengemeinschaften der Katakombengrab-Kultur und späten Grubengrab-Kultur in verschiedene regionale Gruppen auseinander.[28] Im Wesentlichen gehören dazu die

- Kultur mit Mehrwulstkeramik (ca. 1700-1500 v.d.Zt.)
- Balkengrab-Kultur bzw. „srubnaja kul'tura" (ca. 1500-1300 v.d.Zt.)
- Sabatinovka-Kultur (ca. 1400-1200 v.d.Zt.)
- Belozerka-Kultur (ca. 1200-1000 v.d.Zt.)
- Černogorovka-Kultur (ca. 1000-800 v.d.Zt.)

Etwas ausführlicher beschreibt Parzinger (2006), aber auch Ostroščenko (1991) die Herausbildung dieser archäologischen Kulturen.[29] Während der Bronzezeit überwog im Süden Russlands die Viehwirtschaft. Černych, Antipina und Lebedeva (1998) erwähnen, dass in dieser Periode in den untersuchten Gebieten (vom nordwestlichen Schwarzmeergebiet bis zum Ural) ein großer Teil der Nahrung aus tierischen Eiweißen bestand.[30] Die „Viehzüchter" lebten in weniger festen Wohnanlagen. Von einigen Kulturen (z.B. Belozerka-Kultur) sind aber auch Siedlungsanlagen bekannt. Im 9. Jh. v.d.Zt. begann die Zeit der antiken Reiternomaden und die Eisenmetallurgie kam auf.[31]

Die bereits in der Kupfersteinzeit im unteren Wolgabecken und im Nordkaukasus auftretenden Grabhügel (Kurgane) setzten sich während der Bronzezeit im nordpontischen Raum immer stärker durch.

6.2 Archäologie

6.2.1 Bestattungen

Periode von ca. 3500-2900 v.d.Zt.

Durch die Wanderungen kommen im Gebiet der **späten Tripol'e-Kultur** zwischen 3500-2900 v.d.Zt. neben Flachgräbern auch Hügelgräber vor. Zu dieser Zeit existierten dort heterogene Grab- und Bestattungssitten.[32] In Flachgräbern vom Typ Vychvatincy wurden die Toten größtenteils in seitlicher Hockerlage, auch mit Ockerstreuung an der Sohle begraben. Unabhängig von Geschlecht und Alter enthielten sie in 95 % der Fälle Gefäße mit Nahrung oder Getränken. Männern wurden vor allem Werkzeug und Schmuck, Frauen dagegen bemalte Keramik und Spinnwirtel beigegeben (Typ Vychvatincy). Vereinzelt kamen in den Flachgräbern vom Typ Sofievka anthropomorphe Statuetten vor. Aber auch in den Kindergräbern vom Typ Vychvatincy wurden neben Klappern, Schmuck und Spinnwirteln anthropomorphe Statuetten gefunden. Der Brauch, die Toten in oder neben der Siedlung zu begraben, lag beim Typ Gordinesti vor. Die Hügelgräber der späten Tripol'e-Kultur vom Typ Ustavo bergen meist ein Zentralgrab und zwei bis sechs Bestattungen in verschiedenen Teilen der Anlage. Die Hügel sind mit Steinkränzen umgeben und Stelen mit anthropomorphen oder zoomorphen Motiven sind zu finden. Im Unterschied zu den Flachgräbern treten hier verstärkt – vor allem in Zentralgräbern – Metallobjekte auf, die größtenteils aus arsenhaltiger Bronze bestehen, wie z.B. Dolche, Hohlbeile und Meißel. Stammesfürsten wurden mit reichen Beigaben begraben. Die seitlichen Hocker, gelegentliche Ockerstücke, bemalte Keramik und anthropomorphe Statuetten entsprechen ähnlichen Sitten wie bei den Flachgräbern.[33] Bei den Hügelgräbern vom Typ Serezlievka lagen die anthropomorphen Statuetten vor allem in Kindergräbern (am Kopf des Kindes).[34]

Hügelgräber sind ein spezifisches Merkmal der Majkop-Kultur im Nordwestkaukasus, der Chvalynsk-Srednij Stog-Gemeinschaft und der frühen Grubengrab-Kultur (Jamnaja-Kultur) im Wolga-Gebiet. Die **Majkop-Kultur** (ca. 4200-3200 v.d.Zt.) ist bekannt durch außergewöhnlich reiche Fürstengräber mit Gold- und Silberschmuckgegenständen, zoomorphen Figuren und Waffen, die auf Verbindungen nach Mesopotamien hindeuten.[35] In der späteren Phase dieser Kultur erschienen im Nordkaukasus so genannte Novosvobodnaja-Steingräber, die nach Rezepkin (2000) nicht auf die Majkop-Kultur zurückgehen, sondern in Verbindung mit der Trichterbecher-Kultur (Nord- und Mitteleuropa) stünden. Kennzeichnend sind Steinstelen bei den vorgenannten Gräbern (vgl. Kap. 6.2.5).[36]

Bei der **frühen Grubengrab-Kultur** (Jamnaja-Kultur), die der Chvalynsk-Kultur (ca. 5000-4500 v.d.Zt.) im Gebiet der unteren Wolga spätestens um 3500 v.d.Zt. folgte, wurden die Toten in Grubengräbern unter Kurganaufschüttungen bestattet und auch mit Ocker bestreut.[37] Statt Steinhügel, wie bei der Chvalynsk-Kultur, wurden meist niedrige Erdhügel über Grubengräber angelegt.[38] In der Regel erhielten die Toten in einfachen Gräbern bescheidene Grabbeigaben, wie z.B. mit Schnurabdrücken verzierte Keramik, Messer aus Feuerstein oder Bronze, Kupferahlen oder Schleifsteine.[39]

Periode von ca. 2900-1800/1700 v.d.Zt.

Mit dem Vordringen der Träger der **Grubengrab-Kultur**, setzten sich auch einheitliche Bestattungssitten im gesamten nordpontischen Raum bis zum Ural durch. Diese große Gemeinschaft aus verschiedenen Kulturen (Jamnaja-Kulturgemeinschaft) begrub die Toten in Grubengräbern. Die darüber aufgeschütteten Grabhügel (Kurgane, Tumili) wurden zum spezifischen Merkmal der Steppe. Teilweise umkränzten Stein- oder auch Holzstelen die Grabanlagen (vgl. Kap. 6.2.5). Männliche Krieger, Führer oder „Fürsten" erhielten reiche Grabausstattungen. Zum Teil wurden sogar Wägen mit in die Gräber gegeben.[40] Etwas später um ca. 2400 v.d.Zt. trat im nordpontischen Gebiet eine neue Grabform – Grubengräber mit Grabkammern (Katakomben) – auf, die zu der Bezeichnung der **Katakombengrab-Kultur** führte. Häusler geht davon aus, dass es sich nicht um eine separate Kulturerscheinung handelt, sondern um eine, die in Verbindung mit der Grubengrab-Kultur steht und nennt sie deshalb „Grubengrab-Katakomben-Kultur" bzw. „Ockergrab-Katakomben-Kultur".[41] In *Lübbes Enzyklopädie der Archäologie (1980)* wird erwähnt, dass die Träger dieser Kultur „ . . . möglicherweise eine männliche Gottheit mit Axt, Bogen (oder Schlange?) und Szepter" verehrten.[42] Ein Teil der Forscher sieht in ihnen die Vorfahren der Kimmerier (vgl. Kap. 6.3).

Die Träger der **Schnurkeramik-Kultur** im Norden (auch: Streitaxt-Kultur, Bootaxt-Kultur) bestatteten die Toten in Einzelgräbern unter einem niedrigen Erdhügel in Hockerlage mit Streitäxten aus Stein (Männer), Trinkgefäßen, Werkzeugen und Schmuck. Häusler (1998) gibt an, dass ab diesem Zeitpunkt vom Mitteldnepr bis zur Nordukraine sich die Lage der Toten änderte. Es traten bipolare, geschlechtsdifferenzierte Hockerlagen auf. Männer lagen meist auf der rechten Seite und Frauen auf der linken Seite, eine Bestattungsform, die sich um ca. 1500 v.d.Zt. in Europa wieder verlor.[43]

Periode von ca. 1800/1700-800 v.d.Zt.
Aus dieser Zeit sind Kriegerbestattungen mit Streitwagen und Waffen als Beigaben (Feuersteinpfeilspitzen, Streitäxte aus Bronze, Bronzespeerspitzen) in großen Gruben unter Kurganen und auch bei Pferdebestattungen bekannt.[44] Nach Parzinger (2006) ließen sich in den einfachen Gräbern der Mehrwulstkeramik-Kultur, Balkengrab-Kultur und Belozerko-Kultur nur wenige Beigaben finden.

6.2.2 Keramik

Die bemalte Keramik der Tripol'e-Kultur mit ihren großartigen Verzierungen in Form Spiralen, Mäandern, Dreiecken, Netzmotiven, Rhomben und Sanduhrenfiguren wurde in weiten Teilen der nordpontischen Steppe und auch bis in den Vorkaukasus gefunden (vgl. Kap. 5.6 und 6.6).[45] Jedoch verschwindet sie im Laufe der frühen Bronzezeit und stattdessen kommt immer häufiger die Keramik der Steppennomaden vor mit zoomorphen Motiven, Schnur- und Kammabdrücken und aus mit Muscheln bzw. Steinen gemagertem Ton.[46] Im Gegensatz zur Tripol'e-Keramik sind die Gegenstände kaum verziert und schlechter gebrannt. Die typische Muschelmagerung erschien bereits um 5000 v.d.Zt. bei der Keramik der Samara-Kultur (Friedhof S'ezzhee) sowie später bei der Srednji Stog II-Kultur am unteren Dnepr.[47] Die Keramik aus der Siedlung Michajlovka (3300-2800 v.d.Zt.) ist ebenfalls durch Schnureindrücke, Sonnenmotive und Kugelamphoren gekennzeichnet.[48]

6.2.3 Kleinkunst

Während der Bronzezeit lassen sich in Europa und Asien unterschiedliche Typen von weiblichen anthropomorphen Statuetten unterscheiden. Kšica (1989) erwähnt, dass ein Teil eher realistische Züge aufweist (z.B. die Schlangengöttin von Kreta) und andere dagegen stark schematisiert und abstrahiert sind. Sie wurden aus Ton, Speckstein, Konglomeraten oder Bein hergestellt. Die Statuetten aus Turkmenistan und Afghanistan heben sich von allen anderen durch einen besonders originellen Stil hervor.[49] Nach Schlette (1988) hat in der Bronzezeit die Zahl der erhalten gebliebenen weiblichen Plastiken – außer in Vorderasien, dem Mittelmeerraum und auf dem Balkan – stark abgenommen.[50]

Späte Tripol'e-Kultur

Anthropomorphe Statuetten aus der Endphase dieser Ackerbaukultur stammen aus Siedlungen, Flachgräberfeldern und Hügelgräbern. Ihr Aussehen hat sich verändert, der kulturelle Wandlungsprozess wirkte sich auch auf die Form der Statuetten aus. Im Folgenden werden die Funde von den verschiedenen Typen der späten Tripol'e-Kultur nach Dergačev (1991) vorgestellt.

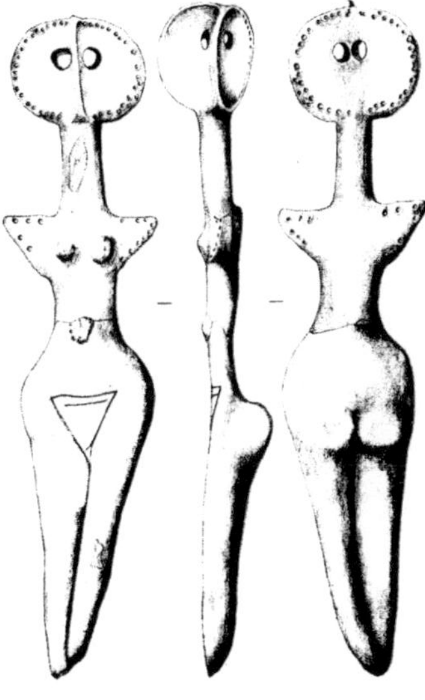

Abb. 13: Tripol'e-Statuette (Typ CII) von Vychvatincy Quelle: Pogoševa (1985), S. 233, Abb. 981.

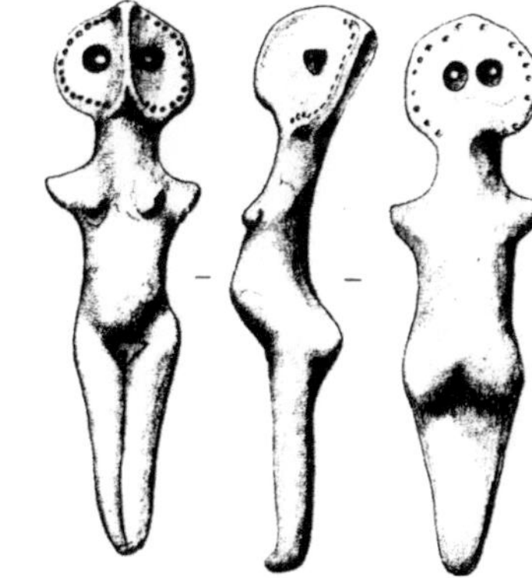

Abb. 14: Tripol'e-Statuette (Typ CII) von Vychvatincy Quelle: Pogoševa (1985), S. 234, Abb. 982.

Abb. 15: Tripol'e-Statuette (Typ CII) von Ustavo Quelle: Pogoševa (1985), S. 238, Abb. 1043.

Abb. 16: Tripol'e-Statuette (Typ CII) von Ustavo Quelle: Pogoševa (1985), S. 240, Abb. 1050.

Im Boden der Fundorte vom Typus Vychatincy (Mittlerer Dnestr) wurden überwiegend weibliche Statuetten entdeckt. Von 15 der bei Dergačev (1991) angegebenen anthropomorphen Statuetten sind 10 weiblich (65 %). Sie ähneln meist Vogelgestalten mit Schnäbeln anstelle von Nasen sowie Stummelflügeln statt Armen (vgl. Abb. 13 und 14). Das Geschlechtsdreieck wurde sehr betont und die Brüste sind durch kleine Knubben angedeutet. Eine Statuette besitzt einen Bauch wie eine schwangere Frau. Die Figuren lagen größtenteils in Kindergräbern. Von 10 Gräbern mit Statuetten waren 8 Kindergräber (80 %). Ähnlichkeiten bestehen auch zu Funden in den Gruppen vom Typus Brînzeni (Prut-Dnestr), Trojanov und Gorodosk (Wolhynien).[51]

Der Typus Ustavo (Unterer Dnestr) stellt eine andere Form von anthropomorphen Statuetten dar, die sehr abstrahiert ist. Die Figuren ähneln Flaschen und tragen vereinzelt Brustansätze, die auf das weibliche Geschlecht hindeuten (vgl. Abb. 15 und 16). Die meisten Statuetten stammen aus Kurganen, manche auch aus Flachgräberfeldern (Gräber, Kultgruben). Zoomorphe Statuetten, wie z.B. Stierköpfe aus Kalkstein, wurden ebenfalls gefunden.[52]

Ähnlich stark abstrahiert sind die Statuetten vom Typus Serezlievka (Südlicher Bug), deren Geschlecht

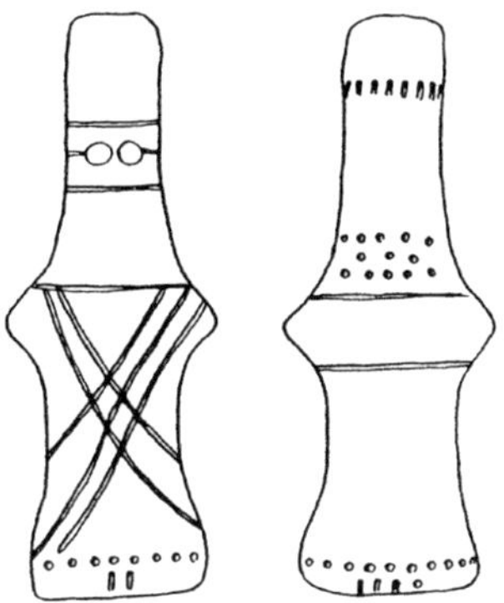

Abb. 17: Tripol'e-Statuette (Typ CII) von Serezlievka (Nr. 69), Kurgan 7 Quelle: Dergačev (1991), Tafel 90, Nr. 3.

oft nicht bestimmbar ist. Dergačev interpretiert sie als anthropomorphe Statuetten (vgl. Abb. 17). Rassamakin (2004) erwähnt, dass sie gewöhnlich als stark stilisierte und schematisierte Frauenstatuetten gesehen werden.[53] In fast jedem Grab wurden beim Kopf des Bestatteten (meist Kindern) ein oder mehrere Statuetten gefunden, die häufig mit vielen Ritzlinien und mit roter Ockerpaste verziert waren.[54]

Bei der Untergruppe vom Typus Gordinesti (Oberer Prut) der späten Tripol'e-Kultur treten einzelne anthropomorphe Statuetten auf, die zum größten Teil weiblich sind.[55]

Aus den Siedlungen vom Typus Lukaši am mittleren Dnepr wurden stehende und seltener sitzende weibliche Statuetten geborgen. In Abb. 18 ist ein Exemplar dargestellt. Dergačev gibt an, dass sie denen der mittleren Tripol'e-Kultur sehr ähneln.[56]

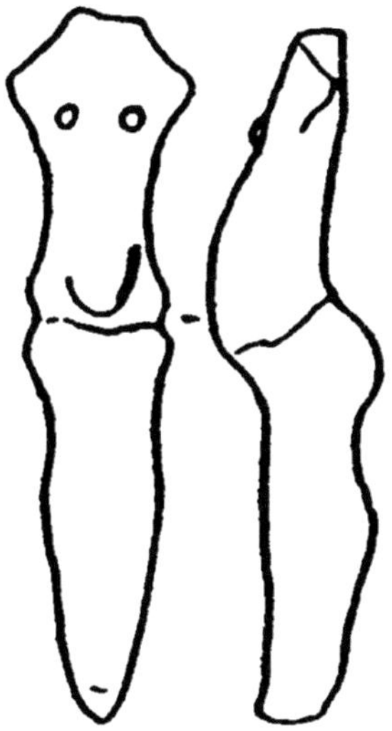

Abb. 18: Tripol'e-Statuette (Typ CII) vom Typus Lukaši aus Keramik Quelle: Dergačev (1991), Tafel 10, Nr. 9.

Vom Typus Sofievka (Mittlerer Dnepr) hat man nur wenige Statuetten gefunden, die aber alle stark stilisiert sind (vgl. Abb. 19).[57]

Die bereits aus der Altsteinzeit bekannte Tradition, vorwiegend weibliche anthropomorphe Statuetten herzustellen, blieb auch in der späten ackerbautreibenden Tripol'e-Kultur erhalten. Vor allem Kindern wurden sie ins Grab gegeben. Nach Gimbutas (1996b) stellen die Figuren Göttinnen dar, die nach ihrer Klassifikation die Vogelgöttin und die schwangere Göttin abbilden könnten.[58] Mit der zunehmende Assimilation ging die Tripol'e-Kultur unter und so auch ihre Art der künstlerischen Darstellungen von Statuetten. Die Steppennomaden dagegen fertigten nur vereinzelt anthropomorphe Figuren an, die sehr stilisiert waren. Hier kommen häufiger zoomorphe Plastiken vor, vermutlich weil die Viehzucht im Vordergrund stand und/oder andere Götter verehrt wurden.

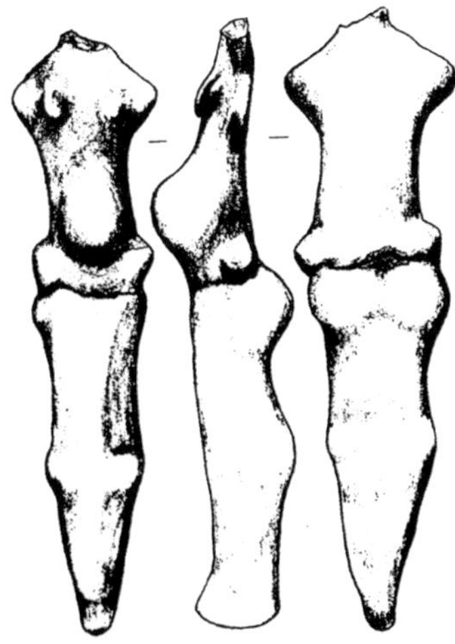

Abb. 19: Tripol'e-Statuette (Typ CI-II) von Sofievka II Quelle: Pogoševa (1985), S. 231, Abb. 960.

Narva-Kultur

Die Träger der Narva-Kultur im Baltikum fertigten gegen Ende des 4. Jts. v.d.Zt. anthropomorphe Figuren mit Masken und eulenartigen Gesichtszügen aus Bernstein an, die den jung- und kupfersteinzeitlichen Statuetten aus Süd- und Südosteuropa ähneln.[59] In Šventoji (Westlitauen) wurden neben verschiedenen Schnitzereien aus Knochen, Geweih und Holz, die Tiere (Wasservögel, Elchkühe, Eulen) abbilden, auch eine ca. zwei Meter hohe Holzstange mit einem Kopf an der Spitze gefunden. Das menschenähnliche Gesicht könnte nach Gimbutas (1996b) eine so genannte Eulengöttin darstellen (vgl. Abb. 20).[60]

Abb. 20: Holzplastik, etwa 2 Meter hoch, wahrscheinlich Darstellung einer Eulengöttin lt. Gimbutas; Šventoji, Westlitauen Quelle: Gimbutas (1996 b), S. 150, Abb. 4.30 (1).

Okunev-Kultur

Im Süden Sibiriens wurden von der Okunev-Kultur (ca. 2400-1900 v.d.Zt.) Statuetten, die Frauenköpfe tragen, geborgen. Sie wurden aus Stein oder Knochen hergestellt und sind ca. 3-6 cm lang. In jedem Grab kamen ein bis fünf Exemplare zu Tage. Einige sind in Abb. 21 dargestellt. Die Plastiken weisen eine gewisse Ähnlichkeit mit dem o.g. Holzstab aus Šventoji auf (vgl. Abb. 20). Nach Grjasnov (1970) handelt es sich bei den Statuetten von der Okunev-Kultur um Kultfiguren, die wahrscheinlich die „basuškis – Urmütter" darstellen. Diese Tradition hat sich bis in die jüngste Vergangenheit bei einigen Völkern auf den Sajan und Altai gehalten. Die Figuren wurden immer gleich hergestellt und von der Mutter auf die Kinder vererbt. Basuškis „galten als Vorfahren und Beschützer der Familie".[61]

Abb. 21: Urmütter Quelle: Grjasnov (1970), Abb. 7.

6.2.4 Felskunst

Aus Kamennaja Mogila nördlich des Asovschen Meeres bei Melitopol' stammen Felsbilder, auf denen ins Joch gespannte Ochsen, die einen Pflug ziehen, abgebildet sind. Sie werden als Hinweis gedeutet, dass vor ca. 3500-3000 v.d.Zt. der Pflug bekannt war. Ähnliche Felsbilder wurden auch in Mitteldeutschland (Züschen) und Norditalien (Val Camonica) gefunden.[62] Ein geschlossenes Zentrum der Felsbildkunst in Eurasien bilden die Felsbilder in Karelien, Skandinavien und Sibirien, denn es tauchen dort die gleichen Motive auf, vor allem Fruchtbarkeitssymbole, Sonnenscheiben, Boote, Schlangen, menschliche Fußsohlen und anthropomorphe Gestalten.[63] Die karelischen Felsbilder hat Ravdonikas (1938) sorgfältig erfasst und dokumentiert.[64] 1935 waren bereits ca. 700 Felsbilder bekannt, aber lediglich 100 veröffentlicht.[65] Sie könnten zwischen der Mitte des 4. Jts. v.d.Zt. bis zum Anfang des 2. Jts. v.d.Zt. entstanden sein, jedoch ist die Datierung der Bilder nicht einfach und in der Literatur liegen unterschiedliche Angaben vor.[66] Am Weißen Meer überwiegen Darstellungen von Booten, am Onega-See dagegen Vögel. Dort kommen auch Waldtiere, Sonnen- und Mondsymbole, anthropomorphe Gestalten sowie anderorts kaum zu findende Figuren vor, wie z.B. Dämon, menschliches Bein, Wels, Hund, Otter, Biber, Robbe, Fische, Stäbe oder Bäume.[67] Es wurde auch versucht, zur Interpretation der Felsbilder überlieferte Texte aus der Folklore, Mythen und Legenden heranzuziehen. Sie stellen zwar keine „Chroniken" im ursprünglichen Sinn dar, aber sie können durchaus wahre Fragmente aus „fernen" Zeiten enthalten.[68]

Am Onega-See treten wiederholt „Zeugungsszenen" auf, bei denen es sich um „Hochzeitsrituale" im Frühjahr handeln könnte. Jedoch werden diese Abbildungen in der Literatur unterschiedlich interpretiert. Auch die Geburt eines Kindes wurde an Felswänden festgehalten.[69] Hervorzuheben ist außerdem eine „tanzende" weibliche Gestalt mit erhobenen Armen und gespreizten, leicht angewinkelten Beinen, die nach Ravdonikas mit ihren üppigen Brüsten den altsteinzeitlichen Statuetten bzw. „Urmüttern" sehr ähnlich sieht. Lauškin interpretiert sie als eine „Sonnenmutter", die für Fruchtbarkeit und die „Einheit und das Wohlergehen der Sippe" sorgt (vgl. Abb. 22).[70] Auf ihre göttliche Funktion könnten auch die erhobenen Arme deuten, die die so genannte „Orante-Haltung" darstellen und bei vielen Göttinnen-Plastiken und Bildern vorkommt (vgl. auch Kap. 6.6 und 6.10). Es handelt sich um eine der ältesten Gebetshaltungen, die später die frühchristliche Kirche übernommen hat. In *Knaurs Lexikon der Symbole* (1989) wird erwähnt, dass „(a)uf Marienbildern der Ostkirche . . die Gottesmutter nicht selten in der Orans-Haltung abgebildet (wird), während die Geste im Okzident an Bedeutung verlor."[71]

Abb. 22: Tanzende Frau mit großen Brüsten und erhobenen Armen als Sonnenmutter gedeutet Quelle: Savvateev (1984), S. 103.

6.2.5 Große Steine

Seit mindestens 3500 v.d.Zt. wurden im nordpontischen Raum Steinstelen aufgestellt.[72] Unter Stelen (griech.) werden aufrecht stehende

Steinpfeiler oder -platten verstanden, auf denen Zeichen eingeritzt oder Reliefe herausgearbeitet sind.[73] Üblich für behauene oder unbehauene Steine, die bis zu 20 m hoch sein können, ist auch die bretonische (keltische) Bezeichnung Menhir („men – Stein" und „hir – lang").[74] Im Allgemeinen werden unterschieden:

- einzelne Stelen/Menhire
- Steinreihen (ca. 200-1500 m lang; z.B. Externsteine in Deutschland)
- Steinkreise (kelt. Cromlechs: crom = Stein und lech = Ort; z.B. Stonehenge in England)

Sie markieren besondere Hügel, Grab-, Kult- oder Versammlungsstätten.[75] Diese Tradition ist typisch für die so genannten Megalithkulturen, deren Träger aus großen Steinblöcken Kultanlagen errichteten (vgl. Kap. 5.2). Die Megalithkultur gehört nicht zu einem bestimmten Volk, sondern ihr Kult ist weltweit über mehrere archäologische Epochen verbreitet und mit einem bestimmten Glauben verbunden.[76]
Im Gegensatz zu den west- und nordeuropäischen Megalithbauten werden die nördlich und östlich des Schwarzen Meeres liegenden kaum in der Literatur erwähnt.[77] Dort errichteten die Träger der Ustavo-Gruppe, der Grubengrab-Kultur und der Katakombengrab-Kultur aufrecht stehende Steinpfeiler. Häusler (1966) erwähnt, dass früher möglicherweise Archäologen Stelen nicht als Stelen identifizierten und daher megalithische Denkmäler unentdeckt blieben.[78] Große, aufrecht stehende Steine galten bei vielen Völkern als heilig.[79] Nach James (1960) gehört die Verehrung der Muttergöttin zur Megalithkultur und offenbart sich u.a. durch die Symbolik auf Menhire-Statuen, wie z.B. in der Bretagne oder im Pariser-Becken.[80] Die Stelen tragen oft bestimmte Merkmale, die ein weibliches oder/und männliches Geschlecht andeuten. Weibliche Stelen besitzen herausgearbeitete bzw. angedeutete Brüste oder auch Halsketten. Zu den männlichen Zeichen zählen Äxte, Keulen, Bögen, Köcher und Pfeile. Gimbutas (1996b) vertritt die Auffassung, dass die Stelen im nordpontischen Gebiet und im Kaukasus sich von den vorbronzezeitlichen in Frankreich und Italien unterscheiden, da sie oftmals männliche Zeichen tragen, die eher auf Krieger oder männliche Gottheiten (z.B. Gott des strahlenden Lichts oder Donnergott) hindeuten, die aus indoeuropäischen Mythen bekannt sind.[81] Häusler sieht aber bei den südrussischen Stelen durchaus Parallelen zu den westeuropäischen.[82] In Abb. 23 ist eine Stele der späten Tripol'e-Kultur abgebildet. Auf ihr ist u.a. eine weibliche Gestalt vom Sanduhr-Typus dargestellt (vgl. auch Kap. 6.6).

*Abb. 23: Stele aus Aufschüttung eines Kurganfriedhofes der späten Tripol'e-Kultur (Ustavo)
Quelle: Dergačev (1991), Tafel 66 Nr. 2.*

In Südsibirien werden zahlreiche Steinstelen der Okunev-Kultur zugehörig gesehen, bei denen oftmals die Brüste herausgearbeitet sind. Das gewöhnlich nur angedeutete Gesicht wurde fast immer mit einem dritten Auge versehen. Nach Grjasnov (1970) repräsentieren die Steine die Göttin bzw. „Urmutter".[83]

6.2.6 Soziale Strukturen

Durch den Wandel während der Bronzezeit veränderten sich die wirtschaftlichen, sozialen und religiösen Strukturen. Einen entscheidenden Faktor stellte bei dieser Entwicklung die Entdeckung der Bronze dar. Die Handwerker, die Werkzeuge und Waffen aus Bronze herstellten und die Krieger, die Eroberungszüge unternahmen, waren geachtet und erhielten dementsprechend besondere Beigaben mit ins Grab. Als der Pflug eingeführt wurde, veränderte sich auch die Arbeitsteilung im Ackerbau. Die Frauen hatten bisher in erster Linie das Feld bearbeitet. Jetzt pflügten in der Regel die Männer aufgrund ihrer körperlichen Stärke die Äcker und nahmen so die landwirtschaftliche Produktion in ihre Hände. Den Frauen oblag es wahrscheinlich weiterhin, zu säen, zu ernten und die Früchte zu verarbeiten.[84] Die Gräberfunde zeigen eine veränderte soziale Struktur zu Gunsten der Männer, Krieger und Herrscherpersönlichkeiten. Masson (1998) stellt zu dem Vordringen der Grubengrabkultur fest: „Allerdings geben die festgelegten konservativen Bestattungssitten keine Anhaltspunkte für die Schlußfolgerung, daß die egalitäre Sozialstruktur bereits völlig überwunden war."[85] Aber später von ca. 1700-900 v.d.Zt. wurde die Gesellschaft stärker militarisiert und „. . . die sich bildende Militärelite beginnt, die egalitären sozialen Traditionen zu untergraben".[86]

Gimbutas geht davon aus, dass es sich bei den „Viehzüchtern" (Trägern der Grubengrab-Kultur, Michajlovka- bzw. Majkop-Kultur) um Indoeuropäer handelt. Anhand der Archäologie, Sprachwissenschaft und Mythologie zeigt sie, dass die urindoeuropäische Kultur möglicherweise patrilinear und patriarchisch organisiert war. Sie stellt die Unterschiede von den ackerbaubetreibenden Kulturen des „Alten Europas" und den von ihr als „Kurgan-Leuten" bezeichneten Indoeuropäern (Viehzüchtern) in den Bereichen Wohnformen, Wirtschaft, soziale Strukturen und Religion dar.[87]

6.3 Geschichte

Schriftliche Aufzeichnungen aus der Bronzezeit, aus denen Informationen über das Untersuchungsgebiet hervorgehen, liegen bisher nicht vor. Aber in Legenden wird das Nordschwarzmeergebiet zu Beginn des 2. Jts. v.d.Zt. erwähnt. Ein christlicher Schriftsteller Eusebius (4. Jh. n.d.Zt.) berichtet vom Feldzug des assyrischen Königs Ninos, der zu Zeiten Abrahams sehr weit in den Norden vordrang.[88] Das nomadische Reitervolk der Kimmerier (grch.: Κιμμέριοι, akkad.: *Gimirru*, hebr.: *Gomer*) wurde in verschiedenen schriftlichen Quellen ab dem 8. Jh. v.d.Zt. erwähnt. Nach Herodot (IV 1 und 11) bewohnten sie das Gebiet nördlich des Schwarzen Meeres, bevor es die Skythen im 7. Jh. v.d.Zt. eroberten (vgl. Kap. 7.3). Es besteht auch die Auffassung, dass sich die Kimmerier ab ca. 1600 v.d.Zt. im Nordschwarzmeerraum aufhielten.[89] Jedoch entsprechen die Ethnien nicht immer den archäologischen Kulturen, so dass nur vermutet werden kann, welcher archäologischen Kultur die Kimmerier angehörten.[90]

6.4 Religionswissenschaft

Aus archäologischen Funden (Gräbern, Siedlungen, Tempeln und den daraus erhalten gebliebenen Kunstwerken) können religiöse Vorstellungen aus der vorgeschichtlichen Zeit rekonstruiert werden, aber meist handelt es sich nur um fragmentartige Ausschnitte. Trotzdem geben sie wichtige Hinweise zu prähistorischen Religionen. In der Übergangszeit von der Kupfersteinzeit zur Bronzezeit treten im Gebiet der Tripol'e-Kultur noch weibliche anthropomorphe Statuetten und bemalte Keramiken mit den bereits aus der Altsteinzeit bekannten Symbolen auf. Aber im Laufe der Assimilation der verschiedenen Stämme verlieren sich diese Elemente. Stattdessen erscheint auf Stelen und in Totenhäusern ein Zeichensystem, das mit Kriegern, Vater- oder Kriegsgöttern verbunden sein könnte. Gimbutas stellt beide Religionsformen gegenüber (siehe Tab. 18).

Tab. 18: Gegenüberstellung der Religion der Göttin und der indoeuropäischen Religion
Quelle: Vgl. Gimbutas (1996b), S. 399 f.

	Vorindoeuropäische Religion (Religion der Göttin)	Indoeuropäische Religion
Merkmale	• Mysterium des Zyklus von Geburt, Tod und Erneuerung des Lebens	• Kult der Sonne
	• Die sich aus sich selbst heraus erzeugende Göttin ist einzigste Quelle des Lebens.	• weibliche Gottheiten (Göttin der Sonne und Morgenröte) keine Schöpferinnen, sondern nur Bräute und Gemahlinnen männlicher Gottheiten
	• Männliche Götter treten nicht als Schöpfer auf, sondern als Beschützer der Natur oder Sinnbild der Lebensenergie und der Geister der Pflanzenwelt	• unpersönliche oder männliche Schöpfungskraft
Leben nach dem Tod	• starker Glaube an zyklische Lebenserneuerung	• geradliniger Übergang des Einzelnen aus der diesseitigen Welt zu einem anderen Leben in die Welt der Toten
	• Grab als Mutterleib	• Totenhäuser, in die der Tote seine Besitztümer (Werkzeuge, Waffen, Schmuckgegenstände, die seinen Rang kennzeichneten) für die jenseitige Welt mitnahm
	• Gräber: eiförmig, uterusförmig oder anthropomorph (Körper der Göttin)	• Könige und Häuptlinge mit Personen und Tieren bestattet
	• Jenseits liegt im Westen.	• nach der Totenfeier Speisen in Gräber
	• Diese und jenseitige Welt sind durch Wasser getrennt, das mit Booten überquert wurde.	
Symbole	• Lebenserzeugende Dreieck wiederholte sich bei Gräbern.	• Sonne als Scheibe, Rad, Kreuz mit Kreis
	• Gravuren auf Steinen von Megalithgräbern sind Symbole der Lebenserneuerung.	• Männliche Gottheiten trugen leuchtende Waffen
	• bildliche Darstellungen der Göttin mit Vulven und Brüsten	

Indoeuropäische Religionen

Die Sprachgemeinschaft der Indoeuropäer setzt sich aus den meisten europäischen Völkern (außer Basken und Finno-Ugriern) sowie den Indern und Iranern zusammen. Zu den indoeuropäischen Religionen gehören:

- in Asien: indoiranische, hethische und phrygische Religion
- in Osteuropa: baltische, skythische und slavische Religion
- in Süd-, Mittel- und Westeuropa: griechische, keltische, germanische und römische Religion

An oberster Stelle des Götterpantheons steht ein unpersönliches Lichtelement.[91] In Indien ist dies später *Brahman* (sanskr.), „. . . das absolute geistige, alles umfassende ewige Prinzip im Unterschied zur vergänglichen bzw. illusionären Welt (. . Maya . .)".[92] Es wird teilweise auch als Himmel-Vater angesehen. Die Bezeichnung für Himmel *deiwos* erscheint in Wörtern, die „Gott" bezeichnen, wie z.B. *deus* (lat.), *deva* (sanskr.), *div* (iran.), *diewas* (lit.) und *tivar* (altgerm.). Einer der obersten Gottheiten ist der Himmel-Vater. Er heißt u.a. später *Dyaus-pitā* (altind.), *Zeus-pater* (griech.), *Diu-piter* bzw. *Ju-piter* (lat.). Mit ihm wurde eine Erdmutter oder eine Göttin der Morgenröte (*Usas* (altind.), *Eos* (griech.), *Aurora* (lat.), *Eostra* (altengl.), *Ostara* (altgerm.)) als Gemahlin verbunden. Den indoeuropäischen Religionen gemeinsam ist auch die Verehrung eines Sonnengottes *Sūrya* (altind.), *Helios* (griech.), *Sol* (lat.), *Saule* (lett. – Sonnengöttin) und eines Donnergottes (*Parjanya* (altind.), *Perkuns* (lit. und altpreußisch), *Fjörgynn* (altgerm.).[93]

Die indischen Veden (*vidya* (altind.) Wissen) – eine Sammlung von Götterhymnen (Rig-Veda), Liedern (Sama-Veda), Opfersprüchen (Yayur-Veda) und Zauberformeln (Atharva-Veda) – stellen eine der ältesten überlieferten Aufzeichnungen von Indoeuropäern dar, die auf ca. 1300 v.d.Zt. datiert werden. Aber die Religion kann durchaus viel älter sein. Sie beinhalten einen Götterpantheon, aber auch die Auffassung, dass alles vom göttlichen Lichtfunken (*Atman* sanskr.) – „Atem", „Seele": „. . . die mit . . Brahman ident(ische) individuelle Seele"[94] – belebt ist. Wenn der Mensch diesen göttlichen Lichtfunken in sich bemerkt, ist er „erleuchtet" und befindet sich in der Einheit mit dem höchsten Wesen und dem Kosmos (All-Einheit).[95] Nach James (1959/2003) hat diese Religion in Indien den Kult der Großen Mutter überlagert.[96]

Finno-ugrische Religionen

Zu den finno-ugrischen Religionen zählen die Religionen der Finno-Ugrier in Osteuropa und Westsibirien (Nordeuroasien).[97] Nach der Rekonstruktion der gemeinsamen Ursprache müsste es sich während der Bronzezeit um die Religionen der Wolga-Finnen, Permier, Mayaren und Ugrier handeln (vgl. Kap. 5.5 und 6.5). Bisher konnten für die Bronzezeit keine Aussagen zur Muttergöttin bei diesen Völkern gefunden werden.

Megalith-Religion

Die Megalith-Religion ist ein weltweites Phänomen, das in Irland, Großbritannien, Skandinavien, Norddeutschland, Rheingegenden, Niederlande, Seine-Gebiet, Bretagne, Rhonetal, Bereich nördlich und südlich des West- und Ostteils der Pyrenäen, Portugal, Andalusien, Nordafrika, Mittelmeerinseln, Anatolien, Kaukasus, Arabien, Iran, Indien, China, Korea, Japan, Südamerika und auf den Osterinseln größtenteils zwischen 4000-2000 v.d.Zt. vorkam und durch die Megalithen gekennzeichnet ist. Die großen Steine wurden zu Kult- und Grabanlagen gestaltet. Der Glaube an ein Leben nach dem Tod zeigt sich u.a. an den Grabformen und in der Symbolik. Neben dem vorherrschenden Lebenssymbol der Mutter (Erde) traten auch phallische Symbole auf, die dem Himmel zugerechnet werden.[98] James stellt in dem Buch *Der Kult der Großen Göttin* anhand archäologischer

Funde (Statuetten, Megalithbauten) dar, dass in Europa während der Bronzezeit auf dem griechischen Festland (Mykenische Kultur), Kreta (Minonische Kultur), Malta, der Iberischen Halbinsel und in Nordwesteuropa die Muttergöttin verehrt wurde.[99]

6.5 Sprachwissenschaft

Indoeuropäische Sprachgemeinschaft

Die Sprachwissenschaftler stellten Ähnlichkeiten zwischen den europäischen und asiatischen Sprachen fest und rekonstruierten nach dem Stammbaummodell eine indoeuropäische Ursprache, aus der sich alle Einzelsprachen dieser Sprachgemeinschaft entwickelt haben sollen (vgl. Anhang Tab. F). Sie ist allerdings nicht historisch belegt. Schriftliche Aufzeichnungen gibt es aus dem 2. Jt. v.d.Zt. Dazu gehören:

Tab. 19: Historisch belegte indoeuropäische Sprachen aus dem Zeitraum von 3500-800 v.d.Zt. Quelle: Vgl. Trunte (2005), S. 2 f.

Indoeuropäische Sprache	Sprachgruppe	Historische Dokumente
Luwisch	[Anatolisch]	seit dem 17. Jh. v.d.Zt.
Mykenisch	Alt-Griechisch	seit dem 14. Jh. v.d.Zt.
Vedisch	Indoarisch/Altindisch	seit dem 13. Jh. v.d.Zt.

Sie zeigen, dass zu dieser Zeit bereits verschiedene indoeuropäische Sprachen existierten.[100] Nach James (1960) hätten die indoeuropäischen Steppennomaden als höchste Gottheit den Himmelsvater verehrt. Denn Childe, den James zitiert, konnte in der Sprache keine Erdgöttin nachweisen und nur selten kommen weibliche Plastiken vor.[101]

Zur indoeuropäischen Sprachgemeinschaft gehören auch die Balten. Der Begriff „Balten" wurde erst 1845 formuliert und geht auf das „Mare Baltikum" zurück. Es gibt zwei Bedeutungen. Zum einen werden unter „Balten" alle baltisch sprechenden Völker (Alten Pruszen, Litauer, Letten) verstanden. In diesem Sinne wird dieser Begriff im Weiteren verwendet. Zum anderen gelten die Einwohner der Länder im Baltikum (Litauen, Lettland, Estland) als Balten, wobei die Esten zur finno-ugrischen Sprachgemeinschaft gehören.[102]

Finno-ugrische Sprachgemeinschaft

Es wird vermutet, dass sich um ca. 3000-2500 v.d.Zt. die Ugrier von der finno-ugrischen Sprachgemeinschaft im Zwischenland des Urals und des Wolga-Kama-Gebietes lösten. Von den Finnen trennten sich wahrscheinlich um 2000-1500 v.d.Zt. die Permier und von den Urgier die Mayaren (Ungarn). Um ca. 1000 v.d.Zt. spalteten sich die Wolga-Finnen von den Finnen ab. Honke (1973) gibt jedoch an, dass einige Sprachwissenschaftler und Archäologen die aufgeführten Daten als zu spät einschätzen.[103] In Tab. G im Anhang ist eine Übersicht zu der finno-ugrischen Sprachgemeinschaft dargestellt, die mit den Ursamojeden zu der uralischen Sprachgemeinschaft gehört (vgl. Kap. 5.5).

6.6 Symbolkunde

Symbole mit weiblichem Charakter, die auf eine Verehrung der Muttergöttin hindeuten können, kamen an verschiedenen Orten der späten Tripol'e-Kultur (ca. 3500-2900 v.d.Zt.) auf der Keramik, den Statuetten und Stelen vor. Zu diesen Symbolen gehören z.B.

- Brüste

- Dreieck mit Spitze nach unten
- Rhombus
- Sanduhr als Figur u.a.

Sie wurden bereits unter den Kap. 2, 3, 4 und 5 näher erläutert. Im Anhang in Tab. H ist eine Übersicht dazu dargestellt. Sie gehören zu den Zeichen, die nach Gimbutas zur „Sprache der Göttin" gehören. Mit dem Untergehen der Tripol'e-Kultur verschwinden auch diese vielfältigen Symbole auf der Keramik und den Statuetten. Die Keramik der „Viehzüchter" trägt kaum Verzierungen.

6.7 Ethnologie und Anthropologie

Die Schnurkeramiker im baltischen Raum zeichnen sich durch lange Köpfe und hohe Schädel aus, die im selben Zeitraum auch bei mitteleuropäischen Kulturen (mitteleuropäische Schnurkeramik-Kultur, Aunjetitzer Kultur) vorkommen. Der Körperbau ist mittelmäßig robust. Allerdings ist nur relativ wenig anthropologisches Material vorhanden.[104] Sie besiedelten in der Mitte des 3. Jts. v.d.Zt. den baltischen Raum und vermischten sich dort mit der ansässigen Bevölkerung der Narva-Kultur, die vermutlich mit den finno-ugrischen Stämmen verwandt war. Seitdem veränderten sich in diesem Gebiet die anthropologischen Merkmale kaum (vgl. auch Kap. 6.1).[105]

6.8 Folkloristik

Nachdem sich im Norden die Balten herausgebildet haben, fanden keine großen Völkerwanderungen mehr statt. Deshalb haben sich dort Sprache und Brauchtum gegenüber anderen indoeuropäischen Gebieten in reineren Formen erhalten.[106] Überliefert ist zum Beispiel, dass in Litauen die Menhire im Volksmund „Göttinnen" genannt werden.[107]

6.9 Mythologie

In Sagen und Mythen werden Menhire als Lebewesen beschrieben, die sich bewegen, tanzen und auch reden können. Aus Volksüberlieferungen ist bekannt, dass die lettische Schicksalsgöttin Laima, die „Mutter des Lebens" bezeichnet wird, in einem Menhir wohnt.[108] In anderen europäischen Legenden werden auch Riesen in Zusammenhang mit Megalithen erwähnt.[109]

6.10 Psychologie

Steine markieren heilige Orte der Großen Mutter. Ob Berge, Höhlen, Steinpfeiler oder Felsen – sie wurden in vielen Kulturen als „Thron, Sitz, Ort und Inkarnation der Großen Mutter" gesehen und dementsprechend verehrt.[110] Im Abschnitt 6.2.4 wurde ein Felsbild am Onega-See erwähnt, auf dem eine den altsteinzeitlichen „Urmüttern" ähnelnde weibliche Figur mit großen Brüsten und erhobenen Armen abgebildet ist. Nach Neumann (1956/2003) ist diese Form der Armhaltung der Religiosität entsprungen und steht in enger Verbindung mit der Großen Göttin. Sie wurde bereits auf altsteinzeitlichen Felszeichnungen entdeckt und kommt auch auf Keramik, Bildern sowie bei weiblichen Statuetten verschiedener Kulturen (Ägypten, minoische Kreta) vor. Neumann stellt dar, dass diese Armhaltung für das archetypische „Große Weibliche" charakteristisch sei und sieht sogar in der weiblichen Figur auf der Zeichnung eines Geisteskranken (20. Jh.) diesen Typus der Große Mutter mit erhoben Händen. Ebenso ähnelt die Gestalt auf dem Bild eines Kindes (20. Jh.) dem „Großen Weiblichen".[111]

6.11 Feminismus

In dem Buch *Die Göttin und ihr Heros* stellt Heide Göttner-Abendroth in einer Übersicht die Entwicklung der Religion der Muttergöttin zur Vatergott-Religion dar. Dieser Prozess wird in drei Phasen mit den jeweiligen Götternamen für die Gebiete Griechenland, Kreta, Ägypten, Sumer/Babylon, Kleinasien/Palästina, Persien und Indien sowie für die Kelten und Germanen – jedoch nicht für Russland – aufgezeigt. Aus der Darstellung kann entnommen werden, dass in den aufgeführten Gebieten zuerst eine Muttergöttin an oberster Stelle verehrt wurde. Später wurde ihr ein Sohn (Heros) zugeordnet. Während der indoeuropäischen Zeit kam ein Himmel-Vater auf, an dessen Seite eine Göttin trat. Der Vater wurde zum Schöpfer, zum Teil durch die Vermännlichung des Namens der Muttergöttin. Die ehemaligen Muttergöttinnen erschienen nur noch als Gemahlinnen, Geliebte oder Töchter. In der patriarchalen Großreligion verschwinden die Göttinnen völlig. Der Vatergott ist alleiniger Gott und Schöpfer.[112]

Stufen der Religion in Europa	**Hauptgottheit**
1. Vorindoeuropäische Religion:	Muttergöttin und Sohn/Heros
2. Indoeuropäische Religion:	Vatergott und Göttin
3. Patriarchale Großreligion:	universaler Vatergott

Während der Bronzezeit findet ein Übergang von der Religion der Göttin zur indoeuropäischen Religion statt.

6.12 Zusammenfassung

Die Bronzezeit ist gekennzeichnet durch weit reichende strukturelle Veränderungen in Gebieten, die von Völkerwanderungen erfasst wurden. Das „Heim- und Friedenszeitalter" geht zu Ende und das „Weltzeitalter von Mann und Macht sowie der immerwährenden Kriege"[113] bricht an. Der Wandel vollzog sich in Russland vor allem in den südlichen Gebieten. Durch das Aufkommen der Bronze als Werkstoff entstand eine neue Metallindustrie, die viele Waffen und Werkzeuge produzierte. Der Drang, andere Gebiete zu erobern, Kriege zu führen und Schätze anzuhäufen, beherrschte einige Völker. Sie brachten neue Gottheiten mit, die männlichen Charakter besaßen. Wie genau sich der Umschwung ereignete, kann nicht eindeutig nachvollzogen werden. Die Religion der Großen Mutter scheint unterzugehen. Jedoch wurde sie nicht vollständig vernichtet und kommt in abgewandelter Form im Volk bis in das 19. Jh. vor. Die gefundenen Spuren zeigen Fragmente, die teilweise sogar ihren Ursprung in der Altsteinzeit besitzen (Statuetten, spezielle Symbole, Felsbilder, besondere Ausstattung von Kindergräbern und Ockerstreuung).

1 Wolf (2004), S. 78.

2 Vgl. Rott-Illfeld (1990), S. 306; vgl. auch Gimbutas (1996b), S. 431.
3 Vgl. Parzinger (2006), S. 245.
4 Vgl. Rassamakin (2004), S. 185; vgl. auch Gimbutas (1996b), S. 431.
5 Vgl. Dergačev (1998), S. 45-50.
6 Vgl. Ehrenberg (1992), S. 204.
7 Vgl. Gimbutas (1994), S. 49-52.
8 Vgl. Munčev (1991), S. 52.
9 Vgl. Parzinger (2006), S. 242.
10 Vgl. Dergacev (1998), S. 38 f.; vgl. auch Parzinger (2006), S. 239.
11 Vgl. Dergacev (1998),S. 45-50.
12 Vgl. Dergacev (1998), S. 48; vgl. auch Otroščenko (1991), S. 43.
13 Vgl. Rassamakin (2004), S. 209; vgl. auch Gimbutas (1996b), S. 369.
14 Vgl. Gimbutas (1996b), S. 369.
15 Vgl. Gimbutas (1994), S. 52 f.; vgl. Dergačev (1998), S. 48.
16 Vgl. Dergacev (1991); vgl. auch Gimbutas (1996b), S. 354 f.
17 Vgl. Rassamakin (2004), S. 209; vgl. auch Dergačev (1998), S. 50.
18 Vgl. Dergačev (1991), S. 11-31.
19 Vgl. Gimbutas (1996b), S. 352-401.
20 Vgl. Häusler (1998), S. 141.
21 Vgl. Dergačev (1998), S. 48-50.
22 Vgl. Rassamakin (2004), S. 209.
23 Vgl. Dergačev (1998), S. 51; vgl. Bogataja/Manzura (1994), S. 77-79; vgl. Parzinger (2006), S. 240.
24 Vgl. Strahm (2006), S. 164–168; vgl. auch Gimbutas (1996b), S. 426.
25 Vgl. Gimbutas (1963/1983), S. 57.
26 Vgl. Otroščenko (1991), S. 45; vgl. Parzinger (2006), S. 350-352.
27 Vgl. Otroščenko (1991), S. 46.
28 Vgl. Masson (1998), S. 19-26; vgl. auch Bogataja/Manzura (1994), S. 79.
29 Vgl. Parzinger (2006),S. 352-355; vgl. auch Ostroščenko (1991) S. 43-50.
30 Vgl. Černych/Antipina/Lebedevka (1998), S. 241.
31 Vgl. Otročšenko (1991), S. 49; vgl. Masson (1998), S. 19.
32 Vgl. Dergačev (1991) VII f.; vgl. Häusler (1998), S. 140.
33 Vgl. Dergačev (1991), S. 11-31.
34 Vgl. Häusler (1998), S. 140.
35 Vgl. Gimbutas (1996b), S. 370.
36 Vgl. Rezepkin (2000), S. 31.
37 Rassamakin gibt eine Fundlücke von ca. 1500 Jahren zwischen beiden Kulturerscheinungen an.
38 Vgl. Gimbutas (1996b), S. 356.
39 Vgl. Otroščenko (1991), S. 43 ff.; vgl. Parzinger (2006), S. 242.
40 Vgl. Masson (1998), S. 22 f.; vgl. Otroščenko (1991), S. 43 ff.; vgl. Parzinger (2006), S. 242.
41 Vgl. Häusler (1998), S. 156.
42 Lübbes Enzyklopädie der Archäologie (1980), S. 245.
43 Vgl. Strahm (2006), S. 164–166; vgl. Häusler (1998), S. 152; vgl. Gimbutas (1996b), S. 392.
44 Vgl. Masson (1998), S. 24 ff.
45 Vgl. Rassamakin (2004), S. 209.
46 Vgl. Gimbutas (1975a), S. 218-226.
47 Vgl. Gimbutas (1996b), S. 354-357.
48 Vgl. Gimbutas (1996b), S. 370.
49 Vgl. Kšica/Kšicová (1989), S. 29.
50 Vgl. Schlette (1988), S. 104.
51 Vgl. Dergačev (1991), S. 11 und S. 34-39.
52 Vgl. Dergačev (1991), S. 15 und S. 40-77.
53 Vgl. Rassamakin (2004), S. 81.
54 Vgl. Degačev (1991), S. 18 und S. 78-81.
55 Vgl. Dergačev (1991), S. 15 und S. 40-77.
56 Vgl. Dergačev (1991), S. 28.
57 Vgl. Dergačev (1991), S. 30.
58 Vgl. Gimbutas (1996b), S. 111.

59 Vgl. Gimbutas (1963/83), S. 48.
60 Vgl. Gimbutas (1996b), S. 151.
61 Vgl. Grjasnov (1970), S. 67 f.
62 Vgl. Gimbutas (1996b), S. 369; vgl. auch Otroščenko (1991), S. 45.
63 Vgl. Savvateev (1984), S. 245.
64 Vgl. Kühn (1952), S. 193.
65 Vgl. Savvateev (1984), S. 36.
66 Vgl. dazu Savvateev (1984), S. 108-121.
67 Vgl. Savvateev (1984), S. 107.
68 Vgl. Savvateev (1984), S. 218.
69 Vgl. Savvateev (1984), S. 52, 88 sowie 242.
70 Vgl. Savvateev (1984), S. 102 f.
71 Knaurs Lexikon der Symbole (1989), S. 317; Anpassung und Umstellung: J.M.
72 Vgl. Telegin/Mallory (1994), o.S.
73 Vgl. Gimbutas (1996b), S. 435.
74 Vgl. James (1959/2003), S. 343.
75 Vgl. Bellinger (1999a), S. 307.
76 Vgl. Mohen (1989), S. 295.
77 Vgl. Häusler (1966), S. 29.
78 Vgl. Häusler (1966), S. 42.
79 Vgl. James (1959/2003), S. 343.
80 Vgl. James (1960), S. 164 f.
81 Vgl. Gimbutas (1996b), S. 399.
82 Vgl. Häusler (1966), S. 51.
83 Vgl. Grjasnov (1970), S. 68 f. und 89 f.
84 Vgl. Schlette (1988), S. 88-92.
85 Masson (1998), S. 23.
86 Masson (1998), S. 24.
87 Vgl. Gimbutas (1994), S. 109-131.
88 Vgl. Otroščenko (1991), S. 46.
89 Vgl. Meyers Enzyklopädisches Lexikon Bd. 13 (1980), S. 674.
90 Vgl. Ivančik (2001), S. 12.
91 Vgl. Bellinger (1999a), S. 226 f.
92 BI-Universallexikon (1988), S. 105.
93 Vgl. Eliade (1990), S. 179; vgl. Bellinger (1999a), S. 226 f.
94 Vgl. BI-Universal-Lexikon (1988), S. 57; Ergänzung: J.M.
95 Vgl. Ehmer (1998), S. 64-67.
96 Vgl. James (1959/2003), S. 158-187.
97 Vgl. Bellinger (1999a), S. 156.
98 Vgl. Bellinger (1999a), S. 305 ff.
99 Vgl. James (1959/2003), S. 95-104 und S. 188-200.
100 Vgl. Gamkredlidse/Ivanov (2004), S. 50-57.
101 Vgl. James (1960), S. 218.
102 Vgl. Gimbutas (1963/1983), S. 17.
103 Vgl. Honke (1973), S. 263.
104 Vgl. Debetz (1973), S. 158 f.
105 Vgl. Gimbutas (1963/1983), S. 57 ff.
106 Vgl. Gimbutas (1963/1983), S. 9 f.
107 Vgl. Gimbutas (1996a), S. 320.
108 Vgl. Ehmer (1998), S. 44; vgl. Gimbutas (1996a), S. 311.
109 Vgl. Meier/Zschweigert (1997), S. 52.
110 Vgl. Neumann (1956/2003), S. 246.
111 Vgl. Neumann (1956/2003), S. 115-119 sowie Tafeln S. 26-30.
112 Vgl. Göttner-Abendroth (1988), S. 119 ff.
113 Wirth (1974), S. 64.

7 Eisenzeit

*Was nutzt es, wenn Christus 10 Mal geboren wurde,
wenn er nicht in mir ist.
Lasst uns alle Mütter Gottes sein, die das Neue gebären.
Wir wollen Sonne sein, strahlen in Licht.*

Meister Ekkehart

7.1 Spezifische Merkmale

Name, Zeit und Ort

Der Begriff „Eisenzeit" wird für eine Epoche benutzt, in der die Verwendung von Bronze langsam durch Eisen ersetzt wurde.[1] Während Bronze als eine Legierung von Kupfer und Zinn leicht zu gewinnen und zu verarbeiten ist, wird Eisen aus Erzen in besonderen Verfahren gewonnen, die erst entdeckt werden mussten. Eisenerze kommen jedoch viel häufiger als Kupfer- und Zinnerze vor.[2] Die Eisenzeit gilt als letzte Epoche des vorgeschichtlichen Dreiperiodensystems: Steinzeit – Bronzezeit – Eisenzeit.[3] Nach allgemeinem Verständnis beginnt sie in Europa um 800 v.d.Zt. Das Ende der Eisenzeit wird einerseits mit der Ausbreitung des Römischen Reiches um die Zeitenwende und anderseits für die meisten anderen Gebiete Europas um 300/400 n.d.Zt. angenommen, also etwa mit dem Beginn der Völkerwanderungszeit. In diesem Sinne äußern sich auch Bray und Trump im *Lexikon der Archäologie* (1973) und Bahn (2003).[4] Gewisse Perioden der Eisenzeit werden unterschieden, spielen aber in dieser Betrachtung keine weitere Rolle. Jedoch wurden bereits Gegenstände aus Eisen gefunden, die vor dieser Zeit entstanden sind. Zimmermann (2006) beschreibt z.B. ein längliches Eisenobjekt aus dem Zweistromland und drei kleine Eisenkugeln aus dem Zentraliran, die vermutlich im 5. Jt. v.d.Zt. hergestellt wurden.[5] Nach *Lübbes Enzyklopädie der Archäologie* (1980) wurden schon zur Bronzebearbeitung Eisengeräte benutzt. Aus der Mitte des 3. Jt. v.d.Zt. seien Eisenteile im Vorderen Orient gefunden worden. Auch die Hethiter, ein altorientalisches Volk in Kleinasien um 1500 v.d.Zt., besaßen das Geheimnis der Eisenherstellung, das sie streng hüteten. Nach Zusammenbruch des Reiches um 1200 v.d.Zt. breitete sich die Eisenindustrie im westlichen Eurasien aus und setzte sich um 1100 v.d.Zt. in Griechenland und Italien gegenüber Bronze durch.[6] Bahn sieht den Übergang von der Bronze- zur Eisenzeit bereits zu Beginn des 1. Jt. v.d.Zt. Diese frühen Funde außerhalb Russlands und Europas deuten daraufhin, dass die Technik der Eisenverarbeitung von anderen Kulturen in Kleinasien, Zentralasien oder gar China übernommen wurde und mit Wanderungsbewegungen der Völker in Zusammenhang steht.

Eisen aus Erzen für Gussverfahren auszuschmelzen, setzt hohe Temperaturen voraus, die in vorgeschichtlicher Zeit in Europa nicht erzeugt werden konnten. So wurden ausgeschmolzene Eisenklumpen nur in Schmiedetechnik verarbeitet. Eine Schmelztechnik, die das Gießen von Eisen ermöglicht, wurde erst im 14. Jh. in Europa erfunden. So erlaubt die Schmiedetechnik nur die Herstellung von bestimmten Gegenständen, wie auch die Funde aus jener Zeit belegen. Das sind vor allem Werkzeuge, landwirtschaftliche Geräte, Waffen, Beschläge und kleine Gebrauchsgegenstände.[7]

Ethnien

Während der Eisenzeit durchstreiften viele Völker die südrussischen Steppen. Vermutlich schon in der Bronzezeit hielten sich dort die Kimmerier auf. Erste schriftliche Quellen erwähnen dieses iranische Reiternomadenvolk namentlich. So auch etwas später der griechische Geschichtsschreiber Herodot (um 485-425 v.d.Zt.), der mitteilt, dass die Skythen dieses Gebiet eroberten und die Kimmerier verdrängten.[8] Das könnte im 8. Jh. v.d.Zt. geschehen sein. Ungefähr zur gleichen Zeit oder etwas später begannen Griechen aus Milet und anderen Orten an der Nordküste des Schwarzen Meeres Kolonialstädte (Polis bzw. Poleis) zu gründen. Es entstanden so z.B. Tyras an der Mündung des Dnestr, Olbia an der Mündung des Bug, Chersonssos, Palakion, Theodosia und Pantikapea.[9] Die Griechen beeinflussten mit ihrer Wirtschaft, Kultur und Lebensweise andere Völker, vor allem die Skythen. Mit der Zeit verschmolzen griechische und skythische Elemente.[10] Im 4. Jh. v.d.Zt. wanderten die Kelten in das Gebiet ein, jedoch blieben sie wohl nicht sehr lange.[11] Aus Legenden ist zu entnehmen, dass die Amazonen – ein berittenes kleinasiatisches Frauenvolk – sich ebenfalls in den südrussischen Steppen aufhielten. Herodot (IV 110-114) berichtet, dass sich skythische Jünglinge mit den Amazonen verbunden hätten und so die Sauromaten entstanden wären, die östlich des Don lebten. Bei den Sauromaten könnte es sich um die später erwähnten Sarmaten handeln, die vom Südural und Wolgabecken kommend im 3. Jh. v.d.Zt. den nordpontischen Raum eroberten. Ein Rest der Skythen zog sich auf die Halbinsel Krim zurück und gründete dort ein eigenes Reich, das bis in das 3. Jh. n.d.Zt. bestand. Die Vorherrschaft der Sarmaten endete mit den Goten, die im 3. Jh. n.d.Zt. vom Norden her eindrangen, und mit den asiatischen Hunnen, die durch ihren Einfall aus dem Osten im 4. Jh. n.d.Zt. die große Völkerwanderung auslösten.[12] Im Norden des Untersuchungsgebietes gab es während dieser Zeit keine so großen Wanderungsbewegungen. Baltische und finno-ugrische Stämme besiedelten weiterhin das Gebiet Nordrusslands und des mittleren Wolgagebietes.

7.2 Archäologie

7.2.1 Bestattungen

Skythische Gräber sind durch ihre hohen Grabhügel, die königlichen Bestattungen und prächtigen Goldschätze gekennzeichnet. Mit den Toten wurden Waffen, prunkvolle Schmuck- und Kultgegenstände, aber auch Pferde und Begleitpersonen mit begraben, da die Skythen an ein Leben nach dem Tod glaubten.[13] Aus dem 7./6. Jh. v.d.Zt. sind ca. 120 skythische Kurgane bekannt, aus der Blütezeit der Kultur, dem 4. Jh. v.d.Zt., sogar über 2500 Kurgane.[14] Die Gräber befinden sich:

- im Kuban-Gebiet (z.B. Kurgan von Kelermes, Karačodeuašch)
- im Dnepr-Gebiet (z.B. Kurgan von Čertomlyk, Alexandropol, Cimbalka-Hügel)
- auf der Krim (z.B. Goldener Kurgan bei Simferopol)
- auf der Halbinsel Kerč (z.B. Pavlovski-Kurgan, Bol'šaja Bliznica)
- in der Waldsteppe (z.B. Shurovka)
- im Don-Gebiet (z.B. „Fünf Brüder"-Kurgan)

Es gibt einfache Grabhügel mit Aufschüttungen bis zu einem Meter und fürstliche Kurgane, die eine Höhe bis über 20 m erreichen. Das ist so emporragend wie ein Hochhaus mit 8 Stockwerken! Schätzungsweise musste etwa eine Fläche von 75 ha abgestochen werden, um solche fürstlichen Großgrabhügel zu errichten. Die Toten wurden meist in gestreckter Rückenlage in einer Grabgrube oder später auch in Katakombengräbern bestattet.[15] Sehr viele Kurgane fielen Grabräubern zum Opfer, so dass nur ein geringer Teil der ursprünglichen Inhalte erhalten geblieben ist und nur gestörte Befundsituationen vorliegen.[16] In einfachen Gräbern kommen nur wenige oder keine Beigaben vor. Männer erhielten z.B. Schwerter, Dolche, Speere oder Köcher mit Pfeilen und Frauen Spinnwirtel, Schmuck und Spiegel. Skythische Fürsten und Könige dagegen wurden mit großen Reichtümern, vielen Waffen, Pferden und Bediensteten begraben.[17] Die Grabhügel der Skythen und deren Schätze beschreibt Artamonov (1970) sehr ausführlich.

Nicht nur Männer, sondern auch Frauen mit einer hohen gesellschaftlichen Position (z.B. Königinnen, Priesterinnen), wurden ihrem Status entsprechend bestattet. Der Kurgan Bol'šaja Bliznica, der sich auf der Halbinsel Taman befindet, ist ein Beispiel dafür. Drei Frauengräber und ein Männergrab waren unversehrt, das fünfte war ausgeraubt. Einige Forscher vermuten, dass es sich um eine Familie handelt, aber auch Personen einer bestimmten Gemeinschaft sein könnten. Im ersten Grab trug die bestattete Frau ein Gewand mit vielen goldenen Besatzblechen, die neben dem Skelett der Toten lagen. Darauf sind u.a. die Göttinnen Demeter, Kore und Athene abgebildet. Der außergewöhnliche Kopfputz wurde, wie Artamonov vermutet, von Priesterinnen oder Jungfrauen zu bestimmten rituellen Tänzen zu Ehren von Demeter, Dionysos, Artemis und anderen getragen. Die vier goldenen Fingerringe zeigen einen liegenden Löwen und die Göttin Artemis, einen Skarabäus und Aphrodite mit Eros sowie ein Wesen, dessen Kopf eine Frau und der Unterkörper den eines Grashüpfers darstellt.[18] Die Kunstwerke belegen die Verehrung weiblicher Gottheiten. Artamonov meint, dass die „. . . beigesetzte Frau Priesterin eines der auf der Halbinsel Taman gelegenen Tempels der Mutter-Göttin war, deren Kult mit den Eleusinischen Mysterien verschmolz."[19] Das Grab wird auch die „Gruft der Priesterin der Göttin Demeter" bezeichnet.

Die anderen Grabstätten waren weniger prunkvoll ausgestattet, jedoch deuten die Funde (u.a. rhombische Plättchen, Kopfputz, zwei aus Bein geschnitzte Frauenstatuetten) ebenso auf den Eleusinischen Kult hin. Auf einer Steinplatte des fünften, ausgeraubten Grabes befindet sich ein Gemälde vom Kopf der Demeter oder der Kore (Persephone).[20] Artamonov sieht in allen fünf Gräbern die Beziehung zum Eleusinischen Kult belegt. Ähnliche Funde sind auch aus dem Pavlovski-Kurgan sowie den Kurganen von Dejew und Rishnowka bekannt. Der Autor betont, dass „. . . . die Anbetung weiblicher Gottheiten bei den Skythen von großer Bedeutung war – was wahrscheinlich das Blühen des Kultes der Göttinnen Demeter, Artemis, Aphrodite und anderer in den griechischen Kolonien des nördlichen Schwarzmeerraumes . . ." und weit darüber hinaus erklärt.[21] Die zahlreichen Kunst- und Kultgegenstände aus den skythischen Grabstätten belegen nicht nur die Huldigung griechischer, sondern auch skythischer Göttinnen. Auf diese Funde wird im Kap. „7.2.3 Kleinkunst" näher eingegangen.

In den Gräbern anderer Völker wurden bisher kaum Hinweise gefunden, aus denen eine Verehrung weiblicher Gottheiten angenommen werden könnte. Die sarmatischen Gräber waren weniger reich ausgestattet als die skythischen.[22] Die Dreifußaltäre aus sarmatischen Frauengräbern könnten darauf hindeuten, dass die bestatteten Frauen Priesterinnen waren.[23]

7.2.2 Keramik

Die **Griechen** stellten besonders hochwertige Keramik her, die durch die intensiven Handelsbeziehungen in großer Zahl in die nordpontischen Kolonialstädte eingeführt oder dort in den Werkstätten hergestellt wurde. Auf bemalten Vasen und Krügen sind griechische Götter und Mythen, Kampfszenen und Amazonen abgebildet.[24] Blavatski (1957) erwähnt eine Vase aus einem Grabhügel von Phanagoreia, auf der Aphrodite einer Muschel entsteigt.[25] Diese Szene stammt aus einer Legende, die von der Geburt der Göttin erzählt. Aphrodite war ursprünglich auch eine Muttergöttin, deren Funktion im Laufe der Zeit auf die Göttin der Liebe beschränkt wurde (vgl. Kap. 7.4). Auch in skythischen Siedlungen und Gräbern wurde griechische Keramik gefunden. Artamonov gibt einen rotfigurigen Krug mit zwei Henkeln an (Pelike), auf dem eleusinische Gottheiten und die Geburt des Erichthonios dargestellt sind. Er ist ca. 37 cm hoch und stammt aus dem Pavlovski-Kurgan (ca. 4. Jh. v.d.Zt.).[26] Wie bereits im Kap. 7.2.1 erläutert, wird die griechische Muttergöttin Demeter im Eleusinischen Kult verehrt. Müller-Karpe (1998) weist ebenfalls daraufhin, dass auf artisch-rotfiguriger Keramik, die in skythischen Gräbern gefunden wurde, der eleusinische Mythos abgebildet sei.[27] Die keramischen Funde geben Einblick in eine Kultur, in der Kunst und Religion nicht getrennt waren. Wenn griechische Göttinnen Keramikgegenstände schmückten, weist das auf die Beziehung zu den Göttern hin. Diese Verehrung weiblicher Gottheiten lässt sich auch bei anderen Kunstwerken finden.

7.2.3 Kleinkunst

Griechische Göttinnen

Auf kunstvollen griechischen Gold- und Juwelierarbeiten, die in skythischen Gräbern gefunden wurden, sind griechische Göttinnen abgebildet.[28] So umrahmen zum Beispiel auf einem goldenen Schläfengehänge eine Eule, Schlangen, eine Sphinx und zwei geflügelte Pferde den behelmten Kopf der Athene.[29] Es lag in einem Grab einer skythischen Fürstin im Kurgan Kul'-Oba (ca. 4. Jh. v.d.Zt.). Verschiedene Kunstwerke mit den Darstellungen von Aphrodite und Demeter sind aus dem Kurgan Bol'šaja Bliznica erhalten geblieben (vgl. Kap. 7.2.1). Galanina und Gratsch (1986) führen eine goldene Halskette mit vielen Reliefköpfen aus einem Kurgan beim Dorf Novosselki an, die ebenfalls Demeter darstellen könnte.[30] Nach Parzinger (2004) ist diese griechische Muttergöttin auf auch Schmuckblechen abgebildet.[31]

In der skythischen Kunst gibt es auch Spuren zu Muttergöttinnen. Die Reiternomaden haben aus Gold, Silber, Bronzeguss oder Knochen Kunstgegenstände, wie z.B. Schmuck, verzierte Waffen, prunkvolle Pferdegeschirre oder Ritualgegenstände, gefertigt. Als Motive treten häufig Tiere, aber auch Göttinnen, mythische Helden, Kultszenen sowie Szenen aus epischen Dichtungen auf.[32] Der so genannte „Skythische Tierstil" wird in der deutschen Literatur häufig beschrieben, weniger dagegen die Darstellungen zu den weiblichen Gottheiten.[33] Skythen und Griechen beeinflussten sich gegenseitig, so dass die beiden Kunststile auch gemeinsam auf einem Gegenstand vorkommen. Im Folgenden werden Einzelstücke, auf denen Göttinnen abgebildet sind, näher beschrieben.

Göttin auf Plättchen[34]

In skythischen Gräbern wurden in großer Anzahl goldene Plättchen mit unterschiedlichen Motiven gefunden, die z.B. auf Kleidungsstücken aufgenäht waren. Aus dem Kurgan Čertomlyk sind aus einer Geheimnische neben vielen anderen auch 20 rechteckige goldene Reliefplättchen mit einer thronenden Göttin und einem Skythen bekannt (vgl. Abb. 24).[35] Das gleiche Motiv kommt auf goldenen Plättchen aus den Kurganen Melitopol' und Kul'-Oba vor. Die Göttin sitzt in einen Armsessel und hält einen Spiegel. Der Skythe kniet oder steht vor ihr und trinkt aus einem Horn. Renate Rolle u.a. (1991) geben dazu an: „Viele Bearbeiter sehen darin eine Investiturszene mit Machtübergabe an den skythischen Herrscher durch eine Göttin."[36] Nach Häusler (1997) könnte es sich um Tabiti, die Große Göttin der Skythen, handeln.[37] Auch in Abb. 25 ist eine sitzende Göttin zu erkennen.

*Abb. 24: Besatzbleche von einem Frauengewand mit anthropomorphen Darstellungen: Skythen trinken vor Göttinnen heilige Getränke; Griechisch-skyhische Kunst aus Hügelgrab Čertomlyk
Quelle: Grakov (1980), Tafel 14 links.*

*Abb. 25: Bruststücke einer rechteckigen Platte, auf denen in Reliefarbeit eine in einem Lehnstuhl sitzende Göttin dargestellt ist; Material: Gold, Höhe: 7,2 cm
Quelle: Artamonov (1970), S. 137, Taf. 331.*

Göttin mit Schlangen[38]

Auf einen Stirnblech eines hölzernen Zaumzeugs aus einem Pferdegrab vom Kurgan Bol'šaja Cimbalka ist eine mythische weibliche Gestalt abgebildet, aus deren Kopf und Unterleib Schlangen entspringen. In beiden Händen hält sie Hörner von Löwenköpfen,

Abb. 26: Darstellungen der schlangenfüßigen Göttin auf goldenen Zierblechen
links oben: Reliefblech aus Kurgan Kul-Oba, skythische Kunst, ca. 4. Jh. v.d.Zt.links unten: Besatzblech von einem Gewand aus Kurgan Bolschaja Blisniza, griechische Kunst, ca. 4. Jh. v.d.Zt.; Gold; 5,3 x 5,3 cm
Mitte: Reliefbeschlag eines hölzernen Zaumzeugs aus dem Kurgan Bol'šaja Cimbalka, griechisch-skythische Kunst, ca. 4. Jh. v.d.Zt.
rechts: aus dem Kurgan Zimbalowaja Mogila; Bogenschützen aus Kul-Oba
Quelle: Grakov (1980), Tafel 21.

die auf den Schlangenkörpern aufsitzen.[39] Dieses Mischwesen – halb Frau, halb Tier – wird als schlangenartige Göttin interpretiert und könnte die skythische Stammmutter darstellen, die Herodot in einer Legende beschrieben hat (vgl. Kap. 7.9). Eine ähnliche Gestalt ist auf einem Relief aus dem Kurgan Kul'-Oba abgebildet. Hier hat sie Schlangenflügel und hält einen bärtigen Männerkopf in der Hand.[40] Die Schlange als Symbol besitzt unterschiedliche Bedeutungen. Da sie die Fähigkeit besitzt, ihre Haut immer wieder zu erneuern, steht sie auch für den Kreislauf der ewigen Wiederkehr und tritt als Begleiterin der Großen Mutter auf (vgl. dazu Kap. 7.6). In Abb. 26 sind verschiedene Darstellungen der schlangenfüßigen Göttin abgebildet.

Geflügelte Göttin[41]

Aus skythischen Gräbern wurden mehrere Funde geborgen, auf denen weibliche Figuren mit Flügeln dargestellt sind. In Verbindung mit einer menschenartigen Gestalt symbolisieren Flügel eine himmlische Gottheit (vgl. Kap. 7.6). Ein meisterhaft verarbeiteter Silberspiegel aus dem Kurgan Kelermes (Kuban-Gebiet, 7. Jh. v.d.Zt.) trägt auf der Rückseite verschiedene Gravierungen von Tieren, Fabelwesen und einer geflügelten Göttin (vgl. Abb. 27 und 28). Artamonov beschreibt diesen Spiegel, der mit einem dünnen Goldblech überzogen ist, sehr genau: „In einem der Sektoren findet sich die Darstellung einer orientalischen geflügelten Göttin, der ‚Herrin der Tiere' – Kybele. Sie wird im langen Gewand, das ihr bis zu den Fersen reicht, dargestellt. Sie hält die Vorderpfoten zweier Löwen, die ihren Schweif feige eingezogen haben . . . "[42] Galanina und Gratsch vertreten die gleiche Auffassung.[43] Kybele ist nach Malchow (2004) die phrygrisch bzw. anatolische Allmutter- und

Abb. 27: Mit Elektronplättchen verkleidete Rückseite eines silbernen Handspiegels.
Quelle: Müller-Karpe (1998), S. 205, Abb. 29 oben.

Abb. 28: Silberner Spiegel mit Goldbelag aus dem Kurgan von Kelermes Nr. 4 (Kurban-Gebiet); auf den acht Feldern Darstellungen einer geflügelten Göttin, Tieren und Fabelwesen; Ende 7. bis Anfang 6. Jh. v.d.Zt.; Durchmesser 17 cm.
Quelle: Grakov (1980), Tafel 26.

Fruchtbarkeitsgöttin, die Urmutter der Götter und die Spenderin von Leben.[44] Jedoch ist zu bedenken, dass – wie Neumann (1956/2003) richtig feststellt – die Große Göttin, die oft geflügelt dargestellt wird, unzählige Namen in unterschiedlichen Kulturen und Zeiten besitzt (vgl. auch Kap. 7.10).[45]

*Abb. 29: Goldenes Schmuckblech mit der Gestalt einer geflügelten Göttin, die Halbfiguren von Tieren hält aus dem Kurgan Alexandropol; skythische Kunst; ca. 3. Jh. v.d.Zt.
Quelle: Grakov (1980), Tafel 15 oben.*

Das gleiche Motiv kommt auch auf einem skythischen Kunstwerk, einer Platte aus dem Kurgan Alexandropol (Dnepr-Gebiet, ca. 3. Jh. v.d.Zt.) vor. Darauf ist eine ältere Göttin mit Flügeln abgebildet, die zwei Halbtiere festhält (vgl. Abb. 29).[46]

*Abb. 30: Stangenbekrönung aus dem Kurgan Alexandropol, eine geflügelte Göttin bzw. die „Große Göttin" darstellend; skythische Kunst; ca. 3. Jh. v.d.Zt.; Bronze 15,5 x 8,6 cm
Quelle: Grakov (1980), Tafel 15 unten links.*

In demselben Kurgan wurde eine geflügelte Göttin als Stangenaufsatz gefunden. Die Göttin hält allerdings keine Tiere in ihren Händen fest, sondern stemmt ihre Arme in die Hüfte. Jettmar (1964) interpretiert sie als eine Gestalt der Großen Göttin (vgl. Abb. 30).[47]

Volutenartige Flügel und Beine sind bei einem Besatzblech die besonderen Merkmale der Göttin aus dem Kurgan Bol'šaja Bliznica (Kuban-Gebiet, ca. 4. Jh. v.d.Zt.), die in Abb. 18 links unten dargestellt ist.[48] Ein weiteres skythisches Kunstwerk mit Göttinnen vom Ende des 4. Jh. v.d.Zt. ist in Abb. 31 abgebildet.

*Abb. 31: Zierblech von einem rituellen Frauenkopfputz mit Reliefkompositionen. Oben ist die Figur einer Göttin im antiken Chiton zu sehen, eine Reihe darunter ein Wagenlenker, und in der unteren Reihe ist eine Kultszene dargestellt. Skythische Kunst; Material: Gold; Höhe 21 cm.
Quelle: Galanina / Gratsch (1986), S. 153, Abb. 232.*

Die Funde stellen einen kleinen Ausschnitt aus den Kunstwerken zur Großen Göttin dar. Nicht alle der erhalten gebliebenen und veröffentlichten Gegenstände können an dieser Stelle aufgeführt werden. Sie deuten auf eine große Beliebtheit dieser Großen Göttin bei den Skythen hin. Sie wurde in unterschiedlichen Formen dargestellt und auf diese Weise geehrt. Galanina und Gratsch schlussfolgern daraus: „Eine vor dem Opferaltar oder auf einem Thron sitzende Göttin mit einem davor stehenden Skythen, eine geflügelte Göttin mit Köpfen von Fabeltieren in den Händen, eine Göttin mit Schlangenbeinen – diese und viele andere Sujets machen die führende Rolle der weiblichen Gottheit in den Religionen der nordpontischen Nomaden sichtbar."[49]

7.2.4 Felskunst

Wie Kšica (1977) beschreibt, kommen auf dem europäischen Teil Russlands nicht so häufig Felszeichnungen vor wie im asiatischen. Von der Mittelsteinzeit bis zur Eisenzeit überwiegen in der südlichen Ukraine Tiermotive (Pferde, Hunde, Rehe, Stiere) und ganz selten treten auch menschenähnliche Figuren auf.[50] Die Griechen in den nordpontischen Kolonialstädten bemalten die Wände in ihren Häusern und in den „Wohnungen der Toten" mit unterschiedlichen Motiven. Kryžckij (1991) führt zu den Grabkammern den Strukturstil (3. Jh. v.dZt.), den Blumenstil in der Demeterkammer in Kerč (1. Jh. v.d.Zt.), den Inkrustationsstil und Bildszenen an, ohne sie näher zu beschreiben.[51] Wirth (1974) weist auf eine sakisch skythische Felsritzung am Irbit (Gouverment Perm) aus dem 6. Jh. v.d.Zt. hin, die die göttliche Mutter als Himmel-Erde-Haus-Zeichen abbilden soll. Sie ähnelt den Sanduhr-Gestalten auf der Tripol'e-Keramik (vgl. Kap. 5.2 und 6.6).[52]

7.2.5 Große Steine

Skythische Großplastiken sind nicht so bekannt wie die Kurgane und Goldschätze des Nomadenvolkes. Auf ca. 3000 Grabhügeln kommen etwas über 100 Grabstelen vor, die 70 bis 200 cm hoch sind und aus Granit-, Sand- oder Kalkstein gefertigt wurden.[53] Blavatski (1957) erwähnt, dass sie auch „Steinerne Weiber" genannt werden. Die Bezeichnung geht auf das russische „kamennaja baba – Steinweib" zurück und steht nach Schiltz (1994) für „. . . eine menschengestaltige Steinfigur, die wie eine Grabstele in die Spitze eines Kurgans eingesenkt aufgestellt wurde."[54] Blavatski beschreibt, dass die skythischen Stelen meist Krieger mit kurzen Schwertern, aber auch Frauen abbilden.[55] Schlitz dagegen ist überzeugt davon, dass alle „Babas" aus der skythischen Periode männlich seien und größtenteils Krieger darstellen.[56] Nach Galanina und Gratsch könnte auch der Stammvater der Skythen Targitaos gemeint sein.[57] Belozor äußert, dass aus primitiven Formen, die eine Sonnengottheit abbilden könnten, die Stelen immer realistischer wurden und menschlichere Züge in Form eines Kriegers mit Kampfausrüstung annahmen.[58] Er sieht darin die Ursprünge der skythischen Großplastikkultur in Zentralasien (westlichen Mongolei, Altaigebirge und Kazachstan), wo sich seit der Kupfersteinzeit indoeuropäische Viehzüchterstämme aufhielten.[59] Bereits im Kap. 6.2.7 wurde erwähnt, dass es in Südsibirien viele Stelen mit eher weiblichem Charakter gibt und sie nach der Auffassung von Grjasnov eine Göttin, die Urmutter, darstellen könnten.

Auch die Griechen nördlich des Schwarzen Meeres stellten Stelen auf. So weist Ebert (1921) auf eine griechische Stele in Kerč hin, die Aphrodite Urania (Schöpfergöttin) im 2. Jh. v.d.Zt. geweiht wurde. Jedoch seien die meisten im 2. und 3. Jh. n.d.Zt. entstanden und dienten dem Kult sowie der Jugenderziehung.[60] Kryžickij (1991) gibt an, dass auf griechischen Grabstelen Reliefdarstellungen der Toten und Szenen aus ihrem Leben abgebildet sind.[61]

7.3 Geschichte

Zur Rekonstruktion der Vergangenheit verwenden Historiker größtenteils schriftliche Überlieferungen. Um ein möglichst wahrheitsgetreues Bild zu erhalten, müssen die Textquellen zu ihrem äußeren Zustand, ihrer Echtheit, dem Autor, der Entstehungszeit, der Quellenart, dem Inhalt, dem Zweck und den Adressaten „befragt“ und interpretiert werden. Ihre Qualität beeinflusst das fragmentartige Bild von der Vergangenheit, das aus möglichst mehreren Quellen rekonstruiert werden sollte. So sind z.B. Traditionsquellen (Sagen, Legenden, historische Lieder, Memoiren, Geschichtswerke) meist subjektiver als Überrestquellen (Urkunden, Rechnungen, Akten, Protokolle), die aber wiederum meist nur Einzelaspekte wiedergeben und keine Gesamtzusammenhänge wie die Traditionsquellen.[62] Obwohl schriftliche Quellen nur Ausschnitte aus der Vergangenheit wiedergeben und subjektiv geprägt sein können, besitzen sie eine herausragende Bedeutung zur Erforschung der Geschichte.

Ab dem 8. Jh. v.d.Zt. sind erste schriftliche Aufzeichnungen über die eurasischen Steppenbewohner überliefert. Sie stammen von Urartäern, Assyrern, Griechen und später auch Römern. Als Fremde berichteten sie über die Namen der Völker, ihre Herrscher und Kriegszüge, aber auch etwas über das Land, Wirtschaft, Religion, Sprache und anderes. In Keilinschriften des Königreiches von Urartu sind die Kriegszüge der **Kimmerier** 714 v.d.Zt. erwähnt. Wie Herodot (IV 1 und 11-13) berichtet, wurden sie von den Skythen nördlich des Schwarzen Meeres vertrieben. Aus akkadischen Quellen sind drei Königsnamen von ihnen überliefert: *Teušpa, Dugdammê* (griechisch: *Lygdamis*) und *Sandaksatru* bzw. *Sandakurru* (Sohn des *Dugdammê*). Ivančik (2001) vermutet, dass im letzten der Name eines Gottes Sand/ta enthalten sein könnte (vgl. Kap. 7.4).[63]

Zu den **Skythen** liegen eine Vielzahl schriftliche Überlieferungen von unterschiedlichen Berichterstattern vor.[64] Vom Vater der Geschichtsschreibung, dem Griechen Herodot, stammt ein neunbändiges Geschichtswerk, in dem er sehr ausführlich im vierten Buch über die Skythen berichtet (Herodot IV 1-144). Herodot besuchte auch das skythische Reich und beschaffte sich vor Ort Informationen.[65] Seine Quellen offenbart er nicht immer, sondern schreibt stattdessen „Man sagt . . .“ oder „Ich habe gehört . . .“ Ein Teil seiner Aussagen wurde mit archäologischen Funden bestätigt, ein anderer konnte jedoch nicht belegt werden. Herodot beschreibt das Land und die Leute, Kriegszüge, aber auch Bestattungssitten, Mythen und Religion.

Demnach haben die Skythen männliche und weibliche Götter verehrt. An oberster Stelle erwähnt Herodot Tabiti – die Große Göttin. Er setzt sie mit Hestia, der griechischen Göttin des heimischen Herdes gleich. Jedoch ist es fraglich, ob das richtig ist (vgl. auch Kap. 7.4). Die skythische Erdgöttin trägt den Namen Api und der griechischen Liebesgöttin Aphrodite entspricht nach Herodot Argimpasa (vgl. auch Kap. 7.4). Von den männlichen Göttern werden „Väterchen“ (Zeus), Oitosyros (Apollon), Herakles, Ares und Thagimasadas (Poseidon) genannt.[66] Tabiti (Hestia) scheint für die Skythen eine besondere Bedeutung besessen zu haben. Denn der König Idathyros soll erwidert haben: „Als Herren aber erkenne ich niemand an als Zeus, meinen Stammvater, und Hestia, die Königin der Skythen.“

Herodot (IV 127) gibt die griechischen Götternamen an, aber vermutlich nannte der König den skythischen Namen der Göttin. Auch über die Nachbarn der Skythen: die Taurier, Agathyreser, Neurer, Androphagen, Schwartzmäntel, Geloner, Budiner, Sauromaten und Amazonen berichtet Herodot (IV 102-117). Die Taurier, die auf der Halbinsel Krim lebten, verehrten die Göttin Iphigeneia. Bei den erwähnten Stämmen, die nördlich der Skythen lebten, könnte es sich nach Gimbutas (1963/1983) auch um baltische und finno-ugrische handeln.[67]

Zu den **griechischen Göttinnen**, die an der Nordschwarzmeerküste verehrt wurden, gibt es neben den bereits erwähnten Kunstgegenständen (Schmuck, Keramik, Statuetten, Terrakotten) auch verschiedene Inschriften. Sie bezeugen den Kult von Aphrodite in Olbia, Artemis am Bug und einer Stadtgöttin von Chersonesos, die am meisten von allen Göttern verehrt wurde. Ebert (1921) gibt dazu detaillierte Angaben.[68]

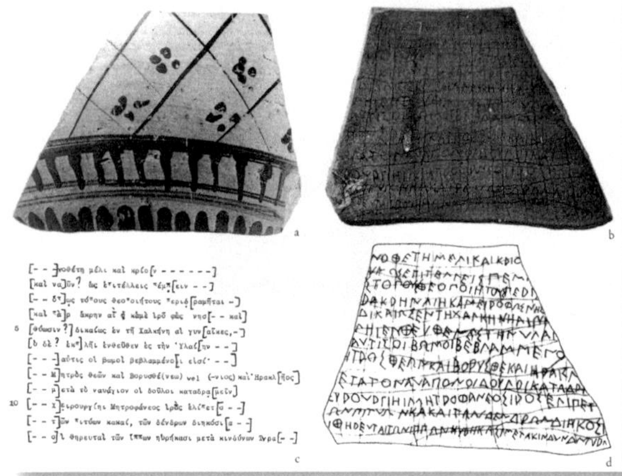

Abb. 32: „Brief eines Priesters": Scherbenbruchstück eines samischen Tongefäßes mit griechischer Inschrift auf der Rückseite.
a Vorderansicht der Scherbe mit Bemalung
b Rückseite der Scherbe mit griechischer Inschrift
c-d Umschrift des Textes
Quelle: Rusjaeva/Vinogradov (1991), S. 201.

Auf einer Scherbe eines samischen Keramikgefäßes berichtet ein Priester aus Hylaia in einer Art Brief, der in griechischer Sprache eingeritzt und mit rotem Ocker betont wurde, über die Geschehnisse im Raum nördlich des Schwarzen Meeres um ca. 550-530 v.d.Zt.: „... Aufs neue sind die Altäre beschädigt... und zwar diejenigen der Göttermutter, des Borysthenes und des Herakles . . ."[69] Diese Inschrift kann als Beweis angesehen werden, dass im Nordschwarzmeergebiet in der Eisenzeit Muttergöttinnen verehrt wurden. In Abb. 32 ist die Scherbe mit der Inschrift dargestellt.[70]

Aus dem Untersuchungsgebiet ergaben sich bisher keine schriftlichen Nachrichten zu Muttergottheiten der **Kelten**, aber zahlreiche Weihsteine mit Inschriften belegen den Matronenkult der Kelten in Mitteleuropa, der 36/37 n.d.Zt. in Italien und 70/122 n.d.Zt im Rheinland begann und gegen 260 n.d.Zt. endete. Die Steine wurden meist regionalen Muttergottheiten geweiht. In schwierigen Lebenssituationen beteten die Kelten zu ihnen und baten um Hilfe.[71] Birkhan (1997) stellt außerdem fest: „An sich ist die Verehrung einer Muttergottheit gewiss nicht erstaunlich. Es ist nur die Dreiheit, die die Matres, Matrae und Matronae so deutlich von den verbreiteten Muttergottheiten abhebt."[72]

In antiken Nachrichten werden die **Amazonen** häufig genannt.[73] Obwohl die Wissenschaftler sie weniger erforschen und das Frauenvolk als Legende gesehen wird, sprechen zahlreiche Berichterstatter von ihnen. So auch Herodot (IV 110-116), der im vierten Buch erzählt, wie die Amazonen nach dem Krieg gegen die Griechen im Skythenland gestrandet sind. Skythische Jünglinge wollten sie gern zur Frau wählen. Die Amazonen zogen mit ihnen jenseits des Don und aus den Verbindungen sollen die Sauromaten entstanden sein, deren Frauen auch zur Jagd gingen, an Kriegen teilnahmen und Männerkleidung trugen. Spärliche Informationen liegen zur Götterverehrung vor. Pöllauer erwähnt Apollonios von Rhodos (3. Jh. v.d.Zt.), der berichtet hätte, dass die Amazonen Ares verehrten. Es wird auch vermutet, dass die Amazonen die Jagdgöttin Artemis, die ursprünglich eine Muttergottheit verkörperte, angebetet haben und auch bei der Errichtung des Artemistempels in Ephesos beteiligt waren. Der Reiseschriftsteller Pausanias (2. Jh. n.d.Zt.) vertritt allerdings die Ansicht, dass die Amazonen dort nur Schutz gesucht hätten.[74]

Ščepinskij (1994) gibt an, dass schriftlichen Quellen zu Folge sarmatische Frauen ebenso wie die Männer gejagt und auch an Kriegszügen teilgenommen hätten. Sie besaßen auch priesterliche Funktionen.[75] Polyainos (2. Jh. v.d.Zt.) schreibt über die sarmatische Königin Amage, dass sie „. . . sämtliche Staatsangelegenheiten leitete und daß sie sich bei den benachbarten Stämmen und Völkern eines großen Ruhmes erfreute."[76]

Von den **baltischen Stämmen** liegen erste schriftliche Aufzeichnungen ab dem 1. Jh. n.d.Zt. vor. Frühere Berichte lassen sich nicht eindeutig zuordnen. Der römische Historiker Tacitus erwähnt in seiner *Germania* ein Volk „Aesti" oder „gentes Aestiorum", das an der Ostküste der Ostsee siedelte und Bernsteine sammelte. Seinen Aussagen zufolge haben die Aestier eine Muttergöttin verehrt.[77] Gimbutas vermutet, dass Tacitus einige oder auch alle baltischen Stämme gemeint haben könnte.[78]

7.4 Religionswissenschaft

7.4.1 Religion der Kimmerier

Von den Kimmeriern sind die in Kap. 7.3 genannten drei Königsnamen überliefert. Ivančik (2001) führt an, dass im dritten Namen *Sandakurru* der Name eines Gottes Sand/ta enthalten sein könnte. Nach Malchow (2003) handelt es sich dabei um den kleinasiatischen Haupt-, Blitz- und Wettergott der Lyder.[79] Im *Lexikon der Göttinnen* erwähnt Monaghan (1997) zwar, dass die Große Göttin der Skythen Tabiti schon vor der Ankunft dieses Volkes nördlich des Schwarzen Meeres verehrt worden sei, aber ob das auf die Kimmerier zutrifft, ist unklar.[80]

7.4.2 Skythische Religion

Skythische Göttinnen und Götter wurden im Kap. 7.3 bereits beschrieben. Die Große Göttin Tapiti stand an oberster Stelle des Pantheons.[81] Ihr Name wird unterschiedlich gedeutet. Haarmann (2006) führt ihn auf die indoeuropäische Wurzel **tap-* (erhitzen, schüren von Feuer) zurück, so dass Herodots Gleichsetzung Tapitis mit der griechischen Göttin des häuslichen Herdes Hestia angebracht erscheint. „Tabiti ist eine Variante des altiranischen Ausdrucks *tapayati* ‚diejenige, die das Feuer schürt'."[82] Monaghan dagegen erwähnt im *Lexikon der Göttinnen*, dass Tapiti „Große Göttin" bedeutet und sie auch die „Alles Sehende" wäre.[83] Daher scheint es nicht nur um eine Göttin des häuslichen Herdes zu handeln, sondern um eine Gestalt der Großen Mutter, der Großen

Göttin. Eine gewisse sprachliche Ähnlichkeit besitzt der Name Tapiti mit „Aditi" der indischen Tages- und Allmuttergöttin. *Ādi* (altindoarisch) bedeutet „Anfang, Beginn". Die skythische Erdgöttin Api soll die Gattin des Himmelgottes Papaios gewesen sein. Argimpaasa ist die skythische Liebes-, Fruchtbarkeits- oder Mondgöttin. Sie besitzt ähnliche Funktion wie Aphrodite Urania. Bessonova (1991) stellt dar, dass in ihrem Kult auch eine Verbindung zu den östlichen Muttergöttinnen Ischtar oder Artemis bestände.[84] Neben den weiblichen Gottheiten wurden auch Oitosyros, der skythische Licht- und Sonnengott, Achelòos als Flussgott und Ares verehrt. Die skythische Religion gehört zu den indoeuropäischen Religionen (vgl. Kap. 6.4.1). In der Tab. 20 sind die skythischen Gottheiten in einer Übersicht zusammenfassend dargestellt.

Tab. 20: Gottheiten der Skythen Quelle: Vgl. Herodot (IV 59); vgl. auch Malchow (2003), S. 87 und 146.

	Skythischer Name	Funktion bei Skythen	Griechischer Name lt. Herodot
Göttinnen	Tabiti	Große Göttin, Feuergöttin und Herrin der Tiere	Hestia (Göttin des heiligen Herdfeuers)
	Api	Erdgöttin	Gemahlin des Zeus (Hera)
	Argimpaasa (Artimpaasa)	Liebesgöttin und Mondgöttin	Aphrodite (Urania)
	Oitosyros?	Göttin	
Götter	Achelòos	Flussgott	
	Oitosyros	Licht- und Sonnengott	Apollon
	Papaios (Papeus)	Himmelsgott	Zeus
	Thagimasadas	Gott	Poseidon (grch. Gott)
	?		Ares (grch. Kriegsgott)
	?		Herakles (grch. Held)

7.4.3 Griechische Religion

Wie bereits im Kap. 6.11 beschrieben, hat nach Göttner-Abendroth die griechische Religion verschiedene Stufen durchlebt. In der vorindoeuropäischen Zeit auf der Ebene des einfachen Matriarchats war Gaia die Große Mutter, die alles aus sich heraus gebar, auch ihren Gatten Uranos. In einer späteren vorindoeuropäischen Phase auf der Stufe des entwickelten Matriarchats wurden verschiedene Muttergottheiten verehrt, wie z.B. Aphrodite, Artemis, Athene, Demeter oder Hera. In der indoeuropäischen Stufe erschien der Vatergott Zeus, der mit Hera das herrschende Götterpaar bildete. Die anderen Muttergöttinnen (Aphrodite, Artemis, Athene) wurden zu seinen Töchtern oder Geliebten transformiert. Die Phase dauerte an, bis der alleinige universale Vatergott des griechisch-orthodoxen Christentums angenommen wurde.[85] Von den griechischen Göttern werden im Folgenden nur die aus schriftlichen oder archäologischen Quellen des Untersuchungsgebietes bekannten Göttinnen kurz näher erläutert.

Aphrodite

Die griechische Göttin der Liebe und Schönheit Aphrodite trägt den Beinamen „Anadyomene", der bedeutet „Die sich aus den Wellen Erhebende". Dieser geht auf eine Legende von der Geburt von Aphrodite zurück. Künstlerisch findet sich das Motiv auf verschiedenen Objekten wieder. Aphrodite ist ursprünglich keine griechische

Göttin. Sie stammt vermutlich aus dem Nahen Osten oder noch weiter entfernt. Als Aphrodite Urania stellte sie eine universale Schöpfergöttin dar. Bei den Griechen wurde sie von der Muttergöttin zu der Göttin der Schönheit umfunktioniert.[86]

Hauptkultort:	Zypern
Vorgängerinnen:	Ishtar (Babylon), Anahita (Persien), Lakshmi (Indien)
Varianten:	Morrigain (Kelten), Freyja (Germanen), Venus (Römer)[87]

Artemis

Die Große Göttin der Griechen, die sehr geliebt und verehrt wurde, verkörpert mehrere Aspekte. Die „Mutter Artemis" ist durch die turmhohe, vielbrüstige Statue in Ephesos als eines der sieben Weltwunder bekannt. Im Westen Europas dagegen wurde sie meist als jungfräuliche Göttin der Jagd und des Mondes abgebildet. Sie gilt auch als Herrin der Tiere. Artemis Alpheia soll die Hochgöttin der Amazonen gewesen sein, die eher den kriegerischen Aspekt verehrten.[88]

Hauptkultort:	Ephesos
Vorgängerin:	Britomartis – Herrin der wilden Tiere (Kreta)
Variante:	Liban – Hirschwagengöttin (Kelten), Diana (Römer)[89]

Athene

Die Schutzpatronin von Athen ist ursprünglich eine Göttin aus Lybien und gelangte über Kreta nach Griechenland.[90] Die von den Frauen zur Stadtgöttin gewählte Athene wurde von den Stadtvätern nur durch das Aufstellen von zusätzlichen Bedingungen, die die Frauen zu akzeptieren hatten, anerkannt. Sie mussten auf ihr Stimmrecht verzichten und die Kinder sollten den Namen des Vaters anstatt den der Mutter tragen. Auch die Eigenschaften der Göttin wurden verändert.[91] „Sie behaupteten, sie sei eine jungfräuliche Göttin ohne Geschlechtsleben, die ausgewachsen dem Haupt des Zeus entsprungen sei . . . „[92] Sie fungierte als griechische Göttin des Krieges, der Weisheit, der Wissenschaft und der Künste. „Die Göttin, die . . *Pallas Athene* genannt wurde, war eine spätere, maskuline Erfindung. Die Griechen glaubten, als Stadtgöttin eine Art . . Walküre, eine kampfbereite Beschützerin des Volkes zu brauchen."[93]

Demeter

Demeter ist eine griechische Muttergöttin, die auch als Erdmuttergöttin, Göttin des Ackerbaus und Getreides oder Fruchtbarkeitsgöttin bekannt ist. Der Name setzt sich aus den Silben „De" und „meter" zusammen. Die Bedeutung von „De" ist nicht eindeutig geklärt, aber „meter" geht auf „mater - Mutter" zurück. Die Legende von dem Verlust ihrer Tochter Persephone und das Wiederfinden soll den Verlauf (Entstehung und Wandel) der Jahreszeiten erklären.[94] Beim Eleusinischen Kult vollziehen die Teilnehmer die Legende nach.[95]

Hauptkultort:	Eleusis
Vorgängerin:	Isis (Ägypten), Rhea (Kreta)
verwandt mit:	Ishtar, Arinna, Kybele, Atargatis, Anat (alle Göttinnen, die ihren Heros in der Unterwelt suchen)
Variante:	Modron (Kelten), Frigga (Germanen), Ceres (Römer)[96]

Zwar bewahrten die Griechen ihre Heimatreligion in den nordpontischen Kolonialstädten, aber vor allem nach der Zeitenwende flossen nach Kryžickij (1991) auch einige Elemente der skythischen, sarmatischen, thrakischen, iranischen und ägyptischen Götterverehrung ein, so dass sich eine synkretische Kultur entwikkelte.[97]

7.4.4 Keltische Religion

Die Kelten verehrten im besonderen Maße Muttergöttinnen, aber in der deutschen Literatur wird dieser Punkt eher weniger behandelt.[98] Birkhan (1997) beschreibt Spuren, verschiedene Erscheinungsformen und zeigt Zusammenhänge auf.[99] Mehrere Beiträge sind auch bei Kurt Derungs (1995) in *Keltische Frauen und Göttinnen. Matriarchale Spuren bei den Kelten, Pikten und Schotten* zusammengefasst, jedoch wird bei beiden die ostkeltische Kultur in Russland nicht erwähnt. Die Transformation der keltischen Religion von der schöpfenden Muttergöttin zum alleinigen Vatergott des Christentums stellt Göttner-Abendroth (1988) in einer Übersicht dar. (Es sei an dieser Stelle bereits erwähnt, da die Göttin eine Namensveränderung erfuhr.) In der vorindoeuropäischen Zeit (einfaches Matriarchat) wurde eine große Muttergöttin Dana bzw. Danu verehrt, deren Name nach Birkhan nur im Genitiv belegt ist (Stämme der Göttin *Danann*).[100] Auch spielen die Muttergöttinnen Modron bzw. Erin mit ihren Söhnen in der entwickelten Stufe eine gewisse Rolle. Während der indoeuropäischen Zeit wurde aus Dana der männliche Vatergott Don, aus dem alle Götter entstanden sein sollen.[101]

Die Festland-Kelten (Gallier) in West- und Mitteleuropa gaben ihre religiösen Traditionen mündlich weiter. Von ihnen selbst sind keine eigenen schriftlichen Aufzeichnungen erhalten, aber viele Steine mit Inschriften (Stelen und Matronenkult). Römische Eroberer, wie z.B. Cäsar, berichteten über die Religion der „Gallier". Allerdings nannte er römische Götternamen (Merkur, Apollo, Mars, Jupiter und die Göttin Minerva).[102] Von den Kelten, die sich während der Eisenzeit im südlichen Russland und der heutige Ukraine aufhielten, gibt es kaum Hinweise. Ihr Kult wurde mündlich weitergeben.[103] Moszyński (1991) sieht eine sprachliche Gemeinsamkeit zwischen dem slavischen Gott Veles und den Veles (Seher) bei den Kelten und vermutet, dass der slavische Gott Veles von den Kelten abstammen könnte.[104] Im Folgenden werden die bekannten Muttergöttinnen der Kelten in Tab. 21 kurz dargestellt.

Tab. 21: Keltische Göttinnen
Quelle: Vgl. Göttner-Abendroth (1988), Malchow (2003) und Monaghan (1997).

Name	Funktion
Ana, Anu	keltisch/irische jungfräuliche Allmutter-, Erd- und Fruchtbarkeitsgöttin
Brigid	keltische Göttin der Weisheit, der Dichtkunst und Musik
Brigit	irisch/keltische Schutzgöttin der Schmiede, Dichter und Ärzte
Brigitte	altbritisch-heidnische Göttin
Dana/Danu	irische Göttin, Stammmutter des Geschlechtes der Tuatha Dé Dannan, Schutzherrin der Künste und kulturellen Güter
Deare Matres, Matres, Matronae	Muttergöttinnen in Form von Steinfiguren, Matronenkult ist ab 30 n.d.Zt. bis ca. 200 n.d.Zt. nachgewiesen.
Dòn	britisch/walisische Muttergöttin
Eostra	altenglische Frühlingsgöttin
Epona	keltische Mutter-, Unterwelts-, Fruchtbarkeits-, Kriegs- und Schutzgöttin der Pferde und Maultiere; Epona-Kult lässt sich vom Niederrhein bis nach Rom nachweisen.
Erin	keltische Erdmutter-Göttin; Personifizierung des Landes Irland
Macha, Machas	keltische Mutter-, Ackerbau- und Kriegsgöttin
Minerva	römische/gallische/keltische Göttin der Künste, des Handwerks und der Weisheit
Modron	keltisch/walisische Erdmutter- und Todesgöttin mit dem Kessel und Horn des Überflusses
Morrigan (Morrigu, Morgane)	keltisch/irische dreifaltige Göttin; Göttin der Schönheit, Liebe und Fruchtbarkeit; Göttin der Schlacht und des Todes
Rhiannon (Hippona, Epona)	walisisch/keltische Fruchtbarkeits- und Pferdegöttin, große Königin

7.4.5 Religion der Amazonen

Wie aus Kap. 7.3 bereits hervorging, liegen wenige Aussagen zum Kult der Amazonen vor. Göttner-Abendroth (1988) gibt Artemis Alpheia als die Hochgöttin an, die von den Amazonen verehrt wurde.[105] Nach Monaghan verehrten die Amazonen Artemis „... als Kriegsgöttin Astateia in einem Kreistanz, begleitet vom Zusammenschlagen der Schilde und Schwerter und dem Stampfen der für die Schlacht mit Leder und Eisen umhüllten Beine."[106] Zu den Amazonen in Südrussland konnten bisher keine konkreten Spuren zur Religion gefunden werden.

7.4.6 Baltische Religionen

Die Balten haben sich vermutlich erst im 1. Jh. n.d.Zt. in mehrere Stämme aufgespalten, zu denen die Pruszen (Altpreußen), Letten und Litauer gehören. Bei den baltischen Religionen handelt es sich somit um die Religionen der Altpreußen[107], Letten und Litauer die gemeinsame Elemente aufweisen. Zu den Hauptgottheiten der Balten gehören

- ein himmlischer Vatergott: Dievs (lett.), Deiws (lit.)
- ein Donnergott: Pērkons (lett.), Perkúnas (lit.), Percunis (altpreuß.)
- eine Sonnengöttin: Saule (lett./altpreuß.), Sáule (lit.)
- eine Schicksalsgöttin: Laima
- eine Erdmutter: Zemes māte (lett.), Žemýna (lit.)

Hervorzuheben ist, dass Saule – im Gegensatz zu anderen indoeuropäischen Religionen – eine weibliche Sonnengottheit ist. Saule und Laima wurden auch oft als „Mutter" bezeichnet, wie z.B. „Mutter Sonne" oder „Mutter des Lebens". Außerdem gibt es bei den Letten eine Vielzahl von „Müttern", die nicht den indoeuropäischen Religionen entspringen. Balys und Biezais (1973) stellen dazu fest: „Die Zahl der Mütter (ca. 60) ist bei den Letten so groß und vielgestaltig wie bei keinem anderen europäischen Volk."[108] Eine Übersicht zu den Müttern ist im Anhang Tab. I dargestellt.

Speziell die Hauptgöttinnen der Letten beschreibt Biezais (1955) sehr ausführlich. Über die baltischen Religionen liegen Werke von Gimbutas (1963/1983), Balys und Biezais (1973) und Biezais (1975) vor. In diesen werden die allgemeine Quellenlage, Aussagen zu Gottheiten, Mythen und Tempeln gemacht. Da die schriftlichen Aufzeichnungen über die Balten erst nach der Zeitenwende einsetzen und sie geschichtlich ab dem 10./11. Jh. n.d.Zt. erfassbar werden, ist es schwierig, die Götterverehrung während der Eisenzeit zu beschreiben. In Tab. 22 sind deshalb weibliche Gottheiten aus der vorliegenden Literatur aufgeführt.

Tab. 22: Göttinnen der Balten (Letten und Litauer)
Quelle: Vgl. Malchow (2003), S. 142; vgl. Biezais (1975); vgl. auch Balys/ Biezais (1973).

Lettische Göttin	Litauische Göttin	Funktion
Beijen-Nejta		Göttin
Dekla		Göttin
Jumis		a) Göttin: Kraft, Wachstum, Wohlstand, indem sie jene Fülle verleiht, die in Doppelähren und Doppelfrüchten steckt b) zwei Dinge, die zu einer Einheit zusammengewachsen sind (Vgl. Gimbutas (1996a), S. 167)
Juras māte		Wassergöttin bzw. Meeresmutter
Kārta		Todesgöttin?; Göttin, die etwas ordnet
Katniha		Göttin
Laima		a) Schicksalsgöttin (Geburt, Fruchtbarkeit, Heirat, Tod) b) Schöpferin des Menschen c) Mutter des Lebens
Lauka- māte		Feld- und Fruchtbarkeitsgöttin bzw. Feldmutter
Lihgo		Fruchtbarkeits- und Liebesgöttin der Kuren
Māte		„Mutter": Eine große Anzahl mythologischer Wesen wird als „Mütter" bezeichnet.
Pērkona māte		Mutter des Donnergottes Pērkon
Saule	Sāule	Sonnengöttin; Fruchtbarkeit; oft als Mutter bezeichnet a) Sonnenjungfrau b) Mutter Sonne
Vēja māte		Windgöttin bzw. Windmutter
Velu māte		Muttergöttin der Toten bzw. Totenmutter
Zemes māte	Žemýna	Erd- und Muttergöttin, auch Totenherrscherin; Sie kümmerte sich um das Wohlergehen der Menschen und um die Äcker. Später wurde sie die christliche Maria.
	Dalia	Schicksalsgöttin
	Gabeta	Göttin
	Gabjauja	Getreidegöttin
	Giltine	Totengöttin
	Ziedkele	Göttin, Blüte

7.4.7 Finno-ugrische Religionen

Die verschiedenen Ethnien der finno-ugrischen Sprachgemeinschaft spalteten sich im Laufe von mehreren Jahrtausenden ab. Nach der räumlichen Trennung entwickelten sich die religiösen Vorstellungen auch unterschiedlich. Zu den finno-ugrischen Religionen gehören die Religionen der

- Ostseefinnen (Lappen, Finnen, Karelier, Esten, Wespen, Woten, Liven, Ingrier)
- Mordwinen
- Tscheremissen (auch: Mari)
- Permier (später: Wotjaken [auch: Udmurten], Syränen [auch: Komi])

- Magyaren (auch: Ungarn)
- Obugrier (später: Wogulen [auch: Mansen], Ostjaken [auch: Chanten])[109]

Nach Auffassung von Honko (1973) und Váňa (1992) wurden die Finno-Ugrier sehr von anderen Kulturen und Religionen beeinflusst. Die Rekonstruktion ihrer ursprünglichen religiösen Vorstellungen sei daher schwierig.[110] Honko (1971) zählt zu den wichtigsten Göttern der finno-ugrischen Völker einen Himmelsgott, eine Erdmutter und einen Wetter- bzw. Donnergott. Diese Darstellung ähnelt dem Pantheon der indoeuropäischen Religionen, obwohl die Finno-Ugrier nicht zu den Indoeuropäern zählen und auch andere Aussagen vorliegen. Eine besondere Stellung nahmen bei mehreren finno-ugrischen Völkern – wie bei den Letten (balt.) – „Mütter" ein. So haben die Tscheremissen (Mari) nach Tokarev (1976) eine Mutter des Wassers, eine Mutter des Feuers, eine Mutter der Sonne und die Mordwinen eine Mutter der Wassers, eine Mutter des Waldes, eine Mutter des Windes, eine Mutter der Fruchtbarkeit und Erntegöttin und eine Mutter des Hauses und Herdgöttin.[111] Tokarev vermutet:
„... entstanden sind diese Gestalten wahrscheinlich in der Zeit der matriarchalischen Sippe.

Daneben aber gab es auch männliche Personifizierungen, die offenbar später entstanden sind, wie zum Beispiel einen Gott der Erde und einen Gewittergott. Auf christliche Einflüsse ist höchstwahrscheinlich die bei den Mordwinen herrschende Vorstellung von einem obersten Himmelsgott zurückzuführen."[112] Danilow (1994) zeigt anhand archäologischer Funde und anderer Zeugnisse, dass die Große Geburtsmutter bei den Tscheremissen (Mari) „Tüng šočδn awa" (auch: Mutter des Allwesens) über einen langen Zeitraum eine herausragende Bedeutung besaß. Die Idee der Göttin hatte sich bereits in „alten Zeiten" entwickelt und setzte sich bis nach der Zeitenwende fort. Eine weitere Göttin ist „keče awa". Sie steht in Beziehung mit der Sonne und wurde später in den „Personalbestand" des Sonnengottes aufgenommen.[113] Danilow äußert dazu: „Der Sonnengott spielte keine besondere wichtige Rolle im späteren Heidentum. . . . Die Funktionen der weiblichen Göttinnen (*awa*) waren unbestimmt. . . . Über allen diesen Göttinnen steht aber eine Gottheit – die Gottheit der Geburt oder der Fruchtbarkeit (Fertilität)."[114]

7.5 Sprachwissenschaft

Die wenigen überlieferten kimmerischen Wörter geben keinen Aufschluss über eine Muttergöttin. Die Namen und die Bedeutung der skythischen Göttinnen, die Herodot mitteilt, wurden im Kap. 7.3 und 7.4 genannt. Ergänzend dazu gibt Parzinger (2004) an, dass die skythische Erdgöttin Api auf das iranische Wort „ab – Wasser" zurückgehen könnte.[115] Tobisch (1963) erwähnt skythische Runen, ohne sie näher zu beschreiben.[116] Nach Herodot (IV 117) sprachen die Sauromaten ein schlechtes Skythisch, das zu den iranischen, nicht erhaltenen Sprachen zählt. Reste der altiranischen Sprache (Lehnwörter) seien im Ostslavischen erhalten.[117] Griechische Götternamen analysiert Usener (1948). In den Darstellungen von Biezais (1975) zu den baltischen Religionen wird erläutert, dass aus lettischen und litauischen Wörterbüchern und Sprachlehren „. . . wichtige Angaben über einzelne Götter und Traditionen entnommen wurden."[118]

7.6 Symbolkunde

Die **Eule** steht für die Weisheit oder auch für Finsternis und Tod.[119] Sie erschien bereits seit der Jungsteinzeit auf Stelen und Megalithgräbern in Westeuropa und ebenfalls in Form von Urnen in Südosteuropa (Ungarn, Insel Lemnos und Troya) sowie in Westanatolien. Nach Gimbutas (1996a) ist die Eule ein prophetischer Vogel oder Todesbote, besitzt aber auch lebenserneuernde Energie.[120] Die Griechen hielten ein Käuzchen für das heilige Tier der Athene. Deshalb begleitet eine Eule oftmals diese Göttin auf griechischen Kunstwerken.

Aus skythischen Grabhügeln stammen Kunstgegenstände, auf denen eine weibliche geflügelte oder auch ein schlangenfüßige Gestalt abgebildet war (vgl. Kap. 7.2.3). **Flügel** sind das Kennzeichen von Göttern oder übernatürlichen Wesen. Nach dem *Lexikon der alten Symbole* (1986) besitzen sie einen solaren Aspekt, d.h. es handelt sich bei den „Geflügelten" um Sonnengötter bzw. Götter des Feuer- und Lichthimmels. Aber auch schnelle Götterboten oder „dunkle" Wesen tragen Flügel. Besonders häufig treten geflügelte Gottheiten im Westen und im Vorderen Orient auf. Im Fernen Osten und Indien dagegen finden sich nur vereinzelte Darstellungen mit Flügeln (z.B. geflügelter Drache).[121]

Die **Schlange** ist ein Symbol mit mehreren Bedeutungen. Sie ist ein Tier, das sich am Boden kriechend fortbewegt, Tiere verschlingt (Tod und Zerstörung), ihre Haut abstreift und wieder erneuert (Leben und Auferstehung). Früher wurde sie für zweigeschlechtlich gehalten, das ein Attribut aller aus sich heraus gebärender Götter ist. Eine Schlange, die sich in den eigenen Schwanz beißt, stellt einen Kreis dar, der auch „das Große Runde" oder „Uroboros" genannt wird. Eine in sich ineinander gerollte Schlange ähnelt einer Spirale (Kraftsymbol). Ursprünglich begleitete sie „(alle) Göttinnen und die Große Mutter", das durch vielfältige künstlerische Darstellungen von verschiedenen Völkern belegt ist. Mit dem Christentum wandelte sich ihre Bedeutung in die Verführerin, die Eva und Adam aus dem Paradies vertreibt.[122]

7.7 Ethnologie und Anthropologie

In den südrussischen Steppen wurden Gräber von Frauen gefunden, die typisch männliche Beigaben enthielten und offensichtlich höher angesehen waren als die Männer. Mittels einer DNA-Analyse, die der Mainzer Anthropologe Joachim Burger durchführte, konnte erforscht werden, dass die vermutlich ranghöchste Kriegerfrau, die im Gegensatz zu den anderen asiatischer Herkunft war, ein identisches DNA-Profil wie ein blondes neunjähriges Mädchen in der heutigen Mongolei hatte. Dort leben noch heute Frauen zusammen mit ähnlichen Lebensgewohnheiten (Kleidung, Hüte und Waffen) wie die Amazonen. Nur werden die Waffen zu sportlichen Wettkämpfen und nicht für Kriege benutzt. Burger vermutet, dass die Nomaden Nachfahren der Amazonen sein könnten.[123]

7.8 Folkloristik

Die Kunsttraditionen der Skythen gingen nicht mit dem Volk unter, sondern lebten in Russland bis mindestens in die vormongolische Zeit (13. Jh.) weiter. Typische Motive wurden in Stickereien, Emailen und in Dekoren an Gebäuden künstlerisch verarbeitet.[124] In den baltisch sprechenden Ländern Litauen und Lettland ist zahlreiches folkloristisches Material erhalten geblieben, das nach Biezais (1975) auch Spuren der vorchristlichen Religion enthält. So gibt es volkskundliche Archive mit einer Sammlung von ca. 500.000 Volksweisen, wie z.B. Volksliedern, in denen Göttinnen besungen, oder Bräuche, die zu ihren Ehren gepflogen wurden.[125] Die Folklore sei „. . . so gut wie der einzige Ausdruck ihrer geistigen Aktivitäten . . . " und hat, weil sie vom Volk direkt stammt, eine besondere Bedeutung zur Erforschung der baltischen Religion.[126] Biezais weist daraufhin, dass es Unterschiede zwischen den schriftlichen Aufzeichnungen Fremder über die baltische Religion und dem folkloristischen Material vorliegen: „Wenn man bedenkt, daß alle historischen Dokumente und Wörterbücher, die solche Mitteilungen bringen, von Angehörigen eines anderen Volkes aufgeschrieben wurden, während das Folklorematerial im Volk selbst wurzelt, wird es verständlich, dass in den Aussagen dieser Quellen sehr schwer zu erklärende Unterschiede, manchmal sogar Widersprüche festzustellen sind."[127]

7.9 Mythologie

Oftmals ist in Mythen auch ein wahrer Kern enthalten. Im Laufe von Jahrtausenden wandelte sich ihr ursprünglicher Inhalt. Von den **Skythen** erzählt Herodot (IV 5-12) verschiedene Sagen. Die Erste handelt von dem Stammvater Targitaos, dessen Eltern Zeus und eine Tochter des Flusses Borysthenes waren. Targitaos sei der erste Mensch im unbewohnten Skythenland gewesen und von seinen drei Söhnen würden die Skythen abstammen. Die in Südrussland lebenden Griechen hätten die zweite Mythe über die Entstehung der Skythen erzählt. Sie handelt von Herakles, dem Halbgott und Held der griechischen Sage, und einem weiblichen Doppelwesen – halb Jungfrau und halb Schlange. Sie ist die Herrscherin in dem Land Hylaia (Waldgebiet in den Steppen um den Dnepr), in das Herakles kommt. Aus der Verbindung der beiden gehen drei Söhne hervor. Der Jüngste darf im Skythenland bleiben, weil er den Bogen wie sein Vater spannen konnte. Von ihm stammen alle weiteren skythischen Könige ab. Die Gestalt dieser „Stammmutter" wurde in der skythischen und in griechisch-skythischen Kunst dargestellt (vgl. Kap. 7.2.3). Die dritte Sage Herodots geht davon aus, dass die Skythen aus Asien eingewandert sind und die Kimmerier verdrängten.

Legenden über das Frauenvolk der **Amazonen** sind sehr zahlreich. Eine ausführliche Darstellung gibt Pöllauer (2002), aber er weist auch daraufhin, dass die Amazonen wissenschaftlich wenig erforscht werden. Pöllauer teilt die Auffassungen der Gelehrten in drei Gruppierungen ein. Die Vertreter der ersten These gehen davon aus, dass es die Amazonen gar nicht gab und es sich somit um reine erdachte Geschichten handelt. Nach der zweiten These beinhalten die Legenden um die Amazonen ein Körnchen Wahrheit. „Man weiß aber nichts Genaueres." Nach der 3. These existierten die Amazonen als weibliches Reitervolk ohne eigene schriftliche Zeugnisse. Das archäologische Material wurde aber nicht richtig gedeutet oder nicht aufgefunden.[128]

Die Bedeutung der Mütter bei den **Balten** kommt auch darin zum Ausdruck, dass der Donnergott, der bei indoeuropäischen Religionen anzutreffen ist, bei den Litauern, Preußen und Letten auch eine große Mutter besitzt, die den Namen „Perkuna tete" trägt. Golovin (1998) berichtet von Mythen, die von Perkuna tete handeln. Sie sei auch diejenige, die das Schwitzbad verwalten würde.[129] „Von den Litauern haben wir die verhältnismäßig alte Nachricht, daß die große Mutter des Donnergottes (Perkuna tete) jeden Abend die müde Sonne in ihr Bad aufnehme: Hier werde sie wieder in den Zustand versetzt, der es ihr ermögliche, am neuen Morgen wieder erfrischt und verjüngt der ganzen Welt Licht und Wärme zu spenden. Eine große Göttin wird hier also als die Ursache dafür angesehen, daß das Leben der Erde kein Ende nimmt und die gesamte Schöpfung einen Neuanfang findet."[130]

7.10 Psychologie

Neumann (1956/2003) betont, dass die Große Göttin als Herrin der Tiere, die auch auf den Kunstwerken der Griechen und Skythen abgebildet ist, in vielen Gebieten der Erde bekannt war: „Die Große Göttin als Herrin des Lebendigen gebiert nicht nur das kosmische Leben und verfügt über die Elemente und die Erdvegetation. Auch als ‚Herrin der Tiere' wurde sie in der matriarchalen Schicht der Völker von Indien bis zum Mittelmeer, in Kleinasien, Kreta, Griechenland, Syrien, Mesopotamien, Ägypten, in Afrika und westlich bis nach Malta, Sizilien und Südspanien verehrt."[131] . . . „Ihre Namen sind unzählig – Britomartis und Diktymia, Kybele und Ma, Dindysene und Hekate, Pheraia und Artemis, Baubo und Aphaia, Orthia und Nemesis, Demeter, Persephone und Selene, Medusa und Eleuthera, Taeit und Leto, Aphrodite und Bendis, . . . Hathor und Isis."[132]

Sie wurden oft mit Flügeln dargestellt, d.h. es sind himmlische, keine chthonische Göttinnen. Ihre vielfältigen Erscheinungsformen wären „ein Merkmal des Archetypus".[133] Demzufolge können die Kunstwerke der Griechen und Skythen, auf denen Göttinnen mit Flügeln und bestimmten Begleittieren erscheinen, als Darstellungen der Großen Göttin bzw. der Großen Mutter interpretiert werden. Ähnlich wie Göttner-Abendroth vertritt Neumann die Auffassung, dass Athene von einer vorgriechischen-kretischen Muttergottheit zu einer Tochter des Zeus transformiert wurde. „Entsprechend wird im patriarchalen Griechenland Athene, deren Bezug zum kretischen Kreis der Großen Mutter, zur Erdschlange, zum Weben ebenso wie ihre Autochthonie, ihre Selbsterzeugtheit, unzweifelhaft ist, zur Tochter des Zeus, welche seinem Haupte entspringt."[134]

Nach Neumann wurden Demeter und die Eleusinische Mysterien in der Antike hoch geschätzt. Die Männer versuchten sich mit ihrer weiblichen Seite zu versöhnen. Die Hingabe an die Große Mutter hat sie an die schöpferischen Kräfte und die kosmische Liebe angebunden. Neumann spricht auch in diesem Zusammenhang von der Geburt des „Lichtsohnes".[135]

7.11 Feminismus

Die Ausführungen von Göttner-Abendroth zur Transformation der Muttergöttinnen in der griechischen und keltischen Religion wurden aufgrund des Gesamtzusammenhangs bereits unter Kap. 7.4 dargestellt.

7.12 Zusammenfassung

In der Epoche der Eisenzeit bis zur Zeitenwende siedelten im Norden Russlands und mittleren Wolgagebiet die baltischen und finno-ugrischen Stämme, aber im Süden fanden große Wanderungen statt. Es trafen nomadische Reitervölker auf Ackerbauern, hochkultivierte Griechen auf „Barbaren" und west- bzw. mitteleuropäische Kelten auf eurasische Kulturen. Die verschiedenen Völker kamen zusammen, vermischten sich, unterdrückten andere, brachten ihre Kultur und Religion mit und übernahmen Elemente fremder Völker. Die Religionen der Indoeuropäer (Skythen, Griechen, Balten) waren zu diesem Zeitpunkt vorherrschend. Neben männlichen Göttern wurden aber im besonderen Maße weibliche verehrt. Im Süden Russlands konnten vielfältige Spuren, die auf die Große Göttin bzw. Muttergöttinnen hinweisen, gefunden werden. Die Kunstwerke der Skythen und Griechen, schriftliche Aufzeichnungen und Mythen geben Aufschluss darüber, dass trotz Kriegen, Wanderungen und Assimilationen die Gestalten der Großen Göttin eine besondere Bedeutung hatten. Es ist nicht möglich, im Rahmen dieser Arbeit eine vollständige Kultur- und Religionsgeschichte der vielen Stämme und Völker des Untersuchungsgebietes zu präsentieren, aber die gefundenen Fragmente zeigen, dass sich die Verehrung weiblicher Gottheiten – trotz des Aufkommens männlicher Götter – sich fortsetzte oder wiederauflebte.

---

1 Vgl. Bahn (2003), S. 197.
2 Vgl. Lexikon der Archäologie (1973), S. 94.
3 Vgl. Taylor/Aston (2004), S. 198.
4 Vgl. Lexikon der Archäologie (1973), S. 94 f; vgl. auch Bahn (2003), S. 197.
5 Vgl. Zimmermann (2006), S. 198.
6 Vgl. Lübbes archäologische Enzyklopädie (1980), S. 142.
7 Vgl. Lübbes archäologische Enzyklopädie (1980), S. 140 f.; vgl. Lexikon der Archäologie (1973), S. 94.
8 Vgl. Herodot (IV 11-13).
9 Vgl. Gitermann (1944/1987), S. 24.
10 Vgl. Artamonov (1970) z.B. hinsichtlich der Bestattungsrituale.
11 Vgl. Vána (1992), S. 49; vgl. auch Moszyński (1991), S. 59.
12 Vgl. Parzinger (2006), S. 709 ff. und 830?.
13 Vgl. Parzinger (2004), S. 119.
14 Vgl. Parzinger (2006), S. 708.
15 Vgl. Häusler (1997), S. 663 f.
16 Vgl. Parzinger (2004), S. 111.
17 Vgl. Parzinger (2004), S. 113; vgl. auch Häusler (1997), S. 662 f.
18 Vgl. Artamonov (1970), S. 76 f.
19 Artamonov (1970), S. 78.
20 Vgl. Artamonov (1970), S. 79 ff.
21 Artamonov (1970), S. 82.

22 Vgl. Gitermann (1944/1987), S. 25.
23 Vgl. Müller-Karpe (1998c), S. 152.
24 Vgl. Blavatski (1957), S. 18; vgl. auch Parzinger (2004), S. 99.
25 Vgl. Blavatski (1957), S. 17 f.
26 Vgl. Artamonov (1970), S. 75 sowie Taf. 278.
27 Vgl. Müller-Karpe (1998 b), S. 25.
28 Vgl. Müller-Karpe (1998 b), S. 25.
29 Vgl. Galanina/Gratsch (1986), S. 105.
30 Vgl. Galanina/Gratsch (1986), S. 160.
31 Vgl. Parzinger (2004), S. 98.
32 Vgl. Galanina/Gratsch (1986), S. 17 und S. 89.
33 Vgl. dazu z.B. Jettmar (1964) u.a.
34 Abbildungen zu Plättchen mit Göttin bei Artamonov (1970), S. 59 bzw. 131; Galanina/Gratsch (1986), S. 164; Schiltz (1994), S. 187 und Müller-Karpe (1998), S. 25.
35 Vgl. Artamonov (1970), S. 55 und 109.
36 Rolle u.a. (1991), S. 309.
37 Vgl. Häusler (1997), S. 665.
38 Abbildungen zur Göttin mit Schlangenbeinen bei Artamonov (1970), S. 59 und 72; Galanina/Gratsch (1986), S. 110 und 140; Schiltz (1994), S. 189 und Rolle u.a. (1991), S. 349.
39 Vgl. Artamonov (1970), S. 59 und Taf. 186.
40 Vgl. Galanina/Gratsch (1986), S. 144 und Abb. 203; vgl. auch Artamonov (1970), S. 72 und Abb. 230.
41 Abbildungen zur geflügelten Göttin bei Artamonov (1970), S. 21 bzw. 116 und S. 127 f.; Galanina/Gratsch (1986), S. 51, 141 und 165.
42 Artamonov (1970), S. 21.
43 Vgl. Galanina/Gratsch (1986), S. 20.
44 Vgl. Malchow (2004), S. 66.
45 Vgl. Neumann (1956/2003), S. 260; siehe auch Kap. 7.10.
46 Vgl. Artamonov (1970), S. 60; vgl. auch Galanina/Gratsch (1986), S. 165.
47 Vgl. Jettmar (1964), S. 19.
48 Vgl. dazu die Abbildungen in Artamonov (1970), S. 136 sowie Galanina/Gratsch (1986) S. 141.
49 Galanina/Gratsch (1986), S. 92.
50 Vgl. Kšica (1977), S. 9.
51 Vgl. Kryžckij (1991), S. 191; vgl. auch Blavatski (1957), S. 16 ff.
52 Vgl. Wirth (1974), S. 46.
53 Vgl. Belozor (1991), S. 161.
54 Schiltz (1994), S. 457.
55 Vgl. Blavatski (1957), S. 9.
56 Vgl. Schiltz (1994), S. 457.
57 Vgl. Galanina/Gratsch (1986), S. 17.
58 Vgl. Belozor (1991), S. 161.
59 Vgl. Belozor (1991), S. 161.
60 Vgl. Ebert (1921), S. 278 f.
61 Vgl. Kryžickij (1991), S. 191.
62 Vgl. Baumgärtner (2004), S. 403.
63 Vgl. Ivančik (2001), S. 14 f.
64 Vgl. Parzinger (2004), S. 7-18.
65 Vgl. Schlette (1988), S. 115.
66 Vgl. Herodot IV 59.
67 Vgl. Gimbutas (1963/1983), S. 112-116.
68 Vgl. Ebert (1921), S. 278 f.
69 Rusjaeva/Vinogradov (1991), S. 201.
70 Rusjaeva und Vinogradov (1991) geben dazu folgende Übersetzung an: „. . . dem Agonotheten (oder Verfasser der Hymnen) Honig und einen Schafbock . . . und ein Schiff(?), wie du befiehlst zu senden, . . . damit er die gottgeschaffenen Orte befahre und sich ständig in der Nähe des Kaps befinde, und auch neben mir ein Mann des Heiligtums,

die Insel (?) . . . (und sie brachten Opfer?) würdig der Frauen in Chalkene, (er selbst jedoch?) reiste von hier zu Schiff nach Hylaia . . . Aufs neue sind die Altäre beschädigt . . . und zwar diejenigen der Göttermutter, des Borysthenes und des Herakles . . ., nach dem Schiffbruch entflohen die Sklaven . . ., mittels der Kunst des Metrophanes bleibt es, heilige . . . (anzufertigen?), die schlechten Kiefern und zweihundert andere Bäume . . ., Pferdejäger fanden, in dem sie sich Gefahren aussetzten . . ."

71 Vgl. Birkhan (1997), S. 513 und 524.
72 Birkhan (1997), S. 519.
73 Vgl. Pöllauer (2002), S. 11.
74 Vgl. Pöllauer (2002), S. 14.
75 Vgl. Ščepinskij (1994) , S. 97.
76 Polyainos (o.J.), o.S.; zit. in Ščepinskij (1994), S. 99.
77 Tacitus 28 XLV, zit. nach Gimbutas (1968), S. 18.
78 Vgl. Gimbutas (1968), S. 18.
79 Vgl. Malchow (2004), S. 99.
80 Vgl. Monaghan (1997), S. 261.
81 Vgl. Bellinger (1999), S. 372.
82 Haarmann (2006), S. 920. Rekonstruierte Wörter werden in der Regel mit einem Sternchen, dem sog. Asterisk (*) gekennzeichnet: z. B. **tap.*
83 Vgl. Monaghan (1997), S. 261.
84 Vgl. Bessonova (1991), S. 151.
85 Vgl. Göttner-Abendroth (1988), S. 118 f.
86 Vgl. Göttner-Abendroth (1988), S. 236; vgl. auch Monaghan (1997), S. 27 ff.; vgl. ähnlich Tokarev (1976), S. 534.
87 Vgl. Göttner-Abendroth (1988), S. 236.
88 Vgl. Göttner-Abendroth (1988), S. 237; vgl. Monaghan (1997), S. 32 f.; vgl. Tokarev (1976), S. 530.
89 Vgl. Göttner-Abendroth (1988), S. 237.
90 Vgl. Göttner-Abendroth (1988), S. 237.
91 Vgl. Monaghan (1987), S. 39 f.
92 Monaghan (1987), S. 40.
93 Monaghan (1987), S. 40.
94 Vgl. Monaghan (1987), S. 75.
95 Vgl. Göttner-Abendroth (1988), S. 239; vgl. Monaghan (1987), S. 74-76; vgl. Ehmer (1994), S. 112.
96 Vgl. Göttner-Abendroth (1988), S. 239.
97 Vgl. Kryžickij (1991), S. 195 f.
98 Vgl. dazu z.B. Meier (2001).
99 Vgl. Birkhan (1997), S. 513-548.
100 Vgl. Birkhan (1997), S. 499.
101 Vgl. Göttner-Abendroth (1988), S. 120.
102 Vgl. Eliade/Culiann (1995), S. 131.
103 Vgl. Vána (1992), S. 49.
104 Vgl. Moszyński (1991), S. 50.
105 Vgl. Göttner-Abendroth (1988), S. 237.
106 Vgl. Monaghan (1987), S. 33.
107 Die Altpreußen waren nur bis zum 15./16. Jh. n.d.Zt. eine selbständige Ethnie.
108 Balys/Biezais (1973), S. 423.
109 Vgl. Bellinger (1999), S. 156 f.; vgl. auch Honko (1971), S. 73-177.
110 Vgl. Honko (1973), S. 268; vgl. Váňa (1992), S. 52 f.
111 Vgl. Tokarev (1976), S. 260.
112 Tokarev (1976), S. 260.
113 Vgl. Danilow (1994), S. 27-39.
114 Danilow (1994), S. 32.
115 Vgl. Parzinger (2004), S. 78.
116 Vgl. Tobisch (1963), S. 54.
117 Vgl. Haarmann (2006), S. 920 (Internet).
118 Biezais (1975), S. 318.

119 Vgl. Lexikon alter Symbole (1986), S. 46.
120 Vgl. Gimbutas (1996a), S. 322.
121 Vgl. Lexikon alter Symbole (1986), S. 58 f.
122 Vgl. Lexikon alter Symbole (1986), S. 160; vgl. auch Neumann (1956/2003) zu den künstlerischen Darstellungen.
123 Vgl. Kolb (2004), o.S.
124 Vgl. Galanina/Gratsch (1986), S. 93.
125 Vgl. Gimbutas (1963/1983), S. 9 f.
126 Biezais (1975), S. 318.
127 Biezais (1975), S. 318.
128 Vgl. Pöllauer (2002), S. 8 f.
129 Vgl. Golovin (1998), S. 110.
130 Vgl. Golovin (1998), S. 96.
131 Neumann (1956/2003), S. 255.
132 Neumann (1956/2003), S. 260.
133 Vgl. Neumann (1956/2003), S. 260 f.
134 Neumann (1956/2003), S. 305.
135 Vgl. Neumann (1956/2003), S. 293 sowie 303.

8 Schlussbetrachtung

Absicht der Untersuchung war, Wurzeln zu finden für die auffallende und außergewöhnliche Verehrung des Mutterhaften im vorchristlichen Russland, wie im Kapitel 1 beschrieben. Die dominierende Mutterverehrung zeigt sich im Gegensatz zu den übrigen Teilen Europas sowohl in der Anbetung von Göttinnen als auch in den sozialen Strukturen der zahlreichen Ethnien in unverkennbarer Weise. Um dieses Phänomen zu beleuchten, bietet die vorliegende Forschungsarbeit verschiedene wissenschaftliche Aspekte (Archäologie usw.) in den unterschiedlichen Kulturepochen (Altsteinzeit usw.) und regionalen ethnischen Völkergruppen. Benutzt wurde dabei deutschsprachige Literatur, teilweise auch russischen Ursprungs. Die vorgefundene Dominanz weiblicher Merkmale bestätigt die Annahme, dass die Wurzeln einer Verehrung von Muttergöttern weit in die Geschichte der Menschheit und hier insbesondere der russischen Vorgeschichte zurückreichen. Selbst das bruchstückhaft vorliegende Material lässt die Kontinuität aus dem Dunkel der Geschichte bis in die christliche Götterverehrung erkennen. Zwar konnte festgestellt werden, dass Forschungsergebnisse unterschiedlich gedeutet und bewertet werden, dass sie nicht frei von subjektiven Meinungen der Forscher sind und dass periphere Forschungsrichtungen wenig beachtet oder gar negiert werden. Erschwerend wirkte die Lückenhaftigkeit des Materials und die unterschiedliche Terminologie der Forscher und deren Fachrichtungen. Dennoch bildete sich in der großen Überschau ein Netzwerk von Völkerbewegungen und kulturellen Transporten über einen riesigen Kontinent, was trotz aller Lücken und Unterbrechungen von einer konstanten kulturellen Entwicklung zeugt und zu dieser oft besungenen und gepriesenen russischen Seele geführt hat, die sich von anderen kulturellen Entwicklungen unverkennbar abhebt.

Diese sehr breit ausgelegte Untersuchung möchte für zukünftige Forschungen eine fachübergreifende Sichtweise einleiten, die zu einem tieferen Verständnis kultureller Entwicklungen führen kann. Sie soll auch anregen, Lücken zu füllen und Forschungen an entscheidenden kulturellen Sprüngen und an Wanderungsbewegungen zu vertiefen. Auch ist mit dieser Arbeit die Hoffnung verbunden, dass russische Literatur und laufende Forschungsbemühungen durch dazu Berufene einbezogen werden und es letztendlich zu gemeinsamen Projekten und zu einem bilateralen Austausch kommt, um vielleicht in einer männlich dominierten Gesellschaft des Westens ein tieferes Verständnis für die russische Seele zu erwecken.

Literaturverzeichnis

Abramova, Zoja A.: Paleolithic art in the USSR, in: Artic Anthropology IV-2 (1967), S. 1-179.

Alekšin, Vadim A.: Mesolithische Gräberfelder der Ukraine, in: Zeitschrift für Archäologie, (1994), S. 163-189.

Ambroz: Das Symbol der frühen Ackerbauer, Sov. arch., (1965) 3, S. 14-27 (russ.)

Anati, Emmanuel: Höhlenmalerei, Patmos, Düsseldorf 2002.

Anwander, Anton: Wörterbuch der Religion, 2. Aufl., Echter, Würzburg 1962.

Artamonov, Michail: Goldschatz der Skythen in der Eremitage, Artia u.a., Prag 1970.

Auffermann, Bärbel/Weniger, Gerd-Christian (Hrsg.): Frauen – Zeiten – Spuren, Neanderthal-Museum, Mettman 1998.

Baales, Michael: Zwischen Kalt und Warm, in: Menghin, Wilfred Planck, Dieter (Hrsg.): Menschen, Zeiten, Räume - Archälogie in Deutschland, Theiss, Stuttgart 2002, S. 121-123.

Bachofen, Johann Jakob: Das Mutterrecht. Eine Untersuchung über die Gynaikokratie der Alten Welt nach ihrer religiösen und rechtlichen Natur, Suhrkamp, Frankfurt 1975 (1861).

Bader, Otto N.: Russische Ausgrabungen in Sungir, in: Antike Welt, 1. Jg. (1970) H. 4, S. 30-32.

Bahn, Paul G. (Hrsg.): Der neue Bildatlas der Hochkulturen, Chronik, Gütersloh/München 2003.

Balys, Jonas/Biezais, Haralds: Baltische Mythologie, in: Haussig, Hans Wilhelm (Hrsg.): Wörterbuch der Mythologie im alten Europa, Band II. Götter und Mythen im Alten Europa, Klett, Stuttgart 1973, S. 373-454.

Bandi, Hans-Georg: Die Mittlere Steinzeit Europas, in: Narr, Karl J. (Hrsg.): Handbuch der Urgeschichte. Ältere und Mittlere Steinzeit. Jäger- und Sammlerkulturen, 1. Bd., Francke, Bern/München 1966, S. 321-346.

Bandi, Hans-Georg/Maringer, Johannes: Kunst der Eiszeit, Holbein, Basel 1955.

Baumer, Franz: Der Kult der Großen Mutter, Herbig, München 1993.

Baumgärtner, Ulrich: Textquellen, in: Schreiber, Waltraud (Hrsg.): Erste Begegnungen mit Geschichte, Bd. 1, Neuried 2004, S. 401-413.

Bellinger, Gerhard J.: Knaurs großer Religionsführer, Droemer, Knaur, München 1999a.

Bellinger, Gerhard J.: Knaurs Lexikon der Mythologie, Knaur, München 1999b.

Belozor, Vladimir P.: Skythische Großplastik aus Stein, in: Rolle, Renate u.a. (Hrsg.): Gold der Steppe. Archäologie der Ukraine, Wachholtz, Neumünster 1991, S. 161-164.

Benz, Ernst: Geist und Leben der Ostkirche, 3. Aufl., Fink, München 1988.

Berdjaev, Nicolaj: Die Russische Idee: Grundprobleme des russischen Denkens im 19. Jh. und zu Beginn d. 20. Jh., Richarz, Sankt Augustin 1983.

Bertram, Jan-Krzysztof: Grab- und Bestattungssitten des späten 3. u. des 2. Jahrtausends v. Chr. im Kaukasusgebiet, Beier & Beran, Langenweissbach 2003.

Bessonova, Svetlana S.: Skythische Glaubensvorstellungen und Kulte, in: Rolle, Renate u.a. (Hrsg.): Gold der Steppe. Archäologie der Ukraine, Wachholtz, Neumünster 1991, S. 151-152.

Bibel in gerechter Sprache, hrsg. von Ulrike Bail u.a., Gütersloher Verlagshaus 2006.

Biedermann, Hans: Die Großen Mütter. Die schöpferische Rolle der Frau in der Menschheitsgeschichte, Heyne, München 1987.

Biedermann, Hans: Knaurs Lexikon der Symbole, Droemer Knaur, München 1989.

Biehl, Peter F.: Studien des Neolithikum und der Kupferzeit in Südosteuropa, Habelt, Bonn 2003.

Biezais, Haralds: Die Hauptgöttinnen der alten Letten, Almqvist & Wiksells, Uppsala 1955.

Biezais, Haralds: Baltische Religion, in: Ström, Åke V./Biezais, Haralds (Hrsg.): Germanische und Baltische Religion, Kohlhammer, Stuttgart u.a. 1975, S. 307-374.

Binder, Vera E.: Wörter aus der Steinzeit - Völker aus dem Nichts, in: Spektrum der Wissenschaft: Die Evolution der Sprachen 1 (2004), S. 35-39.

Birkhan, Helmut: Kelten. Versuch einer Gesamtdarstellung ihrer Kultur, Öster. Akademie der Wissenschaften, Wien 1997.

BI-Universallexikon A-Z, Bibliographisches Institut, Leipzig 1988.

Blavatski, W. D.: Die älteste Kunst Osteuropas, in: Grabar, E./Lasarev, W.N./ Kemenov, W.S. (Red.), Geschichte der russischen Kunst, 1. Bd., Verlag der Kunst, Dresden 1957, S. 7-22.

Bogataja, Larisa K./Manzura, Igor V.: Ost-West-Wechselbeziehungen im Spiegel der äneolithischen-frühbronzezeitlichen Kulturen des nordwestlichen Schwarzmeergebietes, in: Zeitschrift für Archäologie 28 (1994), S. 63-86.

Bosinski, Gerhard: Die Anfänge der Kunst, in: Menghin, Wilfred/ Planck, Dieter (Hrsg.): Menschen, Zeiten, Räume - Archäologie in Deutschland, Theiss, Stuttgart 2002, S. 113-120.

Bosinski, Gerhard: Die große Zeit der Eiszeitjäger. Die jüngere Altsteinzeit, in: Welt- und Kulturgeschichte. Epochen, Fakten, Hintergründe in 20 Bänden, Bd. 01, Zeitverlag, Hamburg 2006a, S. 98-113.

Bosinski, Gerhard: Die Mittelsteinzeit, in: Zeitverlag (Hrsg.): Welt- und Kulturgeschichte. Epochen, Fakten, Hintergründe in 20 Bänden, Bd. 01, Zeitverlag, Hamburg 2006b, S. 113-120.

Boriskovskij, Pavel I.: Paleolit SSSR, Jzd. Nauka, Moskva 1984.

Böttcher, Helmuth M.: Gott hat viele Namen, Bruckmann, München 1964.

Bremer, Thomas: Sophia, in: Lexikon der russischen Kultur, Primus, Darmstadt 2002, S. 419-421.

Briffault, Robert: The Mothers, Band I, II, III, Johnson, New York 1969 (1927).

Brockhaus - die Enzyklopädie in vierundzwanzig Bänden, 20. Aufl., Brockhaus, Leipzig 2001.

Brockhaus-Redaktion (Hrsg.): Die Weltgeschichte, Bd. 1, Anfänge der Menschheit und frühe Hochkulturen, Brockhaus, Leipzig/Mannheim 1997.

Bryussov, A. JA.: Geschichte der neolithischen Stämme im europäischen Teil der UdSSR, Akad.-Verlag, Berlin 1957.

Bulgakov, Sergij N.: Die Orthodoxie: die Lehre der orthodoxen Kirche, Übers. und eingel. von Thomas Bremer, Paulinus-Verlag, Trier 1996 (1932).

Černych, Evgenij: Frühestes Kupfer in den Steppen- und Waldkulturen Osteuropas, in: Lichardes, Jan (Hrsg.): Die Kupferzeit als historische Epoche, Teil 2, Habelt, Bonn 1991, S. 581-592.

Černych, E. N./Antipina, E. E./Lebedevka, E. Ju.: Produktionsformen der Urgesellschaft in den Steppen Osteuropas (Ackerbau, Viehzucht, Erzgewinnung und Verhüttung), in: Hänsel, Bernhard/Machnik, Jan (Hrsg.): Das Karpartenbecken und osteuropäische Steppe, Leidorf, Rahden/Westf. 1998, S. 233-252.

Cunliffe, Barry (Hrsg.): Illustrierte Vor- und Frühgeschichte Europas, Campus, Frankfurt a.M./New York 1996.

Däniken, Erich, von: Die Steinzeit war ganz anders, Bertelsmann, München 1991.

Das neue Testament (nach der Übersetzung Martin Luthers), revidierter Text 1984, Evangelische Haupt-Bibelgesellschaft, Berlin und Altenburg 1985.

Debetz, G.F.: Die Sowjetunion, in: Schwabedissen, Hermann (Hrsg.): Die Anfänge des Neolithikums vom Orient bis Nordeuropa, Teil VIII a, Böhlau, Köln/Wien 1973, S. 153-169.

Dergačev, Valentin A.: Bestattungskomplexe der späten Tripol'e-Kultur, von Zabern, Mainz 1991.

Dergačev, Valentin A.: Kulturelle und historische Entwicklungen im Raum zwischen Karparten und Dnepr. Zu den Beziehungen zwischen frühen Gesellschaften im nördlichen Südost- und Osteuropa, in: Hänsel, Bernhard/Machnik, Jan (Hrsg.): Das Karpartenbecken und osteuropäische Steppe, Leidorf, Rahden/Westf. 1998, S. 27-65.

Derungs, Kurt: Keltische Frauen und Göttinnen. Matriarchale Spuren bei den Kelten, Pikten und Schotten, Bern 1995.

Dieterich, Albrecht: Mutter Erde. Ein Versuch über Volksreligion, Wiss. Buchgesellschaft, Darmstadt 1967 (1905).

Drößler, Rudolf: Kunst der Eiszeit. Von Spanien bis Sibirien, Koehler & Amelang, Leipzig 1980.

Duden. Die deutsche Rechtschreibung, 23. Auflage, Dudenverlag, Mannheim u.a. 2004.

Duden. Fremdwörterbuch, 5. Aufl., Dudenverlag, Mannheim u.a. 1990.

Duden. Herkunftswörterbuch. Etymologie der deutschen Sprache. Bd. 7, 3. Aufl., Dudenverlag, Mannheim u.a. 2001.

Ebert, Max: Südrussland im Altertum, Schroeder, Bonn und Leipzig 1921.

Ehmer, Manfred: Göttin Erde: Kult und Mythos der göttlichen Mutter Erde; ein Beitrag zur Ökosophie der Zukunft, Zerling, Berlin 1994.

Ehrenberg, Margaret: Die Frau in der Vorgeschichte (Women in Prehistory), Kunstmann, München 1992.

Eliade, Mircea: Geschichte der religiösen Ideen, 6. Aufl., Herder, Freiburg/Basel/Wien 1990.

Eliade, Mircea/Culianu, Ioan P.: Handbuch der Religionen, Suhrkamp, Zürich/München 1995.

Facchini, Fiorenzo: Die Herkunft des Menschen und die Symbolik, in: Spineto, Natalie u.a.: Symbole der Menschheit, Patmos, Düsselsdorf 2003, S. 15-26.

Flon, Christine (Hrsg.): Der große Bildatlas der Archäologie, Orbis, München 1991.

Foucalt, Alain: Vom üppigen Leben in der Mammutzeit, in: Spektrum der Wissenschaft, Spezial 1/2006: Mensch, Mammut, Eiszeit, S. 6-11.

Franz, Leonhard: Die Muttergöttin im Vorderen Orient und in Europa, Hinrichs, Leipzig 1937.

Frolov, Boris: Die magische Sieben in der Altsteinzeit, in: Bild der Wissenschaft (1971) H. 3, S. 259-265.

Galahad, Sir (Pseudonym von Eckstein-Diener, Bertha): Mütter und Amazonen. Ein Umriss weiblicher Reiche, Berlin 1932.

Galanina, Ludmila/Gratsch, Nonna: Skythische Kunst, Aurora, Leningrad 1986.

Gamkrelidse, Thomas W./Ivanov, V.V.: Die Frühgeschichte der indoeuropäischen Sprachen, in: Spektrum der Wissenschaft: Die Evolution der Sprachen, 1 (2004), S. 50-57.

Gasparini, Evel: Il matriarchato Slavo, Firenze 1973.

Gimbutas, Marija: Die Cucuteni-Triopol'e-Kultur, in: Narr, Karl J. (Hrsg.): Handbuch der Urgeschichte. Jüngere Steinzeit und Steinkupferzeit, 2. Bd., Francke, Bern 1975a, S. 212-226.

Gimbutas, Marija: Die Dnepr-Donec-Kultur, in: Narr, Karl J. (Hrsg.): Handbuch der Urgeschichte. Jüngere Steinzeit und Steinkupferzeit, 2. Bd., Francke, Bern 1975b, S. 227-233.

Gimbutas, Marija: Die Dnestr-Bug-Kultur, in: Narr, Karl J. (Hrsg.): Handbuch der Urgeschichte. Jüngere Steinzeit und Steinkupferzeit, 2. Bd., Francke, Bern 1975c, S. 210-211.

Gimbutas, Marija: Die neolithische Jäger- und Fischerkultur Nordosteuropas, in: Narr, Karl J. (Hrsg.): Handbuch der Urgeschichte. Jüngere

Steinzeit und Steinkupferzeit, 2. Bd., Francke, Bern 1975d, S. 581-592.

Gimbutas, Marija: The Goddesses and Gods of Old Europe, London 1982.

Gimbutas, Marija: Die Balten: Geschichte eines Volkes im Ostseeraum (The Balts), Herbig, München 1983 (1963).

Gimbutas, Marija: Das Ende Alteuropas: der Einfall von Steppennomaden aus Südrussland und die Indogermanisierung Mitteleuropas, Inst. für Sprachwiss. der Univ., Innsbruck 1994.

Gimbutas, Marija: Die Sprache der Göttin, 3. Aufl., Zweitausendeins, Frankfurt a.M. 1996a.

Gimbutas, Marija: Die Zivilisation der Göttin. Die Welt des Alten Europa, Herausgegeben von Joan Marler, Zweitauseneins, Frankfurt a.M. 1996b.

Gitermann, Valentin: Geschichte Russlands, Bd. 1, Athenäum, Frankfurt a. M. 1987 (1944).

Goldt, Rainer: Mütterchen, in: Lexikon der russischen Kultur, Primus, Darmstadt 2002, S. 313-314.

Gorodzov, W.: Religiöse dako-sarmatische Elemente in der russischen Volkskunst, in: Arbeiten des Staatlichen Historischen Museums, Ausg. 1, M., 1926, S. 7-36.

Göttner-Abendroth, Heide: Die Göttin und ihr Heros. Die matriarchalen Religionen in Mythos, Märchen, Dichtung, 8. Aufl., Frauenoffensive, München 1988.

Göttner-Abendroth, Heide: Das Matriarchat, Bd.1, Geschichte seiner Erforschung, 3. Aufl., Kohlhammer, Stuttgart/Berlin/Köln 1995.

Göttner-Abendroth, Heide: Matriarchat in Südchina. Eine Forschungsreise zu den Mosuo, Kohlhammer, Stuttgart 1998.

Göttner-Abendroth, Heide: Matriarchat II, 1: Stammesgesellschaften Ostasien, Indonesien, Ozeanien, 2. Aufl., Kohlhammer, Stuttgart/Berlin/Köln 1999.

Göttner-Abendroth, Heide: Matriarchat II, 2: Stammesgesellschaften in Amerika, Indien, Afrika, Kohlhammer, Stuttgart/Berlin/Köln 2000.

Göttner-Abendroth, Heide (Hrsg.): Gesellschaft in Balance. Dokumentation des 1. Weltkongresses für Matriarchatsforschung 2003 in Luxemburg, Edition HAGIA und Kohlhammer, Stuttgart 2006.

Göttner-Abendroth, Heide: Zur Definition von „Matriarchat", in: Göttner-Abendroth, Heide/Derungs, Kurt (Hrsg.): Matriarchate als herrschaftsfreie Gesellschaften, Amalia, Bern 1997, S. 13-25.

Göttner-Abendroth, Heide/Derungs, Kurt (Hrsg.): Matriarchate als herrschaftsfreie Gesellschaften, Amalia, Bern 1997.

Grabar, E./Lasarev, W.N./Kemenov, W.S. (Red.): Geschichte der russischen Kunst, Bd. 1, Verlag der Kunst, Dresden 1957.

Grakov, Boris N.: Die Skythen, Deutscher Verlag der Wissenschaft, Berlin 1980.

Grjasnov, Michael: Südsibirien, Nagel, Genf u.a. 1970.

Greulich, Else: Die Kelten und Skythen, o.V., o.O. 1991.

Grimal, Pierre (Hrsg.): Mythen der Völker III: Kelten, Germanen, Slaven, Finno-Ugrier. o.V., o.O. 1977.

Haarmann, Harald: Skythisch, S. 919-921, in: Online im WWW unter URL: http://www.uni-klu.arc.at/eco/Skythisch.pdf [Stand: 25.10.2006].

Haensch, Wolf Günter: Die menschlichen Statuetten des mittleren Jungpaläolithikums aus der Sicht der somatischen Anthropologie, Antiquitas II, 12 Habelt, Bonn 1982.

Hänsel, Bernhard/Machnik, Jan (Hrsg.): Das Karpartenbecken und osteuropäische Steppe, Leidorf, Rahden/Westf. 1998.

Halikov, A. H.: Zum Problem der Herausbildung der uralo-altaischen ethnokulturellen Gemeinschaft, in: Pusztay, János (Hrsg.): Die Vorgeschichte der uralischen Völker, Savariae 1994, S. 63-68.

Hančar, Franz: Zum Problem der Venusstatuetten im eurasiatischen Jungpaläolithikum, in: Prähistorische Zeitschrift, (1940) 30/31, S. 85-156.

Häusler, Alexander: Die Grabsitten der mesolithischen und neolithischen Jäger- und Fischergruppen aus dem Gebiet der UdSSR, in: Wiss. Zeitschr. Martin-Luther-Univ. Halle, Reihe G Jg. 11 (1962), H. 10 S. 1141-1206.

Häusler, Alexander: Die Gräber der ältesten Ackerbauern in der Ukraine, in: Wiss. Zeitschr. Martin-Luther-Univ. Halle, Reihe G, Jg. 14 (1964) H. 11/12, S. 757-797.

Häusler, Alexander: Anthropomorphe Stelen des Eneolithikums im nordpontischen Raum, in: Wiss. Zeitschr. Martin-Luther-Univ. Halle-Wittenberg, XV (1966), S. 29-74.

Häusler, Alexander: Die Majkop-Kultur und Mitteleuropa, in: Zeitschrift für Archäologie 28 (1994a), S. 191-246.

Häusler, Alexander: Grab- und Bestattungssitten des Neolithikums und der frühen Bronzezeit in Mitteleuropa, in: Zeitschrift für Archäologie 28 (1994b), S. 23-61.

Häusler, Alexander: Die Entstehung des Äneolithikums und die nordpontischen Steppenkulturen, in: Germania. Anzeiger der römischen-germanischen Kommission des deutschen archäologischen Instituts, (1995), S. 41-68.

Häusler, Alexander: Die Skythen und andere Reitervölker, in: Brockhaus-Redaktion (Hrsg.): Die Weltgeschichte, Bd. 1, Anfänge der Menschheit und frühe Hochkulturen, Brockhaus, Leipzig/Mannheim 1997, S. 648-673.

Häusler, Alexander: Struktur und Evolution der Bestattungssitten zwischen Wolga und Karpartenbecken vom Äneolithikum bis zur frühen Bronzezeit. Ein diachroner Vergleich, in: Hänsel, Bernhard/Machnik, Jan (Hrsg.): Das Karpartenbecken und osteuropäische Steppe, Leidorf, Rahden/Westf. 1998, S. 135-162.

Haussig, Hans Wilhelm (Hrsg.): Wörterbuch der Mythologie im alten Europa, Band II. Götter und Mythen im Alten Europa, Klett, Stuttgart 1973.

Hecker, Ruth: Urmütter der Steinzeit. Bilder weiblicher Schöpfungskraft, Esser, Andernach 2001.

Herodotus: Das Geschichtswerk des Herodot von Halikarnassos. Übersetzt von Theodor Braun, Insel, Leipzig 2001. (zit.: Herodot, Braun)

Hesse, Hermann: Narziss und Goldmund, 10. Aufl., Suhrkamp, Ulm 1980.

Hoernes, Moritz/Menghin, Oswald: Urgeschichte der bildenden Kunst in Europa, 3. Aufl., Schroll, Wien 1925 (1898).

Holub-Pszywyj, Anna: Die Ägypterinnen. Wovon emanzipierte Frauen träumen, in: Abenteuer Philosophie (2005) 4, S. 59-63.

Holzbauer, Matthias: Verfolgte Gottsucher. Der Strom des Urchristentums in der Geschichte, Das weiße Pferd, Marktheidenfeld 2004.

Honko, Lauri: Religion der finnisch-ugrischen Völker, in: Asmussen, Jes Peter/Læssø , Jørgen, Handbuch der Religionsgeschichte, 1. Bd., Vandenhoeck & Ruprecht, Göttingen 1971, S. 173-224.

Hubbs, Joanna: Mother Russia. The Femine Myth in Russian Culture, Indiana, Bloomington/Indianapolis 1988.

Hussein, Shahrukh: Die Göttin, Evergreen 2001.

Isupov, Konstantin G.: Russland, in: Lexikon der russischen Kultur, Primus, Darmstadt 2002, S. 385-387.

Ivančik, Askol'd I.: Kimmerier und Skythen. Kulturhistorische und chronologische Probleme der Archäologie der osteuropäischen Steppen und Kaukasiens in vor- und frühskythischer Zeit, Moskau 2001.

Ivanov, Vladimir: Russland und das Christentum, IKO, Frankfurt 1995.

James, Edwin.O.: Religionen der Vorzeit (Prehistoric Religion), DuMont, Schauberg/Köln 1960.

James, Edwin O.: Der Kult der Grossen Göttin (Cult of the Mother Goddess), Edition Amalia, Bern 2003 (1959).

Jelínek, Jan: Der große Bildatlas des Menschen in der Vorzeit, Artia, Prag 1980.

Jettmar, Karl: Die frühen Steppenvölker, Holle, Baden Baden 1964.

Kaufmann, Dieter: Varia neolithica II, Beier & Beran, Langenweißbach 2002.

Kind, Claus J.: Die letzten Jäger und Sammler. Die Mittelsteinzeit, in: Menghin, Wilfred Planck, Dieter (Hrsg.): Menschen, Zeiten, Räume – Archälogie in Deutschland, Theiss, Stuttgart 2002, S. 124-127.

Klauser, Theodor: Gottesgebärerin (Θεοτόχοζ) in: Klauser, Theodor u.a. (Hrsg.), Reallexikon für Antike und Christentum, Hiersemann, Stuttgart 1983, Sp. 1071-1103.

Klíma, Bohuslav: Die Kunst des Gravettien in: Müller-Beck, Hansjürgen/Albrecht, Gerd (Hrsg.): Die Anfänge der Kunst vor 30 000 Jahren, Theiss, Stuttgart 1987, S. 34-42.

Knaurs Lexikon der Symbole, Droemer Knaur, München 1989.

Kolb, Elke: Wie eine Nadel im Heuhaufen, in: Mainzer Rhein-Zeitung vom 18.12.2004, o.S.

Kol'cov, Lev V.: Mezolit SSSR, Nauka, Moskva 1989.

Kryžickij, Sergej: Antike Stadtstaaten im nördlichen Schwarzmeergebiet, in: Rolle, Renate u.a. (Hrsg.): Gold der Steppe. Archäologie der Ukraine, Wachholtz, Neumünster 1991, S. 187-200.

Kšica, Miroslav: Vom Mammutbild zur Schrift in den Felsbildern der Sowjetunion, Bezirksheimatmuseum, Blansko 1974.

Kšica, Miroslav/Kšicová, Eva/Kšicová, Olga: Frauenidole der Eiszeit und Nacheiszeit. Realität und Abstraktion von Muttergottheiten aus dreißig Jahrtausenden, Brünn/Paris/Düsseldorf 1989.

Kühn, Herbert: Die Felsbilder Europas, Kohlhammer, Stuttgart 1952.

Lantier, Raymond: Keltische Mythologie, in: Haussig, Hans Wilhelm (Hrsg.): Wörterbuch der Mythologie im alten Europa, Band II. Götter und Mythen im Alten Europa, Klett, Stuttgart 1973, S. 99-162.

Leese, Kurt: Die Mutter als religiöses Symbol, Mohr, Tübingen 1934.

Leroi-Gourhan, André Prähistorische Kunst, 5. Aufl., Herder, Freiburg im Breisgau 1982.

Lexikon alter Symbole, Seemann, Leipzig 1986.

Lexikon der Archäologie, Praeger, München 1973.

Lexikon der russischen Kultur, Primus, Darmstadt 2002.

Lexikon der Steinzeit, Beck, München 1999.

Lexikon früher Kulturen, Bd. 1 A – L, 2. Aufl., Bibliografisches Institut, Leipzig 1987.

Lichardes, Jan (Hrsg.): Die Kupferzeit als historische Epoche, Teil 1, Habelt, Bonn 1991.

Lichardes, Jan (Hrsg.): Die Kupferzeit als historische Epoche, Teil 2, Habelt, Bonn 1991.

Lindenberg, Vladimir: Riten und Stufen der Einweihung. Schamanen, Druiden, Yogis, Mystiker, Starzen. Mittler zur Anderswelt, Aurum, Freiburg 2004 (1978).

Lorblanchet, Michel (Hrsg.): Höhlenmalerei: ein Handbuch, 2. Aufl., Thorbecke, Stuttgart 2000.

Lübbes Enzyklopädie der Archäologie, Lübbe, Bergisch-Gladbach 1980.

Lucius, Erwin: Das Problem der Chronologie jungpalätolithischer Stationen im Bereiche der europäischen UdSSR, Böhlaus, Wien 1970.

Maier, Bernhard: Die Religion der Kelten: Götter – Mythen – Weltbild, Beck, München 2001.

Malchow, Elisabeth: Götter der Welt. Ein Lexikon der Götternamen, ihrer Herkunft und Funktionen, 2. Aufl., E. Malchow, Hamburg 2003.

Masson, Vadim M./Merpert, N. J. (Hrsg.): Eneolit SSSR, Nauka, Moskva 1982.

Masson, Vadim M.: Die europäischen Steppen in den frühen Metallzeiten. Kultur und Sozialfortschritt im Lichte der neuen archäologischen Entdeckungen, in: Hänsel, Bernhard/Machnik, Jan (Hrsg.): Das Karpartenbecken und osteuropäische Steppe, Leidorf, Rahden/Westf. 1998, S. 19-26.

Meier, Gerd/Zschweigert, Hermann: Die Hochkultur der Megalithzeit: verschwiegene Zeugnisse aus Europas großer Vergangenheit, Grabert, Tübingen 1997.

Mellaart, James: Eine Stadt der Jungsteinzeit: Čatal Hüyük, in: Rott-Illfeld, Sybille A.: Versunkene Städte - Rätselhafte Kulturen, Das Beste, Stuttgart 1990, S. 6-11.

Menghin, Wilfred/Planck, Dieter (Hrsg.): Menschen, Zeiten, Räume – Archäologie in Deutschland, Theiss, Stuttgart 2002.

Meyer, E.: Ursprünge und Anfänge des Christentums I, 1924.

Meyers Enzyklopädisches Lexikon, Bd. 16: Mei-Nat und 5. Nachtrag, 1981.

Michel, Kai: GottMutter, in: Die Zeit vom 19.03.2008, o.S.

Milner-Gulland, Robin/Dejevsky, Nikolai: Bildatlas der Weltkulturen – Russland, Bechtermünz, Augsburg 1998.

Mirimanov, Wil B.: Kunst der Urgesellschaft und traditionelle Kunst Afrikas und Ozeaniens, Dresden und Moskau 1973.

Mithen, Steven J.: Das Mesolithikum, in: Cunliffe, Barry (Hrsg.): Illustrierte Vor- und Frühgeschichte Europas, Campus, Frankfurt a.M./ New York 1996, S. 93-154.

Mohen, Jean-Pierre: Megalithkultur in Europa: Geheimnis der frühen Zivilisation, Belser, Stuttgart/Zürich 1989.

Monaghan, Patricia: Lexikon der Göttinnen, Barth, Bern 1997.

Moszyński, Leszek: Die vorchristliche Religion der Slaven im Lichte der slavischen Sprachwissenschaft, Böhlau, Köln u.a. 1991.

Müller-Karpe, Hermann: Handbuch der Vorgeschichte. Bd. 3. Kupferzeit. 1. Teilband Text Beck, München 1974a.

Müller-Karpe, Hermann: Handbuch der Vorgeschichte. Bd. 3. Kupferzeit. 2. Teilband Regesten, Beck, München 1974b.

Müller-Karpe, Hermann: Handbuch der Vorgeschichte. Bd. 3. Kupferzeit. 3. Teilband Tafeln, Beck, München 1974c.

Müller-Karpe, Hermann: Handbuch der Vorgeschichte. Bd. 1. Altsteinzeit, 2. Aufl., Beck, München 1977.

Müller-Karpe, Hermann: Handbuch der Vorgeschichte. Bd. 2 Jungsteinzeit. Text und Tafeln, 2. Aufl., Beck, München 1989.

Müller-Karpe, Hermann: Grundzüge früher Menschheitsgeschichte. Bd. 1. von den Anfängen bis zum 3. Jahrtausend v. Chr., Theiss, Stuttgart 1998a.

Müller-Karpe, Hermann: Grundzüge früher Menschheitsgeschichte. Bd. 4. Vom 7. bis zum 5. Jahrhundert v. Chr., Theiss, Stuttgart 1998b.

Müller-Karpe, Hermann: Grundzüge früher Menschheitsgeschichte. Bd. 5. Vom 4. bis zum 2. Jahrhundert v. Chr., Theiss, Stuttgart 1998c.

Munčaev, Rauf M.: Nordkaukasien in Neolithikum, Chalkolithikum und Frühbronzezeit, in: Lichardes, Jan (Hrsg.): Die Kupferzeit als historische Epoche, Teil 1, Habelt, Bonn 1991, S. 47-54.

Narr, Karl J. (Hrsg.): Handbuch der Urgeschichte. Ältere und Mittlere Steinzeit. Jäger- und Sammlerkulturen, 1. Bd., Francke, Bern/München 1966.

Narr, Karl J. (Hrsg.): Handbuch der Urgeschichte. Jüngere Steinzeit und Steinkupferzeit, 2. Bd., Francke, Bern 1975.

Neumann, Erich: Die Große Mutter. Die weiblichen Gestaltungen des Unbewussten, 11. Aufl., Patmos, Düsseldorf 2003 (1956).

Nolte, Hans H./Eschment, Beate/Vogt, Jens: Nationenbildung östlich des Bug, Hannover 1994.

Norden, Eduard: Die Geburt des Kindes. Geschichte einer religiösen Idee, Teubner, Leipzig/Berlin 1924.

Ortoščenko, Vitalij: Die Steppen nördlich des Schwarzen Meeres im ausgehenden Neolithikum und in der Bronzezeit, in: Rolle, Renate u.a. (Hrsg.): Gold der Steppe. Archäologie der Ukraine, Wachholtz, Neumünster 1991,S. 43-50.

o.V.: Deutschland im Vergleich kinderunfreundlich, in: Sächsische Zeitung vom 16.09.2004, o.S.

o.V.: Die älteste Zivilisation Europas, in: Deutsch-Russischer Kurier, 12. Jg. (2005) H. 6, S. 8.

o.V.: Die Mutter der Welt, in: ZeitenSchrift, 19/1998, S. 37-40.

o.V.: Russland: Archäologen finden rätselhafte Steinzeit-Figuren, in: Online im WWW unter URL: http://www.spiegel.de/wissenschaft/mensch/0,1515,594060,00.htmlx [Stand: 03.12.2008].

o.V.: Viele Männer ohne Kinder glücklich, in: Allgemeine Zeitung Mainz vom 27.02.2008, o.S.

Owen, Linda R.: Frauen in der Altsteinzeit: Mütter, Sammlerinnen, Jägerinnen, Fischerinnen, Köchinnen, Herstellerinnen, Künstlerinnen, Heilerinnen, in: Auffermann, Bärbel/Weniger, Gerd-Christian (Hrsg.): Frauen – Zeiten – Spuren, Neanderthal-Museum, Mettman 1998, S. 161-182.

Parker, Geoffrey (Hrsg.): Knaurs neuer historischer Weltatlas, 5. Aufl., Weltbild, Augsburg 1999.

Parzinger, Hermann: Die Skythen, Beck, München 2004.

Parzinger, Hermann: Die frühen Völker Eurasiens. Vom Neolithikum bis zum Mittelalter, Beck, München 2006.

Passek, T. S.: K voprozu o drevnejšem naselenii v Dneprovsko-Dnestrovskom bassejne. – SĖ 1947, Nr. 6-7.

Péan, Stéphane/Kornijez, Ninel/Nuzhnyi, Dimitri: Wohnen in Knochenhütten, in: Spektrum der Wissenschaft Spezial 01/2006: Mensch, Mammut, Eiszeit, S. 64-71.

Peters, Sigrid: Gab es ein Matriarchat in der Steinzeit?, in: Abenteuer Archäologie (2005) H. 3, S. 24.

Petrin, Viktor I./Sirokov, Viktor V.: Die Ignatievka-Höhle (Ural)*. Jungpaläolithische Höhlenbilder und einige Aspekte ihrer Interpretation, in: Zwei neue jungpaläolithische Bilderhöhlen in Südfrankreich und im Ural, Sonderdruck aus Jahrbuch des römisch-germanischen Zentralmuseums Mainz, 38. Jg., 1991, S. 17-31.

Pogoševa, A. P.: Die Statuetten der Tripol'e-Kultur, in: Beitr. Allg. und vgl. Archäologie 7 (1985), S. 95-242.

Pöllauer, Gerhard: Die verlorene Geschichte der Amazonen, EBOOKS. AT, Klagenfurt 2002.

PONS Wörterbuch für Schule und Studium Latein-Deutsch, 3. Aufl., Klett, Stuttgart 2005.

Praslov, Nikolai: Eine neue Frauenstatuette aus Kalkstein von Kostenki I (Don, Russland), in: Archäologisches Korrespondenzblatt, Urgeschichte – Römerzeit – Frühmittelalter (1993), S. 165-173.

Praslov, Nikolai D.: Neue Frauenstatuetten des Paläolithikums aus Kostenki (UdSSR), in: Das Altertum, Bd. 32 (1986) H. 1, S. 14-17.

Pusztay, János (Hrsg.): Die Vorgeschichte der uralischen Völker, Savariae 1994, S. 63-68.

Ranke-Graves, Robert, von: Die weiße Göttin. Sprache des Mythos (The Withe Godness), 7. Aufl., Rowohlt, Reinbeck bei Hamburg, 2002 (1948).

Rassamakin, Jurij Ja.: Die nordpontische Steppe in der Kupferzeit, Teil 1, Zabern, Mainz 2004.

Reallexikon für Antike und Christentum, Hiersemann, Stuttgart 1983.

Renfrew, Colin: Die Sprachenvielfalt der Welt, in: Spektrum der Wissenschaft: Die Evolution der Sprachen 1 (2004), S. 28-34.

Rezepkin, Alexej: Das frühbronzezeitliche Gräberfeld von Klady und die Maikop-Kultur in Nordwestkaukasien, Leidorf, Raden/Westf. 2000.

Ries, Julien: Die Symbole im Leben des prähistorischen Menschen, in: Spineto, Natalie u.a.: Symbole der Menschheit, Patmos, Düsseldorf 2003, S. 27-46.

Röder, Brigitte: Frauen, Kinder und andere Minderheiten. Alter und Geschlecht auf Lebensbildern zur Urgeschichte in: EAZ (2004) 45, S. 507-520.

Rolle, Renate u.a. (Hrsg.): Gold der Steppe. Archäologie der Ukraine, Wachholtz, Neumünster 1991.

Ross, Philip E.: Streit um Wörter, in: Spektrum der Wissenschaft: Die Evolution der Sprachen, 1 (2004), S. 6-15.

Rott-Illfeld, Sybille A.: Versunkene Städte – Rätselhafte Kulturen, Das Beste, Stuttgart 1990.

Rusjaeva, Anna S./Vinogradov, Jurij G.: Der "Brief des Priesters" aus Hylaia, in: Rolle, Renate u.a. (Hrsg.): Gold der Steppe. Archäologie der Ukraine, Wachholtz, Neumünster 1991.

Rybakov, B. A.: Die Kunst der alten Slaven, in: Geschichte der russischen Kunst,1. Bd., Verlag der Kunst, Dresden 1957, S. 23-58.

Rybakov, B. A.: Kosmogonija i mifologija zemledel'cev eneolita. – SA 1965, Nr. 1-2.

Rybakov, B. A.: Religija i miroponimanie pervych zemledel'cev Jugo-Vostočnoj Evropy (IV-III tys. do n.e.), in: Doklady i soobščenija archeologov SSR na VII Meždunarodom kongresse doistorikov i protoistorikov, Moskva 1966.

Sauter, Hermann: Studien zum Kimmerierproblem, Habelt, Bonn 2000.

Savvateev, Jurij A.: Karelische Felsbilder, Seemann, Leipzig 1984.

Schiltz, Véronique: Die Skythen und andere Steppenvölker, Beck, München 1994.

Schlette, Friedrich: Ornament oder Symbol? Zu den Anfängen ornamentaler Gestaltung, in: Jahresschrift für mitteldeutsche Vorgeschichte, Jg. 53 (1969), S. 215-240.

Schlette, Friedrich: Von Lucy bis Kleopatra. Die Frau in der frühen Geschichte, Neues Leben, Berlin 1988.

Schmalzriedt, Egidius/Haussig, Hans Wilhelm (Hrsg.): Wörterbuch der Mythologie, 7. Bd., Götter und Mythen in Zentralasien und Nordeuroasien, 1. Teil, Klett-Cotta, Stuttgart 1999.

Schneider, Carl: Geistesgeschichte des antiken Christentums, gekürzte Sonderausg., Beck, München 1978.

Schön, Stefan: Das erste menschliche Wort, in: Sächsische Zeitung vom 17.11.2005, o.S.

Schreiber, Waltraud (Hrsg.): Erste Begegnungen mit Geschichte, Bd. 1, Neuried 2004.

Schwabedissen, Hermann (Hrsg.): Die Anfänge des Neolithikums vom Orient bis Nordeuropa, Teil VIII a, Böhlau, Köln/Wien 1973.

Ščepinskij, Askol'd A.: Aristokratie der Sarmaten, in: Zeitschrift für Archäologie 28 (1994), S. 87-106.

Ščelinskij, Vjačeslav E.: Die Kapova-Höhle, in: Ščelinskij, Vjačeslav E./Širokov, Vladimir N. (Hrsg.): Höhlenmalerei im Ural: Kapova und Ignatievka; die altsteinzeitlichen Bilderhöhlen im südlichen Ural, Thorbecke, Sigmaringen 1999, S. 17-85.

Ščelinskij, Vjačeslav E./Širokov, Vladimir N. (Hrsg.): Höhlenmalerei im Ural: Kapova und Ignatievka; die altsteinzeitlichen Bilderhöhlen im südlichen Ural, Thorbecke, Sigmaringen 1999.

Seiler-Spielmann, Ursula: Die vergessenen Herrscherinnen, in: Zeiten-Schrift, 19/1998, S. 42-51 und S. 58.

Skrilenko, A.: Glinjanye statuetki dominkenskoj kul'tury v Srednem Pridneprov'e. – Tr. XII Archeol. s' 'ezda v Char'kove v 1902 g., 1903, t.1.

Smolitsch, I.: Die Verehrung der Gottesmutter in der Russischen Frömmigkeit und Volksreligiösität, in: Kyrios, vol. 5 (1940-1941), S. 194-211.

Spektrum der Wissenschaft: Die Evolution der Sprachen, 1 (2004).

Spineto, Natalie u.a.: Symbole der Menschheit, Patmos, Düsseldorf 2003.

Stäuble, Harald: Brunnen der Linienbandkeramik. Ein unerschöpfliches Wissensreservoir, in: Menghin, Wilfred/Planck, Dieter (Hrsg.): Menschen, Zeiten, Räume – Archäologie in Deutschland, Theiss, Stuttgart 2002, S. 139-141.

Strahm, Christian: Eine neue Ideologie: Die Schnurkeramik, in: Zeitverlag (Hrsg.): Welt- und Kulturgeschichte. Bd. 01, Anfänge der Menschheit und Altes Ägypten, Zeitverlag, Hamburg 2006, S. 164-168.

Strahm, Christian: Metall verändert die Welt: Die Kupferzeit, in: Zeitverlag, Welt- und Kulturgeschichte. 01, Anfänge der Menschheit und Altes Ägypten, 1. Bd. Zeitverlag Hamburg 2006, S. 143-149.

Street, Martin: Kommunikation in der Eiszeit, Raiffeisen Druckerei, Neuwied 2005.

Stricker, Gerd: Religion in Russland, Mohn, Gütersloh 1993.

Ström, Åke V./Biezais, Haralds (Hrsg.): Germanische und Baltische Religion, Kohlhammer, Stuttgart u.a. 1975.

Sulimirski, Tadeusz: Prehistoric Russia, Baker, New York 1970.

Tacitus, Cornelius: Annalen, Wissenschaftliche Buchgesellschaft, Darmstadt 1992.

Taylor, Tim/Aston, Mick: Atlas Archäologie. Die faszinierende Welt unserer Vorfahren, Müller, Köln 2004.

Telegin, D. JA.: Das Mitteldneprgebiet und die östlich anschließende Ukraine in der Epoche des Neolithikums und der frühen Metallzeit, in: Zeitschrift für Archäologie (1969), S. 1-15.

Telegin, Dimitrij JA.: Gräberfelder des Mariupoler Typs und der Srednij Stog-Kultur in der Ukraine (mit Fundkatalog), in: Lichardus Jan (Hrsg.): Die Kupferzeit als historische Epoche, Habelt, Bonn 1991, S. 55-83.

Telegin, D. Ya./Mallory, J.P.: The Anthropomorphic Stelae of the Ukraine: The Early Iconography of the Indo-Europeans, Institute for Study of Man, Washington 1994.

Tjutčev, Fëdor I.: Im Meeresrauschen klingt ein Lied, Thelem, Dresden 2003.

Tobisch, Oswald O.: Kult – Symbol – Schrift, Verlag für anerkannte Wiss., Baden-Baden 1963.

Tokarev, S. A.: Die Religion in der Geschichte der Völker, 2. Aufl., Dietz, Berlin 1976.

Trunte, Nikolas H.: Ein praktisches Lehrbuch des Kirchenslavischen in 30 Lektionen. Zugleich eine Einführung in die slavische Philologie, Bd 1, Altkirchenslavisch, 5. Aufl., Sagner, München 2005.

Uhlig, Helmut: Die Mutter Europas. Ursprünge abendländischer Kultur in Alt-Anatolien, Lübbe, Bergisch-Gladbach 1994.

Usener, Hermann: Götternamen, Frankfurt a.M. 1948.

Váňa, Zdenek: Mythologie und Götterwelt der slavischen Völker: die geistigen Impulse Ost-Europas, Urachhaus, Stuttgart 1992.

Vértes, Edith: Die Mythologie der Uralier Sibiriens, in: Schmalzriedt, Egidius/Haussig, Hans Wilhelm (Hrsg.): Wörterbuch der Mythologie, Götter und Mythen in Zentralasien und Nordeuroasien, 1. Teil, 7. Bd., Klett-Cotta, Stuttgart 1999, S. 387-692.

Vira, Ridna Pravoslavna: Pravo slavimo bogi, Kiew o.J.

Vogel, Helga: Die Frau als Muttergöttin, in: Schlangenbrut, 12. Jg. (1994) Nr. 44, S. 23-26.

Wechler, Klaus-Peter: Studien zum Neolithikum der osteuropäischen Steppe, von Zabern, Mainz 2001.

Weinreb, Friedrich: GottMutter. Die weibliche Seite Gottes, Thauros, Weiler 1990.

Whitehouse, David/Whitehouse, Ruth: Lübbes archäologischer Weltatlas, Lübbe, Bergisch-Gladbach 1976.

Wikipedia (22.09.2006), in: Online im WWW unter URL: http://de.wikipedia.org/wiki/ Polyandrie. [Stand: 17.10.2006].

Wirth, Herman: Allmutter, Eccestan, Marburg an der Lahn 1974.

Wolf, Gabriela: Am Anfang waren die Werte. Plädoyer für eine Neuorientierung in der Erziehung von Kindern und Jugendlichen, Books on Demand, Norderstedt 2004.

Wunn, Ina: Die Religionen in vorgeschichtlicher Zeit, Kohlhammer, Stuttgart 2005.

Zbenovič, Vladimir G.: Siedlungen der frühen Tripol'e-Kultur zwischen Dnestr und Südlichem Bug, Leidorf, Espelkamp 1996.

Zeitverlag (Hrsg.): Welt- und Kulturgeschichte. Epochen, Fakten, Hintergründe in 20 Bänden. Anfänge der Menschheit und Altes Ägypten, 1. Bd., Zeitverlag, Hamburg 2006.

Zimmermann, Ulrich: Die Bronzezeit und die Eisenzeit, in: Zeitverlag (Hrsg.): Welt- und Kulturgeschichte. Epochen, Fakten, Hintergründe in 20 Bänden, Bd. 01, Zeitverlag, Hamburg 2006, S. 197-205.

Abbildungsnachweis

Die Bilder sind vermutlich urheberrechtlich geschützt. Sie werden als Bildzitat gemäß § 51 UrhG ausschließlich zur inhaltlichen Erläuterung genutzt. Volle Hinweise auf Bücher und Artikel finden sich im Literaturverzeichnis. Die Abbildungen des Werkes stammen aus mehreren Quellen und nicht immer war es möglich, den entsprechenden Rechteinhaber ausfindig zu machen. Die Autorin entschuldigt sich für etwaige nicht beabsichtigte Fehler und würde in einem solchen Fall die fehlende Angabe in einer späteren Auflage nachreichen.

Abkürzungsverzeichnis

akkad. – akkadisch
altgerm. – altgermanisch
Bd. – Band
EvThom. – Thomas-Evangelium
griech. – griechisch
H. – Heft
hebr. – hebräisch
iran. – iranisch
Jg. – Jahrgang
Joh. – Johannes-Evangelium
Jt. – Jahrtausend
lat. – lateinisch
Lc. – Evangelium nach Lucas
lett. – lettisch
lit. – litauisch
Mc. – Evangelium nach Marcus
Mt. – Evangelium nach Matthäus
n.d.Zt. – nach der Zeitenwende
o.O. – ohne Ort
o.S. – ohne Seite
o.V. – ohne Verfasser
sanskr. – sanskritisch
v.d.Zt. – vor der Zeitenwende

Anhang

A
Übersicht zur Matriarchatsforschung

Bereich und Name	Vorname	Orig.	Titel	Ort	verwen d. Aufl.
Archäologie					
Evans	Arthur	1901	The Mycenaean Tree and Pillar Cult	London	1901
Evans	Arthur	1931	The Earlier Religion of Gretan Discoveries	London	1931
Mellaart	James	1967	Chatal Hüyük, Stadt aus der Steinzeit	Bergisch-Gladbach	1967
König	Marie E.P.	1981	Am Anfang der Kultur. Die Zeichensprache des frühen Menschen	Frankfurt/ Berlin/Wien	1994
Gimbutas	Marija	1982	The Goddesses an Gods of Old Europe	London	1982
Religionswissenschaft					
Frazer	James George	1861	Der goldene Zweig (The Golden Bough)	Reinbeck bei Hamburg	1994
Eliade	Mircea	1980	Schamanismus und archaische Ekstasetechnik	Frankfurt	1980
Sprachwissenschaft					
Fester	Richard u.a.	1982	Weib und Macht. Fünf Millionen Jahre Urgeschichte der Frau	Frankfurt	1982
Ethnologie/Anthropologie					
Morgan	Henry Lewis	1891	Die Urgesellschaft (Ancient Society)	Stuttgart	1891
Mannhardt	Wilhelm	1904	Antike Feld- und Waldkulte in der bäuerlichen Tradition in Mitteleuropa	Darmstadt	1963
Schmidt	Wilhelm	1924	Völker und Kulturen		1924
Briffault	Robert	1927	The Mothers. Band I, II, III	New York	1969
Schmidt	Wilhelm	1950	Das Mutterrecht	Wien-Mödling	1955
Lévi-Strauss	Claude	1975	Strukturale Anthropologie, Bd. I und II	Frankfurt	1978
Reich	Wilhelm	1975	Der Einbruch der sexuellen Zwangsmoral	Frankfurt	1975
Malinowski	Bronislaw	1979	Das Geschlechtsleben der Wilden in Nordwest-Melanesien	Frankfurt	1979
Folkloristik					
Spence	Lewis	1940er	British Fairy Origins	London	1940er
Höfler	Otto	1952	Germanisches Sakralkönigtum	Tübingen	1952
Panzer	Friedrich	1954	Bayrische Sagen und Bräuche. Beiträge zur deutschen Mythologie	Göttingen	1957
Gasparini	Evel	1973	Il matriarchato Slavo	Firenze	1973
Wentz	Evans	1977	The Fairy Faith in Celtic Countries	London	1977
Ortiz-Osés	A.		El matriarcalismo Vasco	Bilbao	
Mythologie					
Bachofen	Johann Jakob	1861	Das Mutterrecht	Frankfurt	1975
Ranke-Graves	Robert, von	1948	Die weiße Göttin. Sprache des Mythos (The Withe Godness)	Berlin	2002
Psychologie					
Neumann	Erich	1956	Die Große Mutter. Die weiblichen Gestaltungen des Unbewussten	Düsseldorf	2003
Fromm	Erich	1970	Die Bedeutung der Mutterrechtstheorie für die Gegenwart, in: Analytische Sozialpsychologie und Gesellschaftstheorie	Frankfurt	1970
Weiler	Gerda	1985	Der enteigenete Mythos. Eine notwendige Revision der Archentypenlehre C.G. Jungs und Erich Neumanns	München	1985

Bereich und Name	Vorname	Orig.	Titel	Ort	verwend. Aufl.
Feminismus					
Vaerting	Mathilde	1921	Die weibliche Eigenart im Männerstaat und die männliche Eigenart im Frauenstaat	Berlin	1975
Eckstein-Diener	Pseudonym Sir Galahad	1932	Mütter und Amazonen	Berlin	1932
Schreier	Josefine	1968	Göttinnen	München	1968
Gould Davis	Elizabeth	1971	Am Anfang war die Frau	München	1981
Stone	Merlin	1976	Als Gott eine Frau war Die Geschichte der Ur-Religionen unserer Kulturen	München	1989
Göttner-Abendroth	Heide	1980	Die Göttin und ihr Heros. Die matriarchalen Religionen in Mythos, Märchen, Dichtung	München	1988
Eisler	Riane	1989	Kelch und Schwert. Von der Herrschaft zur Partnerschaft	München	1989
Lerner	Gerda	1991	Die Entstehung des Patriarchats	Frankfurt	1991
Meier-Seethaler	Carola	1992	Ursprünge und Befreiungen - Eine dissidente Kulturtheorie	Zürich	1988
Meier-Seethaler	Carola	1993	Von der göttlichen Löwin zum Wahrzeichen männlicher Macht. Ursprung und Wandel großer Symbole	Zürich	1993
Walker	Barbara	1993	Das geheime Wissen der Frauen	Frankfurt	1993
Männliche Positionen					
Markale	Jean	1972	Die keltische Frau	München	1984
Bornemann	Ernest	1975	Das Patriarchat	Frankfurt	1975
Wesel	Uwe	1980	Der Mythos vom Matriarchat	Frankfurt	1980
Zinser	Hartmut	1981	Der Mythos des Mutterrechts	Frankfurt/ Berlin/Wien	1981
Marxismus					
Engels	Friedrich	?	Der Ursprung der Familie, des Privateigentumes und des Staates	Berlin	1983
Bebel	August	1879	Die Frau und der Sozialismus	Köln	1967
Sigrist	Christian	1979	Regulierte Anarchie	Frankfurt	1979
Nationalsozialismus					
Wirth	Hermann	1931	Die heilige Urschrift der Menschheit	Leipzig	1931
Rosenberg	Alfred	1933	Der Mythos des 20. Jahrhunderts	o.O.	1933
Gotschewsky	Lydia	1934	Männerbund und Frauenfrage	o.O.	1934
Wirth	Hermann	1972	Zur Frage der Frauenberge, eine europäische Gegenwartsfrage	Marburg	1972
Ludendorff	Mathilde	1976	Das Weib und seine Bestimmung	Stuttgart	1976
Wirth	Hermann	1980	Europäische Urreligion und Externsteine	Wien	1980

Tab. A: Matriarchatsforschung Quelle: Vgl. Göttner-Abendroth (1995).

B

Anthropologische Untersuchung anthropomorpher Plastiken

Merkmal	Plastiken aus Europa	davon Plastiken aus Russland
Habitus	50 Plastiken	19 Plastiken
pyknomorph	60 %	69 %
athletisch	16 %	5 %
leptosom	22 %	26 %
dysplatisch	2 %	0 %
Fettpolster	49 Plastiken	17 Plastiken
stark	59 %	65 %
mittel	18 %	12 %
schwach	23 %	23 %
Stamm	48 Plastiken	19 Plastiken
dick	52 %	58 %
mittel	25 %	16 %
dünn	23 %	26 %
max. Körperbreite	41 Plastiken	18 Plastiken
an den Schultern	22 %	17 %
am Becken	73 %	72 %
an den Oberschenkeln	5 %	11 %
Brüste	36 Plastiken	14 Plastiken
groß	78 %	86 %
mittel	17 %	14 %
klein	5 %	0 %
Bauch	46 Plastiken	18 Plastiken
dick	71 %	72 %
mittel	27 %	22 %
dünn	2 %	6 %
fragliche Schwangerschaft	70 %	78 %
Becken	54 Plastiken	
breit	52 %	
mittel	30 %	
schmal	18 %	
Geschlecht	100 Plastiken	57 Plastiken
weiblich	73 %	70 %
männlich	3 %	0 %
unbestimmt	24 %	30 %

Tab. B: Anthropologische Untersuchung menschenähnlicher Statuetten von 27.000 bis 18.000 v.d.Zt. aus Europa
Quelle: Vgl. Haensch (1982), S. 243 f. sowie S. 275-282.

C

Mittelsteinzeitliche Gräberfelder in Russland

Merkmal	Süden Vološskoe (Ukraine)	Vasil'evka III (Ukraine)	Vasil'evka I (Ukraine)	Norden Olen'i Ostrov (Karelien)	Popovo (Onega-See)	Zvejnieki (Lettland)
Quelle	Alekšin (1994)	Alekšin (1994)	Alekšin (1994)	Mithen (1996), Alekšin (1994), Bahn (2003), Gimbutas (1975d)	Aleksin (1994)	Taylor/Aston (2004), Gimbutas (1996b)
Datierung (v.d.Zt.)	9. - 5. Jt.	9. - 5. Jt.	9. - 5. Jt.	6. -4. Jt.	8. - 5. Jt.	7. - 3. Jt.
Anzahl Gräber	18	36	14	177		300
Anzahl Skelette	19	45	25			
davon Männer	6	17	18			
davon Frauen	3	6	3			
davon Kinder	1	12	1			
davon neutral	9	10	3			
Ort der Gräber	abseits von Station, auf Insel	abseits von Station	abseits von Station	auf Insel	Rand der Station	neben einer Siedlung
Lage der Gräber in Reihen	kleine Grabgrube	kleine Grabgrube	x			
gestreckte Rückenlage				ja und senkrecht	ja	ja
Hocklage	rechte	rechte	rechte			
Hocklage Orientierung	Süden	Süden	Osten			
Blickrichtung	nach Osten	nach Osten	nach Norden			
Hände vor Gesicht	ja	ja	ja			
Beigaben	keine	keine	keine, aber in Tabelle einige Bsp.angeführt	in 20 % keine; Grab mit 400 Fundstücken, geschnitzte Zähne (w) und Werkzeug (m)	ja	Anhänger aus Tierzähnen, Holzskulpturen
Ocker	nein	ja	kleine Ockerklumpen	ja	ja	ja
Einzelgräber	ja	ja		ja		ja
Kollektivgräber			ja	doppel und dreifach		gelegentlich (2-6)

Tab. C: Mittelsteinzeitliche Grabanlagen in Russland
Quelle: Vgl. Aleškin (1994), S. 163-189; vgl. Mithen (1996), S. 144; vgl. Taylor/Aston (2004), S. 175.

D

Kulturen im europäischen Teil Russlands von ca. 6500-5000 v.d.Zt.

Gebiet		Kultur	Beginn (v.d.Zt.)	Ende (v.d.Zt.)	Ackerbau	Viehzucht	Keramik
Südrussland (Osteuropäische Steppe)	Dnestr-Bug	Dnestr-Bug-Kultur	ca. 6500	5000	ja	ja	ja
		Linienbandkeramik-Kultur	ca. 5000	4800	ja	ja	ja
	Dnepr (incl. Krim, Azov'sche Meer)	Sursk-Dnepr-Kultur		5500	nein	nein	ja
		Dnepr-Donec-Kultur	ca. 5500	4000	ja	ja	ja
	Nordkaukasus				ja	ja	ja
	Untere Wolga (Wolgabecken, Nordkaspisches Meer)				nicht belegt	nicht belegt	ja
	Mittlere Wolga (Waldsteppe, Wolga-Don, Wolga-Kama)	Mittel-Don-Kultur	ab 5500	4500	keine Belege	keine sicheren Belege	ja
Mittelrussland (europ.)	Obere Wolga						
Nordrussland (europ.)	Westbaltikum						
	Ostbaltikum	Kunda-Kultur	ca. 7000	5000	nein	nein	nein

Tab. D: Kulturen im europäischen Teil Russlands von ca. 6500-5000 v.d.Zt. Quelle: Vgl. Gimbutas (1996b) und Wechler (2001).

E

Kulturen im europäischen Teil Russlands von ca. 5000-3500 v.d.Zt.

Gebiet		Kultur	Beginn (v.d.Zt.)	Ende (v.d.Zt.)
Südrussland (Osteuropäische Steppe)	**Dnestr-Bug**	Linienbandkeramik-Kultur	ca. 5000	4800
		Tripol'e-Kultur		
		- früh: Tripol'e A	ca. 4800	4500
		- klassisch: Tripol'e B	ca. 4500	3750
		Tripol'e C1	ca. 3750	3500
		- spät: Tripol'e C2	ca. 3500	2900
	Dnepr (incl. Krim, Azovsche Meer)	Dnepr-Donec-Kultur	ca. 5500	4500
		Srednij Stog II	ca. 4500	3500
	Nordkaukasus			
	Untere Wolga (Wolgabecken, Nordkasp. Meer)	Nordkaspische Kultur	um 5000	
		Chvalynsk-Kultur	um 4500	
	Mittlere Wolga (Waldsteppe, Wolga-Don, Wolga-Kama)	Samara-Kultur	um 5000	
		Chvalynsk-Kultur	um 4500	
Mittelrussland (europ.)	**Obere Wolga**			
Nordrussland (europ.)	**Westbaltikum**	Memel-Kultur	ca. 4300	3500
	Ostbaltikum	Narva-Kultur	ca. 4900	2700

Tab. E: Kulturen im europäischen Teil Russlands von ca. 5000-3500 v.d.Zt. Quelle: Vgl. Gimbutas (1994) und (1996b)

F

Indoeuropäische Sprachgemeinschaft

[Indoeuropäische Ursprache]

- *[Indo-Irano-Armenisch-Griechisch]*
  - *[Indo-Iranisch-Armenisch]*
    - *[Indo-Iranisch]*
      - *Sanskrit*
      - *Alt-Iranisch*
    - Armenisch
  - *Alt-Griechisch*
- *[Anatolisch]*
  - *Hethitisch*
  - *Palaisch*
  - *Lydisch*
  - *Luwisch*
  - *Lykisch*
- *[Balto-Slavo-Germanisch]*
  - *[Balto-Slavisch]*
    - *[Baltisch]*
      - Altpreußisch
      - Lettisch
      - Litauisch
    - *[Slavisch]*
      - *[Ost-Slavisch]*
        - Russisch
        - Ukrainisch
        - Weißrussisch
      - *[Süd-Slavisch]*
        - Bulgarisch
        - Serbokroatisch
      - *[West-Slavisch]*
        - Polnisch
        - Tschechisch
        - Sorbisch
  - *[Früh-Germanisch]*
    - *[Nord-Germanisch]*
    - *[West-Germanisch]*
- *[Kelto-Italo-Tocharisch]*
  - *[Früh-Keltisch]*
    - *Britannisch*
    - *Gallisch*
  - *[Italisch]*
    - *[Latainisch]*
      - Italienisch
      - Französisch
      - Rumänisch
      - Spanisch
    - *Oskisch-Umbrisch*
  - *Tocharisch*

Tab. F: Indoeuropäische Sprachgemeinschaft
Quelle: Vgl. Gamkrelidse/Ivanov (2004), S. 51.
Bemerkung: Tote Sprachen sind kursiv geschrieben und Sprachen ohne schriftliche Zeugnisse stehen in eckigen Klammern.

G

Uralische Sprachgemeinschaft

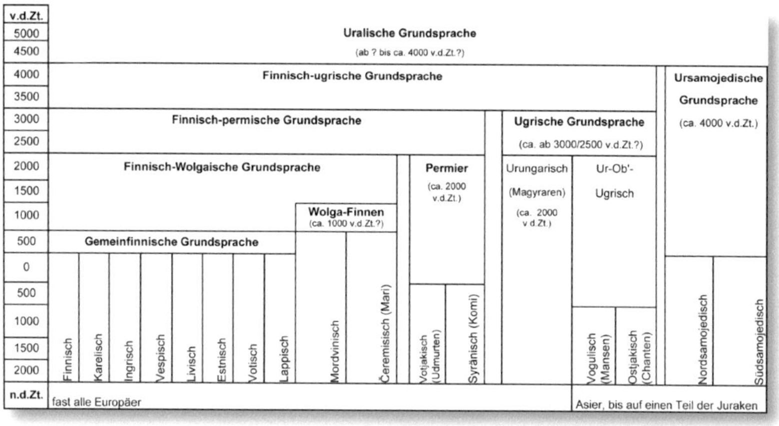

Tab. G: Uralische Sprachgemeinschaft Quelle: Vgl. Vajda (1968), Tafel 14,1; vgl. auch Vértes (1999), S. 405; vgl. Honko (1973), S. 263 f.

<table>
<tr><td>v.d.Zt.</td><td colspan="20" rowspan="3">Uralische Grundsprache
(ab ? bis ca. 4000 v.d.Zt.?)</td></tr>
<tr><td>5000</td></tr>
<tr><td>4500</td></tr>
<tr><td>4000</td><td colspan="17" rowspan="2">Finnisch-ugrische Grundsprache</td><td colspan="3" rowspan="8">Ursamojedische Grundsprache
(ca. 4000 v.d.Zt.)</td></tr>
<tr><td>3500</td></tr>
<tr><td>3000</td><td colspan="13" rowspan="2">Finnisch-permische Grundsprache</td><td rowspan="11"></td><td colspan="3" rowspan="2">Ugrische Grundsprache
(ca. ab 3000/2500 v.d.Zt.?)</td></tr>
<tr><td>2500</td></tr>
<tr><td>2000</td><td colspan="10" rowspan="2">Finnisch-Wolgaische Grundsprache</td><td rowspan="9"></td><td colspan="2" rowspan="5">Permier
(ca. 2000 v.d.Zt.)</td><td rowspan="9">Urungarisch
(Magyraren)
(ca. 2000 v.d.Zt.)</td><td colspan="2" rowspan="6">Ur-Ob'-Ugrisch</td></tr>
<tr><td>1500</td></tr>
<tr><td>1000</td><td colspan="8"></td><td colspan="2">Wolga-Finnen
(ca. 1000 v.d.Zt.?)</td></tr>
<tr><td>500</td><td colspan="8">Gemeinfinnische Grundsprache</td><td rowspan="6">Mordvinisch</td><td rowspan="6">Čeremisisch (Mari)</td></tr>
<tr><td>0</td><td rowspan="5">Finnisch</td><td rowspan="5">Karelisch</td><td rowspan="5">Ingrisch</td><td rowspan="5">Vespisch</td><td rowspan="5">Livisch</td><td rowspan="5">Estnisch</td><td rowspan="5">Votisch</td><td rowspan="5">Lappisch</td><td rowspan="5">Nordsamojedisch</td><td rowspan="5">Südsamojedisch</td></tr>
<tr><td>500</td><td rowspan="4">Votjakisch (Udmurten)</td><td rowspan="4">Syränisch (Komi)</td></tr>
<tr><td>1000</td><td rowspan="3">Vogulisch (Mansen)</td><td rowspan="3">Ostjakisch (Chanten)</td></tr>
<tr><td>1500</td></tr>
<tr><td>2000</td></tr>
<tr><td>n.d.Zt.</td><td colspan="15">fast alle Europäer</td><td colspan="5">Asier, bis auf einen Teil der Juraken</td></tr>
</table>

H

Symbole der späten Tripol'e-Kultur

Tab. H: Symbole der späten Tripol'e-Kultur zwischen ca. 3500-2900 v.d.Zt. Quelle: Vgl. Dergačev (1991).

Bezeichnung	Symbol	Geschlecht	Bedeutung	Gruppe der Tripol'e-Kultur	Keramik	Statuetten	Stelen
Brüste	O O	w	Mutterschaft	Typus Brînzeni		x	
			Nahrung	Typus Lukaši		x	
			Schutz	Typus Serezlievka		x	
			Liebe	Typus Sofievka		x	
				Typus Trojanov		x	
				Typus Ustavo		x	
				Typus Vychvatincy		x	
Dreieck	▽	w	Vulva	Typus Brînzeni		x	
				Typus Trojanov		x	
				Typus Vychvatincy	x	x	
Netzmotiv	####		Wasser	Typus Brînzeni	x		
				Typus Serezlievka	x		
				Typus Trojanov	x		
				Typus Ustavo	x		
				Typus Vychvatincy	x	x	
M-Motiv	M		Gebärmutter Vulva	Typus Ustavo	x	x	
			Wasser	Typus Vychvatincy	x	x	
Rhombus	◊	w	Vulva	Typus Brînzeni	x		
(Raute)			Fruchtbarkeit	Typus Serezlievka	x		
Sanduhr als Figur	 ⧗	w	weibliche Gestalt	Typus Brînzeni	x		
			Göttin?	Typus Ustavo			x
Sonne	☼	w/m	Licht u.a.	Typus Vychvatincy		x	
V-Zeichen	V	w	Vulva	Typus Brînzeni	x		
				Typus Ustavo	x		
				Typus Vychvatincy	x		
W-Zeichen	W		Wasser	Typus Brînzeni	x		
				Typus Ustavo		x	
				Typus Vychvatincy	x		
Wellenlinie	~ ≈		Wasser	Typus Lukaši	x		
				Typus Ustavo	x		
				Typus Vychvatincy	x		
Zick-Zack-Linie	WWW		Wasser	Typus Ustavo	x	x	
				Typus Vychvatincy	x		

„Mütter" der Letten

Pos.	Name	Funktion
1	Abras māte	Backtrogmutter
2	Aru māte	Mutter der Gefilde
3	Bangu māte	Wellenmutter
4	Bišu māmuliņa	Bienenmütterchen
5	Briežu	Hirschmutter
6	Cela māte	Wegesmutter
7	Cela māte	Wegesmütterchen
8	Dabas māte	Mutter Natur
9	Dārzu	Gärtenmutter
10	Daugavas māte	Mutter Daugava
11	Debess māte	Himmelsmutter
12	Diev' māmiņa	Gottesmütterchen
13	Dieva māte	Gottesmutter
14	Dzipariņa māmuliņa	Garnmütterchen
15	Gaujas māte	Mutter Gauja
16	Gausa māte	Mutter des Gedeihens
17	Jāņu māte	Johannismutter
18	Joda māte	Teufelsmutter
19	Jumja māte	Mutter des Jumis
20	Jūras māte	Johannismutter
21	Kapu māte	Friedhofsmutter
22	Kara māte	Kriegsmutter
23	Krūma māte	Buschmutter
24	Laika	Wettermutter
25	Laimas māte	Glücksmutter
26	Lapu māte	Blättermutter
27	Lauka māte	Feldmutter
28	Laumas māte	Feenmutter
29	Lazdu māte	Haselstrauchmutter
30	Lietus māte	Regenmutter
31	Linu māte	Flachsmutter
32	Māras māte	Mutter Māra
33	Mēra māte	Maßmutter
34	Mēslu bāba	Düngerbaba
35	Mēža māte	Waldmutter
36	Miega māte	Schlafmutter
37	Mieža māte	Gerstemutter
38	Miglas māte	Nebelmutter
39	Mūža māte	Lebensmutter
40	Nakts māte	Nachtmutter
41	Naudas māte	Geldmutter
42	Nāves māte	Todesmutter
43	Ogu	Beerenmutter
44	Pērkona	Mutter des Pērkons'
45	Piegulas	Mutter der Nachthütung
46	Piena	Milchmutter
47	Pirts	Mutter der Badestube
48	Rauga māte	Hefemutter
49	Rigas	Mutter Riga
50	Rišu	Mutter des Spinnens
51	Rožu	Rosenmutter
52	Rūšu	Grubenmutter
53	Sāta māte	Mutter der Mäßigkeit
54	Saules	Mutter Sonne
55	Sēņu	Pilzmutter
56	Sēņu māmuliņa	Pilzmütterchen
57	Skauģa	Neidmutter
58	Smilšu	Sandmutter
59	Sniega	Schneemutter
60	Sviesta	Buttermutter
61	Tabaciņa ragu	Tabakshornmutter
62	Tirgus	Marktmutter
63	Udens	Wassermutter
64	Uguns	Feuermutter
65	Upes	Flussmutter
66	Vēja	Windmutter
67	Veļu	Totenmutter
68	Zagaru	Reisigmutter
69	Zemes	Mutter Erde
70	Ziedu	Blütenmutter
71	Ziemeļa	Nordmutter
72	Zirgu māmulite	Pferdemütterlein

Tab. I: „Mütter" der Letten
Quelle: Vgl. Biezais (1975), S. 368 f.

Zeittafel

Zeitepoche	Europäischer Teil Russlands	Angrenzende Gebiete: restliches Europa	Angrenzende Gebiete: Nahe Osten	Angrenzende Gebiete: Nordafrika
ca. 40.000 - 12.500 v.d.Zt.	Homo sapiens sapiens (Cro-Magnon-Mensch)	Homo sapiens sapiens (Cro-Magnon-Mensch)	Menschentyp ähnlich wie in Europa	Moderne Menschen in Afrika (ab ca. 100.000 v.d.Zt.)
	Jagen und Sammeln	Jagen und Sammeln	Jagen und Sammeln	Jagen und Sammeln
	Stein- und Knochenwerkzeuge	Stein- und Knochenwerkzeuge	Werkzeuge ähnlich wie in Europa	Schaber und Knochenwerkzeuge
			allmählich mikrolithische Werkzeuge	Feuersteinwerkzeuge (Mikrolithe)
	Gemeinschaften von ca. 20 bis 40 Personen	Gemeinschaften von ca. 20 bis 40 Personen	[Gemeinschaften von ca. 20 bis 40 Personen]	[Gemeinschaften von ca. 20 bis 40 Personen]
	Freilandsiedlungen (Hütten, Zelte), Höhlen	Freilandsiedlungen (Hütten, Zelte), Höhlen	[Freilandsiedlungen (Hütten, Zelte), Höhlen]	[Freilandsiedlungen (Hütten, Zelte), Höhlen]
	Kleinplastiken Fundorte: Avdeevo, Eliseeviči, Gagarino, Kostenki I, Mezin, Mežirič	Statuetten in Frankreich, Italien, Östereich, Tschechien, Deutschland, Schweiz		
	Höhlenkunst (im Ural Kapova-Höhle, Ignatievka-Höhle und Sepievka-Höhle)	Höhlenkunst, u.a. in Chauvet und Les Combarelles Lascaux (Frankreich) und Altamira (Spanien)	Kunstobjekte mit Gravuren in den Hayonim-Höhlen (Israel; ca. 28.000 v.d.Zt.)	Felsbilder in der Apollo-11-Höhle in Namibia (ca. 25.000 - 17.000 v.d.Zt.)
	Grabkunst in Sungir (ca. 25.000 v.d.Zt.)			Belege für Bestattungsrituale in Kenia (Straußeneier, Perlen ca. 44.000 v.d.Zt.)
ca. 12.500 bis 9.500 v.d.Zt.	Klimawandel	Klimawandel in Europa	Zähmung von Tieren und Züchtung von Getriede im Vorderen Orient	

Zeitepoche	Europäischer Teil Russlands	Angrenzende Gebiete: restliches Europa	Angrenzende Gebiete: Nahe Osten	Angrenzende Gebiete: Nordafrika
ca. 9500 bis 6500 v.d.Zt.	zunehmende Erwärmung nach dem Ende der Eiszeit	zunehmende Erwärmung nach dem Ende der Eiszeit		um 7000 v.d.Zt. Feuchtzeit in der Sahara
	Jagen, Sammeln und Fischfang	Jagen, Sammeln und Fischfang	Zähmung von Tieren und Züchtung von Getriede im Vorderen Orient	Knochen von domestizierter Tiere in Libyscher Wüste (7000 v.d.Zt.)
	Feuersteinwerkzeuge (Mikrolithe), auch Werkzeuge aus Holz, Geweih und Knochen	Feuersteinwerkzeuge (Mikrolithe), auch Werkzeuge aus Holz, Geweih und Knochen	hohe Handwerkskunst, Keramik, Kupfer- und Bleiverwendung	Keramiken bei Wildbeutern in der Sahara (um 7000 v.d.Zt.)
	Gemeinschaften von 20 bis 50 Personen	Gemeinschaften von 20 bis 50 Personen		
	Zelte, leichte Hütten, Höhlen	Zelte, leichte Hütten, Höhlen	Entstehung von Dörfern und Städten (um 8350-7350 v.d.Zt. Jericho und um 7200 v.d.Zt. Çatal Hüyük)	
	kaum Funde von Kleinkunst	kaum Funde von Kleinkunst	Kleinkunstfunde in Çatal Hüyük (Wandgemälde mit Darstellungen von Geburt und Tod, weibliche Statuetten u.ä.), weibliche Statuetten in Jericho	
		bemalte Kieselsteine mit Ornamenten in Frankreich und Spanien		
	Felskunst im karelischen Raum	Felskunst in Ostspanien, Skandinavien		
	auch Felsmalereien vom Fundort Balamutovka am Dnestr			
		behauende Sandsteinblöcke auf dem Balkan (Lepenski Vir)	befestigte Bauten (Göbekli Tepe in Südanatolien; Kultanlage ca. 11.000 Jahre alt)	

Zeitepoche	Europäischer Teil Russlands	Angrenzende Gebiete: restliches Europa	Angrenzende Gebiete: Nahe Osten	Angrenzende Gebiete: Nordafrika
ca. 6500 bis 5000 v.d.Zt.	Ackerbau und Viehzucht im Süden Russlands (um 6500 v.d.Zt.); Jagen, Sammeln und Fischfang im Norden	erster Ackerbau in Griechenland und der Ägäis (um 6500 v.d.Zt.); breitet sich die Donau aufwärts auf der Balkanhalbinsel aus (um 5550 v.d.Zt.), etwas später auch in West- und Mitteleuropa	Bauern leiten Flusswasser auf Felder (Mesopotamien)	Ansiedlungen mit Landwirtschaft in Ägypten (um 5000 v.d.Zt.)
	geschliffene Steine	geschliffene Steine	hohe Handwerkskunst, Keramik, Kupfer- und Bleiverwendung	
	zunehmende Sesshaftigkeit, auch Häuser aus Stein	zunehmende Sesshaftigkeit, auch Häuser aus Stein	neolithische Siedlungen in Ugarit und Ninive (um 6000-5000 v.d.Zt.)	
			Blütezeit von Çatal Hüyük (Anatolien) größte Stadt ihrer Zeit	
	Vorkommen von Keramik im Süden Russlands	Vorkommen von Keramik	Vorkommen von Keramik	
		Kleinkunst: aus Südosteuropa und von Linienbandkeramikkultur weibliche Statuetten	Kleinkunst: aus Hacilar (Anatolien) weibliche Statuetten	Felsmalereien in der Sahara (um 6000 v.d.Zt.)

Zeitepoche	Europäischer Teil Russlands	Angrenzende Gebiete: restliches Europa	Angrenzende Gebiete: Nahe Osten	Angrenzende Gebiete: Nordafrika
ca.5000 bis 3500/3000 v.d.Zt.	Ackerbau und Viehzucht entwickelte sich im Süden Russlands	Der Ackerbau breitet sich bis Britanien und Nordeuropa aus (um 4500 v.d.Zt.).	Bewässerungstechnik; Erfindung des Pfluges und des Rades in Mesopotamien	Ansiedlungen mit Landwirtschaft in Ägypten (um 5000 v.d.Zt.)
	Werkzeuge überwiegend aus Feuerstein, Holz, Knochen und Geweih	Kupfer- und Goldartefakte im Balkan (um 5500 bis 4500 v.d.Zt.)	Beginn der Bronzeherstellung im Vorderen Orient (um 4000 v.d.Zt.)	Beginn der Kupferzeit in Ägypten (um 3900 v.d.Zt.)
	Ausbreitung der Kupferverarbeitung im Süden Russlands (um 5000 v.d.Zt.)	Ausbreitung der Kupferverarbeitung (um 3000 v.d.Zt.)		Erfindung des Segels in Ägypten
		Tafeln mit ideographischen Zeichen in Rumänien und Bulgarien (um 3200 v.d.Zt.)	Erfindung der Schrift in Sumer (um 3400 v.d.Zt.)	Papyrus in Ägypten bekannt (um 3300 v.d.Zt.)
				Erste hieroglyphische Inschriften (um 3100 v.d.Zt.)
	im Süden Häuser und Siedlungen ohne Verteidigungsanlagen		Besiedlung Südmesopotamiens; Städtegründungen Eridu, Ur, El-Obeid (um 5000 v.d.Zt.)	Angeblich Schaffung des ägyptischen Kalenders
	feste Siedlungsplätze, auch Grubenwohnungen im Norden			
	Keramik von hoher Qualität mit Verzierungen und symbolischen Gehalt bei Tripolje-Kultur	Keramik mit symbolischen Gehalt (Abbildungen von Göttinnen)		
	zahlreiche weibliche Statuetten aus Tripolje-Kultur, im Nordkaukasus und in Turkmenistan	weibliche Statuetten in Griechenland, Malta und Südosteuropa, auch wenige in Mittel- und Westeuropa	weibliche Statuetten in Anatolien, Vorderer Orient	
	Felsbilder im Norden Russlands			
	Hügelgräber mit Stelen	Bau der megalithischen Gräber und Kreise in der Bretagne, auf der Iberischen Halbinsel und den Britischen Inseln (um 3500 v.d.Zt.)	Megalithenbau in Syrien bis Israel	Megalithenbau

Zeitepoche	Europäischer Teil Russlands	Angrenzende Gebiete: restliches Europa	Angrenzende Gebiete: Nahe Osten	Angrenzende Gebiete: Nordafrika
ca. 3500/3000 bis 750 v.d.Zt.	Indogermanische Wanderungswelle mit Kulturwandel	Indogermanische Wanderungswelle mit Kulturwandel	Indogermanische Wanderungswelle mit Kulturwandel	
	Zähmung des Pferdes		künstliche Bewässerung, ausgedehnte Handelsbeziehungen	
		Pflug im Norden Europas (um 2000 vd.Zt.)	Pflug aus Uruk (um 3200 v.d.Zt.)	
	Bronze wird Gebrauchsmetall für Geräte, Waffen, Schmuck	Bronzezeit in Europa (Beginn des 2. Jts. bis ca 750 v.d.Zt.)	Beginn der Bronzezeit in Kleinasien	
		Gold in Varna (Bulgarien)	Eisenbearbeitung in Anatolien (um 1500 v.d.Zt.)	
		Tafel mit ideografischen Zeichen in Rümänien und Bulgarien (um 3200 v.d.Zt.)	Aufkommen der Bilderschrift, aus der sich die charakterische Keilsschrift entwickelt.	Schrift in Ägypten (um 3000 v.d.Zt.)
		Erfindung der Linear-A-Schrift (um 2000 v.d.Zt.)		
	befestigte Siedlungsanlagen	Beginn der minoischen Hochkultur auf Kreta (um 2000 v.d.Zt.)	Entstehung der sumerischen Stadtstaaten in Südmesopotamien (ab ca. 3100 v.d.Zt.):	
	Fürsten- und Kriegerbestattungen		Übergang zur ersten Klassengesellschaft	Übergang zur ersten Klassengesellschaft
	Pferdekult			
	Einzelbestattungen		Entstehung der Hochkultur im Industal (um 2750 v.d.Zt.)	
		Frühmykenische Periode (ab ca. 1600 v.d.Zt.) auf dem griechischen Festland; minoischer Einfluss	Blüte phönikischer Städte an der syrisch-libanesischen Küste (ab ca. 1200 v.d.Zt.)	
			Gründung von Handelsstützpunkten im gesamten westlichen Mittelmeerraum	
			Phönizier entwickeln die alphabetische Schrift (um 1100 v.d.Zt.) Grundlage aller modernen europäischen Schriften)	
	weibliche Statuetten	weibliche Statuetten	weibliche Statuetten	
	Felsmalereien nördlich des Asovschen Meeres und karelische Felsbilder			
	Stelen und Megalithgräber	Entstehung von der Megalithbauten von New Grange (ab ca. 3100 v.d.Zt.) und Stonehenge (ab ca. 2750 v.d.Zt.) auf den Britischen Inseln		Pyramidenbau in Ägypten (um 2000 v.d.Zt.)

Zeitepoche	Europäischer Teil Russlands	Angrenzende Gebiete: restliches Europa	Angrenzende Gebiete: Nahe Osten	Angrenzende Gebiete: Nordafrika
750 v.d.Zt. bis zur Zeitenwende	Eisenzeit	Eisenzeit		
	Griechische Kolonien an der Nordschwarzmeerküste	Griechische Stadtstaaten beginnen	Aufstieg des Reiches von Urartu (um 840 v.d.Zt.)	Gründung von Karthago (814 v.d.Zt.) durch Phöniker aus Tyros
	Von Zentralasien breiten sich die Skythen nach Osteuropa aus (um 700 v.d.Zt.)	Hallstattkultur in Mittel- und Westeuropa: Ackerbau und Viehzucht, Werkzeuge aus Eisen	Assyrer-Reich	Eroberung Ägyptens durch Äthiopier und Assyrer
		Einwanderung der Etrusker in Italien (900/800 v.d.Zt.)	verschiedene Herrscher	Umsegelung Afrikas durch die Phöniker (610 v.d.Zt.)
		Gründung Roms (753 v.d.Zt.)		Eroberung Ägyptens durch Kambyses II. (525 v.d.Zt.) und Eingliederung als Provin in das Perser-Reich unter Wahrung der Relgiionsfreiheit und Partieller Selbstverwaltung.
		Entstehung der Homerischen Epen Ilias und Odyssee (ca. 750 v.d.Zt.)		Technik der Eisenverarbeitung breitet sich in das Afrika südlich der Sahara aus.
		Ausbreitung der Kelten über Mittel- und Westeuropa (um 600 v.d.Zt.)		Eroberung Ägyptens durch Alexander (332 v.d.Zt.)
		Zeitalter der klassischen griechischen Kultur (479-338 v.d.Zt.)		Gründung der Bibliothek von Alexandria (um 290 v.d.Zt.)
		Alexander der Große erobert den alten Orient bis zum Nil und zum Indus (336-323 v.d.Zt.)		Besetzung Alexandrias durch Cäsar (48 v.d.Zt.)
		Römisches Reich		Tod Kleopatras. Ägypten wird römisch unter unmittelbarer Kontrolle des Kaisers.

Biographisches

Jacqueline Mischer

geboren	1971
1978–1990	Polytechnische Oberschule und Erweiterte Oberschule in Göritz/Schleiz (Abschluss: Allgemeine Hochschulreife)
1990–1993	Ausbildung zur Kauffrau im Groß- und Außenhandel in Bayern
1993–1998	Studium der Betriebswirtschaftslehre in Jena mit Abschluss: Diplom-Kauffrau mit Veröffentlichung des praktischen Teils der Diplomarbeit: „Die soziale Lage der Studierenden in Thüringen", herausgegeben vom Studentenwerk Jena, 1996
1998–2005	Anstellung bei einem Beratungsunternehmen in Erfurt und Dresden
2006–2007	Studium Grundschuldidaktik Universität Dresden inkl. Erziehungswissenschaften und Russisch (spezielle Themen: Russlands Nationalitäten, russische Kunst, slawische Sprachwissenschaft)
2008–2011	Anstellung bei einer Bank in Mainz
seit 2011	Anstellung bei einer Behörde
	Studien zum Interessensgebiet „Russland"
seit 2004	Studien zur Vorgeschichte Russlands (Zeitepochen und Völker Russlands, insbesondere das Weibliche / Mütterliche in der Menschheitsgeschichte)
2005 – 2009	Wissenschaftliche Forschungstätigkeit zum ethischen Wert der Mutter im vorchristlichen Russland unter Einbeziehung von mehreren Wissenschaften (u.a. Archäologie, Geschichte, Religionswissenschaft, Sprachwissenschaft, Ethnologie, Anthropologie, Mythologie und Psychologie), gefördert durch die Dr.-Ing.-Hans-Joachim-Lenz-Stiftung in Mainz
seit 2006	Selbststudium der russischen Philosophie, insbesondere der geschichtlichen Entwicklung und herausragender Persönlichkeiten von Lomonosov bis Solov'ëv, Wertevorstellungen sowie soziale Lebensformen

	Vorträge
2004	Vorchristliche Göttin in Russland
2006	Russische Philosophie
2009	Vladimir S. Solov'ëv – Der Sinn der Liebe veröffentlicht in: KulturForumWissen 2009. Liebe – das All-Eine, 2010, S. 49-65.
2011	Mutterkulturen – Weltkongress der Matriarchatsforschung veröffentlicht in: KulturForumWissen 2011. Menschen, die die Welt bewegten, 2012, S. 47-68.
2012	Tamera, Juchitan, Tiberkul. Gemeinschaftsmodelle in Portugal, Mexiko und Russland; veröffentlicht in: KulturForumWissen 2012. Sozial Modelle – Poesie des Lebens?, 2013, S. 43-63.
2013	Marco Polo und Sven Hedin zusammen mit Bärbel Merten-Hensler u. a. im Rahmen der Vortragsreihe KulturForumWissen 2013. Menschen, die den Weg ins Ungewisse wagten der Dr.-Ing.-Hans-Joachim-Lenz-Stiftung Mainz.

EDITION
ERNEUERUNG GEISTIGER WERTE

Dr.-Ing.-Hans-Joachim-Lenz-Stiftung

In der Edition werden Forschungsergebnisse und Modellprojekte aus dem Förderprogramm der Dr.-Ing.-Hans-Joachim-Lenz-Stiftung im Sinne der Nachhaltigkeit und Gemeinnützigkeit publiziert.

Band 1 - Die heilige Stadt
Eine Vision am Beispiel der Stadt Mainz
von Hans-Joachim Lenz,
56 Seiten, broschiert, € 8,80
ISBN 978-3-938088-00-5

Band 2 - Am Anfang waren die Werte
Plädoyer für eine Neuorientierung in der Erziehung von Kindern und Jugendlichen
von Gabriela Wolf
132 Seiten, broschiert, € 13,80
ISBN 978-3-938088-01-2

Band 3 - Leben ist Spiel
Eine Ferienwoche als Lebensschule
von Gabriela Wolf mit Christine Bredenhöller, Andrea Heck, Angelika Humann, Margit Kluge, Reinhild Michel, Sonja Wagener, Heidi Wiehr, reich bebildert.
192 Seiten, broschiert, € 25,00
ISBN 978-3-938088-02-9

Band 5 - Freunde fürs Leben
Die Körperwelt im Spiel erkunden
Hrsg. Andreas Krause mit
A. Heck, A. Humann, G. Wolf
180 Seiten, broschiert, € 15,80
ISBN 978-3-938088-05-0

Band 7 - Das vergessene Wort I
Vom Reichtum der deutschen Sprache
am Ludwig-Georgs-Gymnasium, Darmstadt, und
am Dietrich-Bonhoeffer-Gymnasium, Weinheim,
mit der Arbeitsgruppe Oppenheim
von Katrin Bibiella
291 Seiten, broschiert, € 24,80
ISBN-978-3-938088-07-4

Band 10 - Ehrfurcht vor dem Leben
Albert Schweitzer zur Erneuerung der Kultur
von Claudia Burghart
140 Seiten, broschiert, € 12,80
ISBN 978-3-938088-12-8

Band 11A - Jugend lehrt Jugend
Ein pädagogisches Modellprojekt in Bad Kreuznach
von Sonja Wagener
Teil I: 101 S., brosch.,€ 8,80
ISBN 978-3-938088-11-1
Teil II: 113 S., brosch.,€ 9,80
ISBN 978-3-938088-13-5
Teil III: 99 S., brosch.,€ 8,80
ISBN 978-3-938088-20-3

Band 11B - Jugend lehrt Jugend
Ein pädagogisches Modellprojekt in Overath
von Petra Ehrler
Teil I: 105 S., brosch.,€ 9,20
ISBN 978-3-938088-10-4
Teil II: 167 S., brosch.,€14,20
ISBN 978-3-938088-14-2
Teil III: 115 S., brosch.,€ 9,80
ISBN 978-3-938088-23-4

Band 12 - Das vergessene Wort II
Vom Reichtum der deutschen Sprache
am Friedrich-Schiller-Gymnasium, Weimar und
am Friedrich-Hölderlin-Gymnasium, Heidelberg
von Katrin Bibiella
166 Seiten, broschiert, € 14,20
ISBN 978-3-938088-08-1

Band 13 - De Dignitate Hominis
Zum Menschenbild in der Geschichte der Pädagogik
von Gabriela Wolf
160 Seiten, broschiert, € 13,80
ISBN 978-3-938088-09-8

Band 14 - Handeln als gelebter Wert
Aus Hannah Arendts Leben und Werk
von Patricia Rehm
146 Seiten, broschiert, € 12,80
ISBN 978-3-938088-15-9

Band 15 - KulturForum Wissen 2007
„Wir sind auf dem Weg."
Ein Menschenbild zwischen Geist und Materie
von Hans-Joachim Lenz
52 Seiten, broschiert, € 5,80
ISBN 978-3-938088-16-6

Band 16 - Das vergessene Wort III
Vom Reichtum der deutschen Sprache
am Kronberg-Gymnasium, Aschaffenburg
von Katrin Bibiella
103 Seiten, broschiert, € 9,20
ISBN 978-3-938088-17-3

Band 18 - Das Tagebuch
Ein Medium zur Selbstreflexion
von Sabine Gruber
122 Seiten, broschiert, € 10,80
ISBN 978-3-938088-19-7

Band 19 - Leben ist Spiel II
Eine Ferienwoche als Lebensschule in Overath
von Petra Ehrler u. a., reich bebildert
158 Seiten, broschiert, € 14,90
ISBN 978-3-938088-21-0

Band 20 - KulturForum Wissen 2008
Vergessene Werte – Von den Wurzeln der Kultur
239 Seiten, broschiert, € 22,90
ISBN 978-3-938088-22-7

Band 21 - KulturForum Wissen 2009
Liebe – das All-Eine
173 Seiten, broschiert, € 16,80
ISBN 978-3-938088-24-1

Band 22 - Das vergessene Wort IV
Vom Reichtum der deutschen Sprache
am Elisabeth-Gymnasium, Marburg, und
an der Freien Waldorfschule, Marburg
von Katrin Bibiella mit Angelika Humann
127 Seiten, broschiert, € 11,80
ISBN 978-3-938088-25-8

Band 23 - Das Hohelied vom Menschen
Eugen Finks Deutung der menschlichen Existenz
von Angelika Humann
85 Seiten, broschiert, € 8,80
ISBN 978-3-938088-26-5

Band 24 - KulturForum Wissen 2010
Menschen, die die Welt bewegten
167 Seiten, broschiert, € 16,80
ISBN 978-3-938088-27-2

Band 25 - Musikalischer Spielraum
Frühbildung mit Wort, Klang und Bewegung
von Melanie Ries und Petra Ehrler
76 Seiten, broschiert, € 12,90
ISBN 978-3-938088-28-9

Band 26 - KulturForum Wissen 2011
Menschen, die die Welt bewegten
181 Seiten, broschiert, € 18,80
ISBN 978-3-938088-29-6

Band 27 - Das vergessene Wort V
Vom Reichtum der deutschen Sprache
am Kaiserin-Friedrich-Gymnasium, Bad Homburg
von Katrin Bibiella mit Angelika Humann
142 Seiten, broschiert, € 14,90
ISBN 978-3-938088-30-2

Band 28 - Des Wortes sanfte Macht
Salongespräche
von Ariane Martin
122 Seiten, broschiert, € 13,80
ISBN 978-3-938088-31-9

Band 29 - Das vergessene Wort VI
Vom Reichtum der deutschen Sprache
am Pädagogium Bad Sachsa
von Katrin Bibiella
98 Seiten, broschiert, € 11,90
ISBN 978-3-938088-32-6

Band 30 - Das vergessene Wort VII
Vom Reichtum der deutschen Sprache
am Ratsgymnasium Minden
von Angelika Humann
105 Seiten, broschiert, € 10,90
ISBN 978-3-938088-33-3

Band 31 - KulturForumWissen 2012
Soziale Modelle – Poesie des Lebens?
187 Seiten, broschiert, € 19,90
ISBN 978-3-938088-34-0

Band 32 - Briefe – Zeugnisse deutscher Sprachkultur
Von den Anfängen bis zur Gegenwart
von Katrin Bibiella
171 Seiten, broschiert, € 19,90
ISBN 978-3-938088-35-7

Band 33 - KulturForumWissen 2013
Menschen, die den Weg ins Ungewisse wagten
180 Seiten, broschiert, € 21,90
ISBN-13 978-3-938088-36-4

Weitere Projekte siehe:
www.lenz-stiftung-mainz.de

EINE STIFTUNG zur Erneuerung geistiger Werte

Die Dr.-Ing.-Hans-Joachim-Lenz-Stiftung wurde 2002 als rechtsfähige öffentliche Stiftung des bürgerlichen Rechts mit Sitz in Mainz gegründet. Sie verfolgt ausschließlich und unmittelbar gemeinnützige Zwecke.

Im Wege der finanziellen Unterstützung fördert sie innovative und modellhafte Projekte auf den Gebieten der Bildung und Erziehung mit dem Ziel der Erneuerung geistiger Werte. Als Impulsgeber und Motor für dauerhafte und nachhaltige Konzepte konzentriert sie sich auf die junge Generation. Jugendliche für das Leben zu befähigen, an Werte des Geistes, an Würde, Freiheit und Toleranz zu erinnern, ist ihre höchste Aufgabe. Sie will Menschen begleiten vom Kindesalter bis zur Berufsreife, ohne soziale, politische, religiöse Unterscheidung im Sinne des Grundgesetzes. Die Themen der Stiftung sind:

Bildung
Hebung des kulturellen Niveaus
Erweiterung des allgemeinen Wissens
Zusammenführung von Geistes- und Naturwissenschaften
Persönlichkeitsentfaltung
Erneuerung eines humanistischen Menschenbildes

Erziehung
Entwicklung und Erprobung neuer Lehr- und Lernmethoden durch
- Spielendes Lernen
- Lernen durch Vorbild
- Wissenserwerb statt Wissensvermittlung

Sprache
Erhaltung und Stärkung der deutschen Sprache
Erweiterung und Pflege des Wortschatzes
Sprachliche Ausdrucksformen in Literatur und Poesie
Persönlichkeitsentfaltung durch Sprache, denn:

Mit unserer Sprache sind wir ein Leben lang unterwegs.

Die Förderung von Projekten im Sinne der Stiftungsziele wird aus Spendenmitteln finanziert. Die Akzeptanz der Stiftungsziele und des Förderprogramms drücken Spender mit ihren finanziellen Beiträgen aus. Wir freuen uns über jede Zuwendung:

Mainzer Volksbank IBAN DE29551900000004004040, BIC MVBMDE55

Dr.-Ing.-Hans-Joachim-Lenz-Stiftung
Stiftung zur Erneuerung geistiger Werte

Am Michelsberg 1, D-55131 Mainz, Tel. 06131-832255, Fax 06131-85534
E-Mail: info@lenz-stiftung-mainz.de, www.lenz-stiftung-mainz.de